KB266525

조직은 설계된다

조직은 설계된다

리더십·문화·시스템을 연결하는 통합 HR 아키텍처

조직은 설계된다

조현철 지음

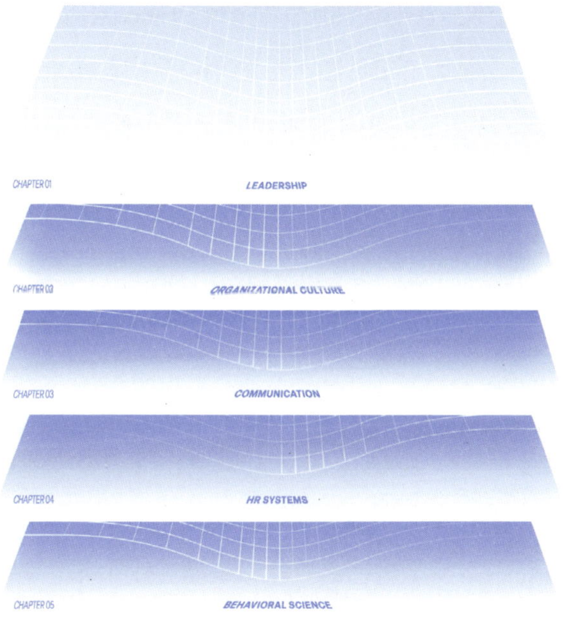

SNOWFOX. *p*

나는 오래전부터 전략·조직·문화는 함께 작동해야 한다고 생각해왔다. 특히 조직은 전략을 일회성 계획에 머물게 하지 않고 지속적으로 작동하는 문화로 전환하는 핵심 메커니즘이다. 전략은 조직을 통해 실행되고, 그 실행이 반복될 때 비로소 문화로 자리 잡는다. 이 책은 전략이 실제 조직 속에서 리더십과 제도, 행동을 통해 어떻게 구현되고 정착되는지를 설득력 있게 보여준다.

조동성_서울대학교 경영대학 명예교수, 산업정책연구원 이사장

오늘날 조직의 경쟁력은 사람과 사람 사이의 협업에서 나온다. 그러나 협업은 구호만으로 이루어지지 않는다. 이 책은 신뢰와 소통, 제도와 문화가 연결될 때 어떻게 건강한 조직이 만들어지는지를 체계적으로 설명한다. 함께 일하는 조직의 길을 생각하게 하는 책이다.

윤은기_한국협업발전포럼 회장, 중앙공무원교육원 원장(24대)

성과는 사람에게서 나오지만, 그 사람을 춤추게 하는 것은 정교하

게 설계된 시스템이다. 조직의 변화는 제도만 바꾼다고 이루어지지 않는다. 구성원의 인식과 행동, 일하는 방식이 아키텍처와 유기적으로 맞물릴 때 비로소 폭발적인 성과가 시작된다. 이 책은 20년 현장 경험의 암묵지를 통해 '사람'이라는 본질과 '설계'라는 과학적 도구를 연결하는 명쾌한 길잡이를 제시한다. 변화를 꿈꾸는 모든 리더에게 이 전략적 설계도를 강력히 권한다.

장영철_한국조직개발경영학회 초대회장, 피터드러커 소사이어티 공동대표

기업의 지속 가능한 경쟁력은 결국 사람에게서 나온다. 내가 평생 강조해온 '사람 중심 기업가 정신'도 같은 맥락이다. 위대한 조직은 사람을 수단이 아닌 목적으로 본다. 이 책은 리더십, 문화, 시스템의 통합적 설계를 통해 구성원의 잠재력을 혁신으로 바꾸는 실천적 경로를 명확히 제시한다. 사람 중심 조직의 가치와 본질을 다시 생각하게 하는 책이다.

김기찬_세계중소기업학회ICSB 의장, 前 조지워싱턴대학교 석좌교수

국가나 기업 같은 사회조직이 융성하고 발전하려면 사람도 훌륭해야 하고 고도로 발달된 시스템도 갖춰져야 한다. 구슬도 좋아야 하지만, 좋은 구슬이 서 말이어도 꿰어야 보배다. 인재를 잘 육성한다고 해서 저절로 되는 것이 아니다. 개인의 노력만으로 조직은 움직이지 않으며, 여러 제도와 관계가 연결된 하나의 시스템에 의해 작동한다.

5

이 책은 조직 관리의 여러 요소를 시스템 관점에서 설명함으로써 조직을 설계하고 운영하는 사람에게는 구조적 시야를, 직장인에게는 조직의 작동 원리를 쉽게 이해할 수 있게 해준다.

이춘우_서울시립대학교 경영대학장(4대), 한국인사관리학회 회장(40대)

조직에서 벌어지는 많은 문제는 사람의 성격과 마음, 행동의 특성을 이해하지 못하는 데서 비롯된다. 이 책은 행동과학을 토대로 조직과 사람을 체계적으로 설명하며, 일터에서 겪는 다양한 상황을 종합적으로 바라보게 한다. 대한민국 직장인에게 의미 있는 통찰을 건네는 책이다.

김경일_아주대학교 심리학과 교수

이 책은 리더십, 조직 문화, 커뮤니케이션, 제도, 행동과학이라는 다섯 가지 핵심 축을 통해 조직이 어떻게 작동하고 변화하는지를 체계적으로 설명한다. 저자의 현장 경험에서 비롯된 통찰과 학문적 깊이가 어우러져, 조직을 이끄는 리더에게는 실천적 시사점을, 자신의 성장과 조직의 발전을 고민하는 직장인에게는 한 차원 높은 해법을 제시한다.

이재영_이화여자대학교 교육공학과 교수, 前 KT&G 글로벌교육팀장

20년 넘게 현장을 지켜온 저자는 조직의 본질이 리더십·문화·시

스템을 연결하는 통합 HR 아키텍처에 있음을 강조한다. 6천 권의 독서와 석학들의 통찰을 실무와 결합해 조직 관리의 원리를 명쾌하게 풀어냈다. 이론과 실천을 아우르는 이 책은 전략적 파트너를 꿈꾸는 HR 담당자뿐 아니라, 건강한 조직 설계를 고민하는 모든 리더와 직장인에게 현장감 넘치는 지침서가 될 것이다.

엄준하_한국HRD협회 이사장, 조직문화포럼 대표, 《월간HRD》 발행인

이 책은 리더십과 문화, 시스템을 연결하는 정교한 HR 아키텍처를 제시한다. 저자가 6천 권의 독서와 현장 경험으로 빚어낸 통찰은 AI 시대, 조직의 생존과 성장을 고민하는 경영자들에게 명쾌한 지침서가 되고 있다. 사람 중심의 효율적인 조직을 꿈꾸는 모든 리더에게 이 책을 강력히 추천한다.

최은수_인텔리빅스 대표이사, 前 MBN 보도본부장

이 책은 조직을 '운영'의 대상이 아닌 '설계'의 대상으로 다룬다. 문제의 원인을 사람에게서 찾던 익숙한 시선을 구조와 시스템으로 이동시키는 지점이 특히 인상적이다. 리더십·문화·시스템이 따로 존재하는 것이 아니라 하나의 설계된 결과라는 통찰이 조직의 본질을 다시 보게 한다. 조직의 성과는 우연이 아니라 어떻게 설계했는가의 필연임을 증명하는 책이다.

박용후_피와이에이치 대표이사, 前 우아한형제들 커뮤니케이션 총괄이사

리더는 조직의 날씨를 만든다. 리더는 자신이 매일 조성하는 날씨가 조직 전체에 어떤 영향을 미치는지 인식해야 한다. 그 날씨가 사람들을 활발하게 움직이게 하는지, 아니면 움츠러들게 하는지 파악하고, 긍정적이고 도전적인 조직 설계로 이끌어야 한다. 조직을 운영하고 사람을 성장시키는 일을 고민하는 리더들에게 이 책은 깊은 통찰과 실행 방안을 줄 것이다.

현미숙_하우코칭 대표이사, 국제코칭연맹ICF 코리아챕터 회장

탁월한 조직은 성과뿐 아니라 구성원 개개인의 성장이 보장되는 구조를 갖춰야 한다. 조직과 개인의 상호 신뢰를 바탕으로 시스템과 사람, 제도와 문화가 균형을 이루며 유기적으로 작동해야 한다. 이 책은 건강한 조직의 원리와 현장의 경험을 균형 있게 풀어내며, 조직과 구성원이 함께 성장하는 단단하고 따뜻한 조직 설계의 방향을 분명히 제시한다.

조상현_코엑스 대표이사, 前 한국무역협회 국제무역통상연구원 원장

왜 지금 '조직'인가

대한민국 조직의 불편한 진실

우리나라가 가진 것은 넓은 국토도, 풍부한 천연자원도 아닌 오직 사람뿐이라는 말을 자주 들어왔습니다. 실제로 우리나라는 짧은 시간에 급격한 경제 성장을 이룬 세계적인 사례이며, 이는 모두 인적 자원의 힘이었습니다. 많은 개발도상국이 한국을 롤 모델로 삼아 그 성장 과정을 배우려 하는 것도 바로 이 때문입니다.

그런데 오늘날 우리나라 근로자의 노동 시간은 OECD 국가 중 가장 긴 편에 속하면서도 생산성은 아주 낮은 수준입니다. 우리나라 근로자의 연간 노동 생산성은 벨기에와 아이슬란드 평균의 51%, 프랑스·독일·영국 평균의 65% 수준에 머물고 있다고 합니다.[1] 특히 국내 서비스 산업의 경우 지난 20여 년간 노동 생산성이 제조업의 40% 수준에 머물러 있다는 조사 결과도 있습니다.[2] 세계적으로 똑똑하기로 유명하고 누구보다 오래 일하는데, 왜 생산성은 이토록 낮은 것일까요? 개개인은 모두 훌륭한 인재인데, 왜 조직은 비생산적이고 비효율적이게 되었을까요?

"지식 노동자의 생산성을 바로잡는다면 수많은 사람의 삶이 근본적으로 개선될 수 있다."[3]

칼 뉴포트, 『슬로우 워크』

우리나라 근로자는 근무 시간 중 업무에 온전히 몰입하기 어려운 환경에 놓여 있습니다. 근로자의 생산성이 향상될 수만 있다면 조직과 국가는 더 발전할 수 있습니다. 하지만 노동 생산성을 높이자는 구호만으로는 해결되지 않습니다. 구체적인 원인을 제대로 파악하고, 리더십을 바탕으로 제도와 시스템을 통해 실질적인 행동 변화를 이끌어 내야 합니다.

자정이 넘은 새벽에 퇴근하며 "업무가 너무 많아서 힘들다"라고 토로한 어느 공무원이 결국 스스로 목숨을 끊었습니다. 100대 1의 높은 경쟁을 뚫고 들어간 엘리트 청년이었습니다. 특정 직업 조직에서 쓰이는 은어인 '태움'은 교육을 명목으로 한 괴롭힘 문화로, 최근까지도 끊이지 않는 사회적 문제입니다. 투명한 공익 경영을 추구한다는 어느 공기업은 채용 비리가 드러나 취업을 준비하는 많은 청년을 절망케 했습니다. 한 중학교 교사는 과중한 업무로 인한 극심한 스트레스와 건강 악화, 불면증으로 고통받다 세상을 떠났습니다. 공중파 방송국에서 직장 내 괴롭힘으로 젊은 직원이 극단적 선택을 한 비극적인 사건까지, 이 모든 일이 과거가 아닌 지금 이 순간 우리 사회에서 일어나고 있습니다.

이처럼 정부, 기업, 학교, 병원 할 것 없이 우리나라 조직 곳곳이 총체적 몸살을 앓고 있습니다. 오죽하면 비정상의 정상화라는 말이 일상 용어가 되었습니다. 한국생산성본부의 「HRD 트렌드 리포트」에 따르면 구성원들이 자신의 리더에게 가장 필요하다고 꼽은 교육 1위는 조직 관리(57%, 2025년 / 52%, 2026년), 2위는 사람 관리(52%, 2025년 / 48%, 2026년)로 2년 연속 같은 결과가 나왔습니다.[4][5] 그만큼 지금 우리 조직에서 사람 관리와 조직 관리가 제대로 이루어지지 않고 있다는 방증입니다.

우리나라는 OECD 회원국 가운데 자살률 1위입니다. 근로복지공단이 산업재해로 승인한 정신 질병은 2016년 69건에서 2024년 471건으로 6.8배 증가했고, 신청 건수도 167건에서 810건으로 5배 늘었습니다. 1인당 국민총소득GNI은 일본을 뛰어넘어 인구 5천만 명 이상 나라 중 미국, 독일, 영국, 프랑스, 이달리아에 이어 세계 6위 수준에 올랐습니다.[6] 경제적으로는 당당히 선진국 반열에 들어섰지만, 정작 조직이 운영되는 모습을 보면 과연 선진국에 걸맞은 모습인가 하는 의문이 드는 것도 그 때문입니다. 조직이 바뀌지 않으면 국가 경쟁력의 미래도 밝지 않습니다.

"만일 우리가 민주적인 사회를 원한다면 우리는 반드시 민주적인 조직을 가져야 한다."[7]

토머스 고든, 『리더 역할 훈련』

당신의 '조직'에 드리는 이야기

우리 인간의 역사는 조직의 역사라는 말이 있습니다. 특정한 목표를 달성하기 위해 상호 협력하는 집단인 조직은 인간이 만들어낸 가장 효율적인 도구라고 합니다. 오늘날 노동력의 90%는 조직에서 일하고 있습니다. 사람은 조직 속에서, 타인과의 관계 속에서 인간됨을 실현합니다. 사랑하는 가족이 매일 아침 출근해 하루의 대부분을 보내고 생계를 유지하는 삶의 터전이 바로 조직입니다. 깨어 있는 시간 중 가족보다 직장 동료와 함께하는 시간이 더 많습니다. 그만큼 조직에서의 삶은 한 개인에게 여러 면에서 매우 중요한 의미를 갖습니다.

20여 년간 조직에 몸담아온 일원이자, 인사 조직을 연구하고 현장에서 HR을 실천해온 전문가로서 대한민국 조직의 현실을 분석하고 대안을 제시하지 않을 수 없었습니다. 매일 아침 누구보다 일찍 출근해 책을 읽어온 습관이 어느덧 20년을 넘겼습니다. "가슴속에 5천 권의 문자가 있어야 비로소 붓을 들 수 있다"라는 추사 김정희의 말씀처럼, 치열하게 고민하다 보니 자연스레 글이 써졌습니다.

"경영에는 국경이 없습니다. 세계 어느 나라, 어느 기업에서나 경영에는 공통적인 진리가 있습니다."[8]

마쓰이 타다미쓰, 『무인양품은 90%가 구조다』

경영의 근간인 HR 분야를 체계적으로 공부하지 않고 경험과 통념

만으로 접근하면 실패합니다. 인사 관리, 조직 관리는 경영 그 자체입니다. 경영 지식 없이 경영을 잘할 수 있다는 생각은 매우 위험합니다. 조직은 이제 단순한 이윤 창출을 뛰어넘어 일을 통해 구성원 스스로 존재의 의미를 찾고 국가와 사회에 기여하는 곳이 되었습니다. 조직 행동 분야의 세계적 석학인 린다 힐은 『혁신의 설계자』에서 "인재도 중요하지만 인재가 능력을 발휘할 수 있는 환경을 만드는 것이 더욱 중요하다"라고 했습니다.[9] 인재는 어느 시대, 어느 곳에나 있습니다. 관건은 그 인재들이 역량을 마음껏 발휘할 수 있는 시스템과 환경을 만드는 것입니다. 이 책은 그 바른길을 찾고자 하는 시도입니다. 많은 경영자나 교수의 시각보다는 현장 실무자의 관점에서, 조직 깊숙한 곳의 구체적이고 생생한 이야기를 담고자 했습니다.

공간과 시대를 초월하는 사람 관리, 조직 관리에는 공통된 원리가 있습니다. 조직은 그 원리에 따라 통합적 관점에서 유기적으로 설계되어야 합니다. 수학이나 과학처럼 딱 떨어지는 정답은 없을 수 있지만, 근본 원리와 바른길은 분명 존재합니다. 사랑하는 가족이 긴 하루를 보내는 조직이 활기차고 인간을 진정으로 존중하는 행복한 일터로 거듭나기를 기원합니다.

"사실 경쟁적 우위는 인재, 문화, 리더십을 통한 조직 능력을 만들어내는 것에서 나타납니다."[10]

데이브 울리히 외, 『NEXT HR 넥스트 에이치알』

목차

1장

리더십

리더는 조직의 한계를 규정한다

"많은 조직의 리더가 직장 내 건강의 가장 큰 걸림돌이라는 사실도 분명해졌다. 직원들은 롤모델이 필요로 했던 반면, 리더들은 최악의 행동 양식을 보여주고 있었다."[11]

존 라이언 외, 『건강한 일터 만들기』

조직 관리에서 리더십을 가장 먼저 다루는 이유는 리더십이 다른 무엇보다도 결정적인 요소이기 때문입니다. 투자의 귀재 워런 버핏의 스승인 필립 피셔는 뛰어난 수익을 창출하는 기업을 찾기 위해 '15점 체계'를 개발했는데, 그 항목 중 상당수를 '경영진의 의지, 뛰어난 자질, 충분한 역량과 경험, 그리고 정직성'과 같은 리더의 자질에 할애했습니다.[12]

"조직의 역량은 결코 리더의 역량을 뛰어넘지 못한다"라는 말이 있습니다. 결국 조직은 리더십을 통해 조직 역량을 구현해내야 하기 때문입니다. 똑같은 환경에서 동일한 구성원들이 모여 있더라도, 어떤 리더가 어떤 방식으로 상호 작용하며 팀을 이끄느냐에 따라 구성원의 행동이 달라집니다. 그 행동의 변화가 조직의 문화를 만들고, 결과적으로 성과의 차이를 결정짓게 됩니다.

역사적으로 거의 모든 조직이 그러한 경로를 거쳐왔습니다. 갤럽 Gallup 조사에 따르면, 성공적인 팀을 만드는 데 가장 중요한 요소는 바로 '관리자의 자질'입니다. 관리자는 자신의 강점과 업무 몰입도, 그리고 팀과 협업하는 방식을 통해 팀 전체 몰입도에 무려 70%의 차이를 가져옵니다.[13]

위기는 어느 시대에나 존재해왔습니다. 따라서 위기 자체가 문제라기보다 위기의 순간에 리더십을 발휘할 리더가 없다는 것이 늘 문제였습니다. 오히려 어떤 리더를 만나느냐에 따라 위기 속에서 기회를 발견하고 더욱 성장하는 조직도 분명 존재합니다. "어떤 구성원이 있느냐"보다 "어떤 리더가 조직을 어떻게 운영하느냐"가 성과에 훨씬 더 큰 영향을 미친다는 연구 결과도 이미 많이 나와 있습니다. 구글 역시 생산성 상위 그룹과 하위 그룹을 나누는 결정적 차이는 탁월한 중간관리자, 즉 팀장의 리더십에 있다고 분석했습니다. '경영의 신'이라 불리는 일본 글로벌 기업 교세라의 창업자 이나모리 가즈오는 『부러지지 않는 마음』에서 "리더가 바뀌기만 해도 이렇게까지 달라질 수 있을까 싶을 정도로 커다란 변화를 가져온 사례는 얼마든지 있다"라며 리더의 중요성을 거듭 강조했습니다.[14]

그런데 안타깝게도 현실 조직의 리더들은 대부분 자신의 리더십에 문제가 없다고 생각합니다. 하지만 실상은 문제없는 리더는 없다는 것이 진실입니다. "직원은 회사를 떠나는 게 아니라 상사를 떠난다"라는 말도 있지 않습니까? 멋진 회사를 보고 입사를 결정했다가도,

못난 상사 때문에 퇴사를 결심하게 되는 것입니다. 조직의 제도와 문화, 일하는 방식 등은 대개 리더가 결정하고 운영하기 때문입니다. 리더에게는 그만큼 막강한 권한과 함께 무거운 책임이 뒤따릅니다.

조직 관리에서 이토록 중요한 리더십이란 도대체 무엇일까요? 일반적으로 리더십은 구성원에게 긍정적인 영향력을 행사하여 자발적인 협조와 참여를 이끌어내고, 조직이 원하는 목표를 달성해나가는 능력과 과정을 의미합니다. 즉 부정적이거나 강압적인 힘에 의한 권력 행사가 아니라는 뜻입니다. 그런 행태는 리더십이 아니라 그저 '갑질'일 뿐입니다.

기업과 정부, 공공기관, 학교, 병원 등 우리 사회 대부분은 이러한 조직들로 구성되어 있습니다. 그러나 오늘날 많은 조직이 리더십 부재로 인해 고통받고 있습니다. 리더의 책임과 역할이 무엇인지도 모른 채, 그저 예전 상사의 방식을 답습하는 수준에 머물러 있기 때문입니다. 여러분 조직에는 리더의 역할에 대해 끊임없이 배우고 고민하는 사람이 있습니까? 지시하고 감시하며 통제만 하던 과거의 관리자가 아니라 방향을 제시하고 함께 나아가며 지원해주는 사람이 오늘날 우리에게 필요한 리더의 모습입니다. 여러분의 조직에는 그런 리더가 있습니까? 그리고 여러분은 그런 리더입니까?

조직에 문제가 발생하면 흔히 구성원의 문제로 치부하곤 합니다. 누군가 한 명을 희생양으로 만드는 것이 가장 간단하기 때문입니다. 단순히 직원의 태도나 관계의 문제로 몰아가기도 합니다. 하지만 알고 보면 사실 대부분의 문제는 리더나 조직의 문제입니다. 40년 경력의 HR 베테랑인 ㈜한독 백진기 대표는 저서 『사람을 움직이는 1%의 차이』에서 "어떤 부서가 잘 굴러가지 않을 때는 100이면 100, 리더가 제 역할을 못 해서다"라고 일갈했습니다.[15] 조직 생활을 해본 사람들은 대부분 공감할 겁니다. 지금부터 리더십의 핵심 이슈를 살펴보며, 이러한 현상의 원인과 해법을 제시하고자 합니다.

신뢰받는 리더는 무엇이 다른가

"신뢰가 낮은 환경에선 직원들이 늘 수세적 태도로 업무를 진행하기 마련이다. 동료들의 무관심이나 노골적 업무 방해에 쉽게 행동이 움츠러든다. 직원들은 이런 식으로나마 근근이 살아갈 수 있을지는 몰라도, 기업은 전체적으로 성과가 떨어져 어려움을 겪을 것이다. 모든 직원이 기업의 생존이 아닌 자신의 생존에 급급한 기업은 성공할 수 없다."[16]

프랭크 슬루트만, 『한계 없음』

세계적 경영자 제너럴 일렉트릭GE의 잭 웰치 회상은 『잭 웰치의 마지막 강의』에서 "리더십은 무척 단순한 것이어서 두 가지로 요약될 수 있다고 생각해주기 바란다. 첫째, 진실과 신뢰. 둘째, 집요하게 진실을 추구하고 끊임없이 신뢰를 구축하기"라고 했습니다.[17] 왜 세계 굴지의 기업 CEO는 리더십을 진실과 신뢰라는 짧은 단어로 정의했을까요? 왜 집요하게 진실을 추구하고 끊임없이 신뢰를 구축하는 것이라 단정했을까요? 그 이면에는 경영자의 고독한 성찰이 오롯이 담겨 있습니다.

사실 그는 GE 회장에서 물러난 뒤에야, 회사가 돌아가는 사정을 가장 늦게 알게 되는 사람이 CEO 바로 자신이라는 점을 깨달았다고 훗날 고백합니다. 정보의 비대칭성이 존재하는 조직 구조에서 리더가 진실에 다가가기 위해 얼마나 치열해야 하는지를 보여주는 대목입니다. 그래서 잭 웰치는 퇴임 후 자서전에서 진실과 신뢰를 그토록 강조했나 봅니다. 실제로 리더십의 핵심 요소로 정직과 신뢰는 수십 년간 부동의 1순위로 손꼽히고 있습니다.[18] 이는 조직의 성패가 결국 사람 사이의 믿음에 달려 있다는 점을 시사합니다. 신뢰는 인간관계의 가장 밑바탕이며 협력을 촉진하고 팀워크를 강화하는 필수 조건입니다. 또한 신뢰의 기저에는 반드시 '진실'이 전제되어야 함을 의미합니다.

"결국 기업 경영의 본질은 신뢰 게임이다. 신뢰는 조직의 혁신과 협업, 그리고 몰입을 이끌어내는 근원적 동력이다."[19]

현순엽 외, 『신뢰 게임』

우리의 삶 자체가 신뢰라는 기반 위에 있음에도 불구하고, 타인에게 신뢰를 얻는다는 것은 결코 쉽고 간단한 일이 아닙니다. 50년 이상 리더십 개발과 평가 업무를 수행해온 글로벌 컨설팅사 DDI Development Dimensions International가 2천 개 이상의 조직, 1만 명 이상의 리더를 대상으로 조사한 바에 따르면, 중간관리자에 대한 신뢰도는 2022년 46%에서 2024년 29%로 급격히 하락했습니다.[20]

우리나라 역시 2025년 6월 중앙노동위원회의 발표에 따르면, 직장 내 고용노동 분쟁의 예방과 신속한 해결에 가장 중요한 요소로 '직장 내 신뢰 문화 구축'(73.1%)이 1위로 꼽혔습니다.[21] 이러한 통계들은 신뢰가 조직의 생존을 결정짓는 핵심 자산이면서도, 정작 현실에서는 그 토대가 위태롭게 흔들리고 있다는 역설을 보여줍니다.

"구성원은 모두 보고 있다. 리더의 긍정적인 행태도, 부정적인 행태도 말이다. 리더의 선한 노력이 층층이 쌓이며 조직은 신뢰를 조금씩 형성하게 된다."[22]

현미숙, 『리더 수업』

신뢰라는 말에는 여러 가지 의미가 함축되어 있습니다. 그렇다면 조직에서는 과연 어떤 리더가 신뢰를 얻을까요?

첫째, 업무적으로 해당 산업이나 분야에서 탁월한 전문성을 갖추어야 합니다. 구성원들에게 "우리 리더는 이 분야만큼은 다른 누구보다 뛰어난 전문성을 갖추고 있다"라는 믿음을 주어야 합니다. 전문성이란 고도화된 지식이나 기술, 그리고 풍부한 경험을 바탕으로 문제를 발견하고 해결하며 가치를 창출해내는 능력을 말합니다. 이러한 전문성이 뒷받침될 때 조직원은 리더를 신뢰하고 따르게 됩니다. 전문가는 단순한 관리자를 넘어 팀의 나침반 역할을 하기 때문입니다. 리더를 믿고 따랐을 때 실패하지 않고 더 좋은 성과를 낼 수 있다는 확신, 그리고 그 리더와 함께하며 나 또한 배우고 성장해나갈 수 있다는 믿음이 전제되어야 합니다.

예를 들어 어떤 리더는 중요한 프레젠테이션이 있을 때 직접 발표를 하는 등 전면에서 누구보다 중요한 역할을 합니다. 또한, 각종 세미나에 발표자나 토론자로 참석하여 통찰력 있는 메시지나 솔루션을 던집니다. 가끔씩 언론에 전문적인 글까지 쓰면서 산업의 문제에 대해 이슈나 해법을 던지기도 합니다. 이런 리더는 업무적으로 직원들에게 신뢰를 받겠지요? 내부 직원들뿐만 아니라 회사 외부, 고객뿐만 아니라 그 회사가 속한 산업 전반에서도 인정받고 신뢰받을 것입니다. 반대로 중요한 경쟁 입찰에서 발표해달라고 직원이 부탁을 함에도 이런저런 핑계를 대며 뒤로 빼고 하지 않으려고 하고 고객과의 회의에서도 전문성 부재로 인해 특별한 존재감이 없다면 그런 리더는 신뢰받기 어려울 것입니다. 직장에서는 업무에 대한 전문성이 무엇보다 기본입니다. 리더는 일단 일에 대한 전문성으로 존경받아야 합니다.

둘째, 신뢰의 토대가 되는 것은 리더의 일관된 원칙입니다. 원칙이란 어떤 상황에서도 변치 않고 지켜야 하는 기본적인 규칙을 뜻합니다. 리더가 확고한 원칙에 따라 조직을 운영할 때 구성원과의 신뢰는 깊어집니다. 사업을 추진하거나 고객을 응대할 때, 회사가 추구하는 가치와 리더의 원칙에 따라 구성원이 리더를 예측할 수 있어야 합니다. 리더가 일관되게 행동할 때 비로소 조직원은 리더를 믿고 업무를 과감히 추진해볼 수 있습니다. 내가 이렇게 행동했을 때 우리 리더가 어떻게 반응하고 지원해줄지 예측이 가능하기 때문입니다. 이러한 예측 가능성은 조직 내 불필요한 불안감을 제거하고 몰입도를 높이는 결정적인 역할을 합니다. 따라서 신뢰는 단번에 맺어지는 것이 아니라, 다양한 상황 속에서 긴 시간 동안 축적되며 쌓여가는 것입니다.

만약 리더의 반응을 예측할 수 없고 그때그때 원칙이 달라진다면 결코 신뢰는 형성되지 않습니다. 구성원들은 상사의 눈치를 보느라 우왕좌왕하게 되고 과감한 실행력을 발휘하지 못합니다. 리더의 감정이나 상황에 따라 기준이 춤을 춘다면 조직은 방향을 잃게 됩니다. 리더는 상황에 따라 흔들리는 사람이 아니라 확고한 토대 위에서 기준에 맞춰 일관되게 움직여야 하는 사람입니다.

> "신뢰는 믿을 수 있고 일관되며 협조적이고 투명한 행동을 통해 형성된다. 우리가 이런 방식으로 행동할수록 신뢰는 더욱 깊어진다."[23]
>
> 딘 캐리그넌 외, 『마이크로소프트 혁신의 비밀』

이러한 원칙은 리더 스스로 솔선수범하며 언행일치의 모습을 보일 때 비로소 강력한 힘을 발휘합니다. 말과 행동이 일치하지 않는다면 신뢰는 결코 싹트지 않습니다. 상사의 언행일치와 솔선수범은 그 어떤 전략보다 중요합니다.[24] 말은 누구나 그럴듯하게 할 수 있지만, 행동은 쉽게 할 수 있는 것이 아니기 때문입니다. 정직한 실천은 신뢰의 가장 강력한 원천입니다. 실제 연구에서도 CEO의 진정성Integrity, 즉 말과 행동 사이의 일치가 높을수록 기업의 성과 또한 비례하여 증가하는 것으로 나타났습니다. 말과 행동의 모순은 리더가 구성원과 신뢰를 형성하는 데 가장 큰 장애물이 됩니다.

레슬리 스티븐슨과 데이비드 헤이버먼은『인간의 본성에 관한 10가지 이론』에서 "말과 행동이 직결되지 않는다면 아무런 신뢰도 생길 수 없다. 왜냐하면 신뢰란 말한 바를 곧 행동으로 옮기겠다는 근거 위에 성립되기 때문이다"라고 강조했습니다.[25] 입으로는 혁신과 시스템을 외치면서도 정작 직원들이 이를 추진해보려고 할 때 리더가 이런저런 핑계를 대며 꺼려한다면 신뢰는 생길 수 없습니다. 리더의 행동이 따르지 않는 메시지는 그저 공허한 메아리에 불과합니다.

마지막으로, 신뢰를 형성하려면 리더의 공정한 조직 운영이 필수적입니다. 사심 없이 모든 구성원을 원칙과 기준에 따라 공정하게 대해야 한다는 의미입니다. 학연, 지연, 혹은 단순한 개인적 친분 때문에 특정 구성원에게 조금이라도 편향된 모습을 보인다면 신뢰는 결코 구축되지 않습니다. 리더가 어느 한 팀원과 친하다는 이유로 그가 원하는 방향으로 업무를 분장하거나 특별히 배려하는 모습이 포착된다면, 다른 팀원들은 즉시 마음을 닫아버립니다. 리더는 직원들에게 단순히 공정하게 대하고 있다는 느낌을 넘어선 확신을 심어줘야 합니다. 사실 팀 내에서 누가 일이 많고 적은지는 신입사원조차 이미 다 알고 있습니다. 리더의 눈보다 구성원들의 눈이 훨씬 더 예리하다는 사실을 잊지 말아야 합니다.

조직 생활을 하다 보면 개인적으로 더 마음이 가는 사람이 생기기 마련입니다. 사람이 모인 곳에서 이는 자연스러운 현상입니다. 하지만 그럴수록 리더는 공과 사를 분명히 구분해야 합니다. 업무에서만큼은 사심 없이 원칙을 지킬 때 신뢰가 싹틉니다. 만약 리더가 특정 직원과 사적인 시간을 자주 보내는데 그 직원이 늘 좋은 평가를 받고 승진까지 독차지한다면 어떨까요? 다른 직원들이 보기에 그 직원의 역량이 부족함에도 불구하고 단지 리더와의 친분 때문에 혜택을 받는다고 느껴진다면, 그 리더의 리더십은 무너집니다. 사적인 친밀함이 공적인 공정성을 훼손하는 순간, 조직의 질서는 파괴됩니다. 리더와 친한 직원이 특별한 실력 없이 주요 보직을 맡고 있다면, 조직 내 신뢰 형성이 불가능하다는 것은 상식입니다.

"상시가 당신을 자취할 거라고 예상한다면 당신은 최선을 다해 일하지 않을 것이다. 이런 잘못된 균형에서 탈출하려면 상사는 부하 직원에게 그를 공정하게 대하겠다는 확신을 심어줘야 한다."[26]

레이 피스먼 외, 『경제학자도 풀지 못한 조직의 비밀 The ORG』

신뢰는 다른 모든 역량에 영향을 미치는 리더의 가장 기본적인 자질입니다. 워런 버핏은 결국 진정성이 없다면 다른 자질들은 아무런 소용이 없다고 할 정도로 리더의 언행일치를 강조했습니다. 신뢰라는 단단한 토대가 마련되어 있다면, 대화의 양이 많지 않아도 소통은 원활하게 이루어집니다. 신뢰는 조직을 지탱하는 뿌리와 같습니다. 오늘날 많은 리더가 구성원과의 관계 관리에 어려움을 겪는 근본적인 이유도 바로 이 신뢰라는 뿌리가 빈약하기 때문입니다.

「딜로이트 2024 글로벌 인적 자원 트렌드」에 따르면, 신뢰를 창출하기 위해서는 능력, 인간성, 투명성 등이 뒷받침되어야 하며 "신뢰할 만하다"라고 평가받는 기업들은 시장 가치가 업계 평균보다 최대 4배나 높았다고 합니다.[27] 결국 신뢰는 정서적인 만족을 넘어 기업의 실질적인 경제적 가치를 창출하는 핵심 자본인 셈입니다.

> "리더십의 힘은 물리력과 통제가 아닌 솔직함과 진정성과 신뢰에서 나온다. 신뢰·고무형 리더십 스타일은 물렁하지 않다. 즉 약하지 않다. 사실 신뢰·고무 방식은 엄청난 힘을 요구한다."[28]
>
> 스티븐 코비 외, 「트러스트 임팩트, 신뢰의 재발견」

경청과 칭찬만으로는
부족하다

"나는 직위나 소속을 가리지 않고 수백 명의 직원에게서 이야기를 들었다. 우리는 익명으로 의견을 공유할 수 있도록 포커스 그룹을 꾸리기도 했다. 경청은 내가 매일 실천한 가장 중요한 과제였다."[29]

사티아 나델라,『히트 리프레시』

마이크로소프트를 위기에서 구했던 MS의 세 번째 CEO 사티아 나델라가 꼽은 가장 중요한 과제는 바로 경청이었습니다. 사실 경청은 말처럼 쉽지 않습니다. 진정한 의미의 경청을 하려면 상대의 이야기를 오롯이 담아낼 수 있는 내면의 그릇이 커야 하기 때문입니다. 쉽게 말해 자기중심적인 태도에 갇힌 소인배는 타인의 목소리를 온전히 수용하지 못합니다. 경청은 상대에 대한 존중과 사려 깊음이 바탕이 되어야 하는 고도의 심리적 행위입니다. 그런데 이 어려운 경청을 아무리 잘해낸다고 해도, 성공하는 조직이 되기 위해서는 여전히 2%가 부족합니다. 물론 현실 조직에서는 리더가 경청조차 하지 않는 경우가 허다합니다. 경청은 저절로 되는 게 아니라 의식적인 훈련과 많은 노력이 필요한 일이기 때문입니다. 그렇다면 경청이 이토록 어려운 이유는 무엇일까요?

사람들은 일반적으로 타인의 이야기를 듣는 것보다 자신의 이야기를 하는 것을 더 좋아합니다. 특히 연륜과 경험이 많고 성공 가도를 달려온 사람일수록 이런 경향은 더욱 짙어집니다. 자신의 성공 방식이 정답이라는 확신이 강할수록 타인의 의견이 들어설 자리는 좁아지기 마련입니다. 그래서 대개 CEO 간담회를 앞둔 직원들은 사장님께 자신의 의견을 전할 수 있으리라 기대하며 메모까지 준비해보지만, 현실은 기대와 다르게 흘러가는 경우가 많습니다. 직원들은 의견을 피력하기는커녕 사장님의 훈화 말씀을 경청만 하다 나오게 됩니다. CEO는 대개 할 말이 무척 많습니다. 자신의 성공 스토리와 철학, 가치를 설파하는 데 몰입하다 보니 상대방이 이야기할 때 "내 경우에는 이랬다"라며 말을 끊고 자기 경험을 꺼내기 일쑤입니다. 상대의 말을 끝까지 듣는 인내심을 발휘하기가 쉽지 않은 것입니다. 경청은 타인의 말을 중간에 끊지 않고 자신의 말할 순서를 조용히 기다릴 줄 아는 태도가 전제되어야 합니다. 상대의 말을 진심 어린 자세로 충분히 들으며 나와 생각이 다를 수 있다는 점을 인정하고, 상호 소통하는 과정을 깊이 이해하는 것입니다. 내가 경청받길 원하는 만큼 상대도 그러하다는 사실을 잊지 말아야 합니다. 이청득심以聽得心, 즉 '귀 기울여 듣는 것이 사람의 마음을 얻는 최고의 지혜'라는 사실은 만고의 진리입니다.

다나 마오르 외, 『맥킨지 비밀 수업』

또한 사람들은 대개 불편한 진실보다는 달콤한 소식을 선호합니다. 조직의 상사들은 더욱 그렇습니다. 업무가 원활히 진행되고 성과가 좋다는 보고는 누구나 반깁니다. 하지만 업무 추진 과정의 난관이나 시급히 해결해야 할 문제를 꺼냈을 때, 이를 반기며 귀 기울여줄 리더는 현실 조직에서 그리 많지 않습니다. 듣기 불편한 이야기는 회피하고 싶어지기 때문입니다. 이러한 리더의 회피 성향은 조직 내 '침묵의 문화'를 고착화합니다. 그래서 주간 업무 보고서에는 윗사람이 좋아힐 민힌 긍정적인 내용과 잘 진행되고 있다는 장밋빛 전망만 가득합니다. 논의가 필요하거나 리더의 즉각적인 지원이 절실한 '불편한 소식'은 좀처럼 수면 위로 올라오지 않습니다. 괜히 문제를 언급했다가 '무능한 직원' 혹은 '불평불만 창구'로 낙인찍힐까 두려워하기 때문입니다.

하지만 그러한 어려움과 문제를 경청하고, 나아가 적극적으로 해결해줘야 하는 사람이 바로 리더입니다. 문제를 직시하고 해결하는 것, 그것이야말로 리더의 존재 이유이자 책임입니다. 그러한 역할을 방기하려면 리더의 자리에서 물러나는 것이 맞습니다. 만약 직원들이 아예 입을 열지 않는다면, 그 또한 전적으로 리더의 잘못입니다. 리더는 직원들이 왜 침묵하는지 스스로를 돌이켜봐야 합니다. 말하지 않는 것들에 담긴 이면에 귀를 기울여야 합니다. 자유롭게 의견을 낼 수 있는 문화와 시스템을 구축해야 하며, 경청이 단순한 '듣기'에서 끝나지 않도록 실행력을 보여줘야 합니다. 구성원이 어렵사리 끄집어낸 문제를 해결해주려는 최소한의 노력조차 하지 않으면서 소통만 강조하는 것은 앞뒤가 맞지 않는 행동입니다. 리더십이 부족한 이들의 공통점은 타인의 고충에 귀를 닫는다는 점에 있습니다.

우리나라는 문화적으로 칭찬에 다소 인색하고 어색해하는 경향이 있습니다. 그래서 한때 칭찬의 기술을 다룬 책들이 큰 인기를 끌기도 했습니다. 누군가를 진심으로 칭찬한다는 것은 대상의 훌륭함뿐만 아니라, 칭찬을 건네는 이의 인격적 성숙함이 전제될 때 가능한 일입니다. 칭찬은 구성원의 기분을 좋게 하고 단기적인 동기를 부여할 수 있습니다. 하지만 통찰력 있는 리더는 칭찬만으로는 조직을 지속적으로 움직일 수 없다는 사실을 잘 압니다. 칭찬에서 멈춰버리면 그 이상의 진전도 없기 때문입니다.

직원이 뛰어난 성과를 냈을 때 리더가 대중 앞에서 공개적으로 칭찬해준다면, 당장은 동기 부여가 되어 더 열심히 할 동력을 얻을 수 있습니다. 하지만 시간이 흐르면 그 직원은 "말뿐인 칭찬이 내 커리어와 삶에 어떤 실질적 변화를 주는가?" 하는 의구심을 갖게 됩니다. 감정적인 보상만으로는 현실적인 몰입을 유지하는 데 한계가 명확하기 때문입니다.

따라서 칭찬에서 한발 더 나아가, 작더라도 구체적인 평가와 보상으로 연결되는 선순환 구조가 필요합니다. 업무의 난이도나 파급 효과에 따라 보상의 규모는 달라질 수 있습니다. 꼭 거창한 물질적 보상이 아니어도 상관없습니다. 중요한 것은 단순히 칭찬이라는 '말'로 끝나는 것이 아니라, 성과가 공정하게 기록되고 실질적인 혜택으로 이어지고 있다는 확신을 주는 것입니다. 말뿐인 격려와 구체적인 보상체계가 결합된 격려는 직원들에게 미치는 영향력 차원에서 하늘과 땅 차이입니다.

전략적 코치가
되어야 한다

"대부분의 실패한 기업들은 성공할 수 있는 새로운 기술을 갖고 있었지만, 리더들은 그 가치를 끌어내지 못했다."[31]

찰스 오라일리 외, 『리드 앤 디스럽트』

결국 리더는 경청하고 칭찬하는 것에 머무는 것이 아니라 구체적인 행동을 통해 구성원의 잠재력을 실현하는 전략적 코치를 자처해야 합니다. 많은 조직에서 리더는 수동적이고 보수적인 자세를 취하는 경우가 많습니다. 우리나라에는 "가만히 있으면 중간은 간다"라는 말이 있습니다. 실제로 별다른 문제만 일으키지 않는다면 조직이 그럭저럭 굴러가고, 리더가 자리를 보존하는 데 지장이 없기도 합니다. 큰 사고만 치지 않으면 퇴직 때까지 보직을 유지하는 경우를 국내 조직에서는 어렵지 않게 볼 수 있습니다. 이러한 '무사안일주의'는 조직의 혁신을 가로막는 가장 큰 장애물입니다. 또한 우리나라 특유의 튀는 것을 꺼려하는 문화도 강하게 작용합니다.

하지만 직원들이 어려움을 토로하며 상의할 때 리더가 소극적인 자세로 대한다면, 직원들은 업무를 추진할 동력을 상실합니다. 리더는 그럴 때 적극적으로 문제를 해결할 수 있는 방안을 찾아야 하고 해결하는 과정에 도움을 주어야 합니다. 물론 리더 또한 완벽하지 않은 만큼 모든 것을 잘 알거나 해결해주지는 못할 수도 있습니다. 하지만 적어도 해줄 수 있는 일과 없는 일, 함께 고민하며 검토해야 하는 일 등을 명확히 구분하여 실마리를 제공하는 전략적 코치의 역할은 기본적으로 수행해야 합니다. 조직 내의 난제들과 씨름하며 해결책을 찾아가는 그 치열한 과정이야말로 리더에게 가장 중요한 순간입니다. 당연히 그 과정에서 리더 스스로도 성장하게 되며, 직원들과의 신뢰가 두터워지는 것은 자연스러운 결과입니다.

"일하다 잘린 직원은 있어도 놀다가 잘린 직원은 없다"라는 우스갯소리가 있을 정도입니다. 하지만 그런 문화가 팽배한 조직의 미래는 어둡습니다. 열심히 일하는 직원은 업무를 추진하다 보면 해결해야 할 과제들이 계속 생기기 마련이며, 그것을 하나씩 극복하며 성과를 만들어가야 합니다. 당연히 리더나 조직에서 도와주어야 할 사안들도 지속적으로 발생합니다. 반면 소위 '노는 직원'들은 최소한의 루틴한 일만 소극적으로 처리하기 때문에 리더에게 업무적으로 도움을 요청할 거리 자체가 없습니다. 오히려 이런 직원들의 직장생활은 표면적으로는 너무도 평온해 보이기까지 합니다. 보통 그런 직원들은 업무보다는 리더와의 관계 형성이나 사적인 영역에 집중하는 경향이 있습니다. 상사와 식사를 자주 하거나 골프, 등산 등 외부 취미 활동을 함께하는 식입니다. 심지어 업무는 뒷전이면서 사내 각종 모임의 간부 역할을 맡아 대외적인 감투를 쓰는 데만 매우 적극적인 경우도 있습니다.

정작 일을 열심히 하는 직원은 업무에 지쳐 그런 외적인 활동에 에너지를 쏟기가 어렵습니다. 무능한 리더의 눈에는 이렇게 묵묵히 일하는 사람이 잘 보이지 않기에 별다른 배려를 하지 못합니다. 결국 '정치'를 하는 이들이 '성과'를 내는 이들보다 더 인정받는 역전 현상이 벌어지는 것입니다. 최근 구글에서는 AI를 활용해 조용히 실질적인 성과를 내던 직원을 찾아내 승진시킨 사례가 있습니다. 인간 리더의 편향된 시각을 데이터가 바로잡아준 셈입니다. 이제 AI가 무능한 리더의 안목을 뛰어넘고 있습니다.

국내 어느 대기업 임원은 SNS에서 "일만 하는 사람은 정치만 하는 사람을 절대 이길 수 없다"라는 뼈아픈 말을 남긴 적이 있습니다. 이것이 어느 정도 현실이기에 참으로 가슴 아픈 일입니다. 무능한 리더가 있는 곳에서는 얼마든지 일어날 수 있는 일입니다. 훌륭한 리더라면 이러한 현상을 정확히 분별할 줄 알아야 합니다. 업무보다 관계에만 치중하는 것은 바람직하지 않습니다. 물론 업무를 제대로 수행하면서 좋은 관계까지 유지한다면 금상첨화일 것입니다. 조직에서 사람들과의 관계는 당연히 중요합니다. 좋은 관계가 뒷받침될 때 업무의 시너지도 나기 때문입니다. 하지만 본질인 업무는 뒷전인 채 관계에만 매몰되는 문화는 조직에 독이 됩니다. 그런 직원을 가까이하며 즐기는 리더는 스스로를 깊이 반성해야 합니다. 리더는 자신이 풀어야 할 과제를 용기 있게 들고 오는 직원을 더욱 아껴야 합니다. 보이지 않는 곳에서 고군분투하고 있는 이들이야말로 조직을 지탱하는 진정한 엔진이기 때문입니다. 쉽게 말해 그런 직원들 덕분에 조직이 유지되고 리더도 자신의 자리를 지킬 수 있는 것입니다.

따라서 리더는 직원들의 고민과 문젯거리를 끊임없이 의도적으로 끄집어내야 합니다. 소통이 원활하게 흐를 수 있는 시스템을 선제적으로 구축해두어야 합니다. 팀 회의는 단순히 상사에게 업무를 보고하는 자리가 아니라, 업무 추진 상의 어려움이나 리더가 해결해주어야 할 난제를 치열하게 논의하는 자리가 되어야 합니다. 팀원들과 함께 브레인스토밍을 하며 실마리를 찾아가는 시간으로 채워져야 합니다. 리더는 "내가 도와줄 것은 없는지", "함께 해결해야 할 과제는 없는지"를 지속적으로 묻고 직원들과 발을 맞춰 움직여야 합니다.

과도한 업무로 직원들은 번아웃Burnout을 겪고, 휴가를 가더라도 노트북을 챙겨가 가족 눈치를 보며 업무를 처리하는 실정입니다. 그런데 정작 리더는 근무 시간에 유튜브를 보거나 업무와 무관한 잡지를 읽고, 수시로 자리를 비우며 팀이 가장 바쁜 시기에 혼자 장기 휴가를 떠난다면 어떤 직원이 그 리더를 신뢰하겠습니까? 리더의 도덕적 해이는 조직의 기강을 뿌리째 흔드는 행위입니다.

"실수를 많이 하는 사람일수록 더 나은 사람이 될 것이다. 왜냐하면 그는 새로운 일을 더 많이 시도하기 때문이다. 나라면 실수를 한 적이 없는 사람을, 그것도 큰 실수를 한 적이 없는 사람을 고위 관리에 절대로 승진시키지 않을 것이다. 실수를 해본 적이 없는 사람은 분명 평범한 사람에 지나지 않을 것이다."[32]

피터 드러커, 『경영의 실제』

전략적 코치의 역할을 수행한다는 것은 고객과 현장의 목소리에 귀 기울이며 끊임없이 관찰하고 대화하는 과정이 전제될 때만 가능합니다. 리더는 구성원들이 저마다의 역량을 발휘해 '부분의 합' 이상의 결과를 이끌어내도록 돕는 사람입니다. 간혹 리더에게 "아무것도 하지 말라"고 조언하는 책들도 있지만, 이는 방관하라는 뜻이 아닐 것입니다. 아무것도 하지 않을 거라면 조직에 리더라는 존재 자체가 필요 없기 때문입니다. 높은 비용을 지불하며 수동적인 리더를 둘 이유는 어디에도 없습니다.

또한 모든 문제를 구성원의 태도 탓으로 돌린다면 우리가 조직을 구성해 일할 이유가 없습니다. 조직으로 일하는 본질적인 이유는 혼자일 때보다 더 높은 효율과 시너지를 내기 위함입니다. 리더의 역할은 바로 그 시너지가 올바르게 작동하도록 촉진하는 데 있습니다. 그 역할이 제대로 작동할 때 효율이 크기 때문에 조직은 오랫동안 세상에 존재해왔습니다. AI 시대가 도래하며 리더, 특히 중간관리자의 역할은 근본적인 변화를 요구받고 있습니다. 이제 과거처럼 단순히 지시하고 통제하는 리더는 설 자리가 없습니다. 리더십 허브로서 팀워

크를 강화하고, 팀원을 육성하며, 협업을 이끌어 변화를 촉진하는 '전
략적 코치'의 역할을 주도적으로 수행해야만 합니다.

"위기에 처했을 때 가장 중요한 것은 리더의 실질적인 대응이다. 반드시 해결해야
할 실질적인 문제들이 있고 그 문제들엔 구체적 조치들이 요구되는 법이다."[33]

모식 템킨, 『다시, 리더란 무엇인가』

나쁜 리더는 조직에
무엇을 남기는가

"전 세계적으로 거의 예외 없이 직원의 약 50~75퍼센트는 업무에 '몰두하지 않는
다.' 가장 큰 원인은 나쁜 상사다. 일선 책임자들에 대한 심층 평가를 즉시 시작하
라. 어떤 전략적 조치도 일선 책임자들에 대한 자료를 업그레이드하는 것보다 중요
할 수는 없다."[34]

톰 피터스, 『톰 피터스 탁월한 기업의 조건』

현실 조직에서 리더가 되는 절차는 생각보다 그리 체계적이지 않
습니다. 물론 정교한 인사 관리 시스템에 따라 육성되고, 검증되며, 엄
격한 평가를 거쳐 선발되는 훌륭한 조직도 일부 있겠지요. 하지만 리
더에게 필요한 구체적 역량이 프로세스에 따라 검증되어 중간관리자,
즉 팀장이나 부장, 임원이 되는 경우는 의외로 드뭅니다. 사람을 관리
하는 중간관리자의 역할이 매우 중요함에도 우연에 맡겨지는 경우가
생각보다 많습니다. 심지어는 팀장이라는 자리를 그동안 직장생활의
보상 정도로만 생각하는 경우도 있습니다. 중간관리자의 역할이 조직
을 이끌어가는 데 매우 중요함에도 이렇게 자질 없는 사람들이 중간

관리자가 되어버리는 것입니다. 준비되지 않은 리더의 탄생은 결국 조직 전체의 비극으로 이어지는 단초가 됩니다.

리더가 된 이후에도 지속적인 교육과 평가를 통해 리더십을 점검받고 관리받는 경우는 많지 않습니다. 특히 대한민국 기업 수의 99.9%를 차지하고 근로자 수의 80.4%가 근무하는 중소기업은 HR 시스템에 신경 쓸 만한 여력이 없기에 상황은 더욱 심각합니다.[35] 현실이 이렇다 보니 우리가 조직 현장에서 마주하는 리더는 바람직한 모습보다는 그렇지 못한, 평범하거나 나쁜 리더들이 다수를 차지하게 됩니다. 훌륭한 리더는 오히려 예외적인 존재처럼 느껴질 정도입니다. 더욱 우려스러운 점은 자신이 나쁜 리더라는 사실조차 깨닫지 못하는 경우가 많다는 사실입니다. 여전히 과거의 방식인 일방적 지시와 통제에만 머물러 있는 이들이 대다수입니다. 관리자라는 자리는 결코 아무나 맡아서는 안 되는 무거운 자리입니다.

문제는 리더의 권한과 책임만큼이나 그 영향력과 파급 효과가 절대적이라는 점입니다. 그로 인한 해악은 우리가 생각하는 것보다 훨씬 파괴적이고 위협적입니다. 제대로 된 리더십을 갖추지 못한 리더는 조직의 효율성을 떨어뜨리고, 열심히 일하는 직원들의 의욕을 북돋우기는커녕 상실하게 만듭니다. 결국 "직원은 회사를 보고 입사했다가 상사를 보고 퇴사한다"라는 말이 나오는 이유입니다. 2024년 가을 한국을 방문했던 인시아드INSEAD 경영대학원의 석좌교수 맨프레드 케츠 드 브리스는 강연에서 "직원들이 떠나는 이유는 대부분 상사 때문이다. 다른 문제를 이유로 둘러대겠지만 이직 사유의 70% 이상이 상사다"라고 단언했습니다.[36] 조직 구성원들을 지치게 만드는 결정적 원인은 업무의 강도나 난도가 아니라 사람, 즉 상사와의 관계에서 오는 피로감입니다. 요즘 유튜브에서 '퇴사'를 검색해보면 다양한 직장인들의 솔직한 퇴사 스토리가 나옵니다. 그 원인이 업무 자체인 경우는 찾아보기 어렵습니다. 대부분 사람, 특히 상사와 조직 문화 때문입니다. 그래서 최고경영자는 우리 조직에 나쁜 리더가 없는지 끊임없이 관찰하고 적극적으로 관리해야 합니다. 일선에서 리더십을 발휘해야 하는 중간관리자들을 제대로 관리하지 못하면 조직은 결국 경쟁력을 잃고 맙니다.

일반적으로 리더십의 성공 요인은 매우 다양한 반면 리더십의 실패요인, 즉 부적절한 리더의 모습은 변수가 적어 일반화하기가 용이합니다. 실제로 나쁜 리더는 현실에서 다음과 같은 10가지 행태를 보입니다.

첫 번째, 나쁜 리더는 직원의 의견을 듣지 않습니다. 그런데 보통 의견을 적극적으로 제시하는 직원들은 태만한 이들이 아니라 일을 열심히 하는 사람들입니다. 나쁜 리더는 의견을 듣는 것 자체를 번거로워합니다. 이른바 '꼰대'들의 대표적인 특징입니다. 자신의 말은 늘어놓으면서 타인의 말은 들으려 하지 않습니다. 듣고 싶은 것만 골라 듣고, 불편한 소리에는 귀를 닫아버립니다. 그 결과 나쁜 리더의 곁에는 달콤한 말만 하는 측근들만 남게 됩니다. 리더가 직원들의 피드백을 구하는 것이 말처럼 쉽지 않을 수 있지만, 이는 반드시 거쳐야 하는 과정입니다. 독단적인 결정은 결국 일하는 사람들의 동기와 사기를 꺾어 성과를 저해하는 지름길이 됩니다. 측근의 말에만 의존하고 다른 직원들의 목소리를 외면하면 공감대 형성은 물론, 건강한 관계 구축도 불가능해집니다.

두 번째, **나쁜 리더는 자기중심적입니다.** 리더십의 본질은 구성원을 지원하고 성장시키며 조직의 목표를 달성하는 데 있지만, 이들에게는 자신의 안위가 가장 시급한 문제입니다. 팀장이나 본부장이라는 보직을 오래 지키는 것이 지상 과제입니다. 상사에게 찍히지 않고 잘보이는 것에만 모든 초점이 맞춰져 있습니다. 이런 리더 밑에서 구성원들은 고통받을 수밖에 없고 조직은 서서히 망가집니다. 대개 이런 이들은 '예스맨'인 경우기 많습니다. 상황에 맞지 않는 경우에도 상사 앞에서는 무조건 찬성하며 정작 자신의 팀원들을 곤란한 처지에 빠뜨립니다. 단순히 지시를 전달만 하는 관리형 리더는 현대 기업에서 퇴출 1순위입니다. 조직이 잘못된 방향으로 가더라도 자신만 불편하지 않고 자리를 지킬 수 있다면 그만이라는 식의 태도는 직원들에게 깊은 상처를 남깁니다.

세 번째, **나쁜 리더는 소통을 단절시킵니다.** 소통의 중요성은 누구나 아는 상식임에도 불구하고, 나쁜 리더는 오히려 정보를 독점하여 자신의 영향력을 행사하려 합니다. 경영진과 직원 사이에서 가교 역할을 해야 함에도 그 통로를 개인의 정치적 목적을 위해 활용합니다.

이 과정에서 경영진의 진의는 왜곡되고 직원들의 고충은 차단되는 소통의 병목 현상이 발생합니다. 사실 이런 단절은 나쁜 리더가 의도한 모습이기도 합니다. 정보를 차단함으로써 자신에게 유리한 환경을 조성하고 정치적 이득을 취하려는 악의적 동기가 숨어 있는 것입니다.

네 번째, 나쁜 리더는 무례합니다. 무례함이란 모욕적인 언행, 부적절한 태도, 의견 무시 등을 모두 포함합니다. 직원들에게 반말을 일삼는 것은 흔한 나쁜 리더의 모습입니다. 구성원에 대한 존중 없이 권위 의식에 사로잡혀 하대하는 것입니다. 정중한 조직이 더 높은 성과를 낸다는 연구 결과가 있듯이, 상사의 비인격적인 언행은 위협과 두려움을 유발하여 조직의 창의성과 집중력을 파괴합니다. 존중은 리더가 갖춰야 할 가장 기본적인 인격적 자산입니다. 리더가 구성원을 정중하게 대할 때 성과와 창의성이 증가하며 직원들의 번아웃도 줄일 수 있습니다. 상사의 무례함은 부하 직원의 몰입도를 떨어뜨리는 가장 치명적인 독소입니다.

다섯 번째, 나쁜 리더는 공감 능력이 부족합니다. 공감은 의사소통의 전제 조건입니다. 일방적인 지시나 인격 모독 같은 문제는 대개 공감 능력의 부재에서 시작됩니다. 이런 리더는 사람에 대한 진심 어린 관심이 없습니다. 구성원의 어려움을 살피고 동기 부여를 위해 리더로서 어떤 역할을 해야 하는지 고민하지 않습니다. 공감 능력이 없으면 혹독하고 잔인한 관리자가 될 가능성이 큽니다. 마음을 읽으려는 노력조차 하지 않는 리더에게 직원들은 결코 마음을 열지 않습니다.

직원이 용기를 내어 상담을 요청했는데, 고충을 듣기는커녕 사적인 질문이나 던지며 맥을 끊는 리더는 자질 부족입니다. 리더는 반드시 공감 능력을 평가받아야 하며,[37] 이것이 조직의 회복 탄력성에 긍정적인 영향을 미친다는 점을 명심해야 합니다.[38]

여섯 번째, 나쁜 리더는 업무보다 관계에 치중합니다. 어떤 리더는 승진에서 탈락한 직원에게 "열심히 일해서 내년에 다시 한번 도전해보자" 같은 위로나 격려 대신 "임원에게 가서 어필하지 않으면 승진하기 힘들다"라고 조언합니다. 이는 외려 리더 본인이 실력보다 줄타기를 통해 보직을 유지하고 있을 가능성이 높음을 시사합니다. 이런 나쁜 리더 밑에서 또 다른 나쁜 리더가 복제되는 악순환이 발생하는 것이지요. 우리는 이를 '조직 정치'라고 부릅니다. 사람들이 모인 곳에서 정치가 아예 없을 수는 없지만, 업무가 중심이 되지 않는 정치질은 조직의 경쟁력을 갉아먹습니다. 이런 리더는 공정하고 투명한 인사 시스템이 작동하는 것을 본능적으로 거부합니다.

일곱 번째, 나쁜 리더는 강자에게 약하고 약자에게 강합니다. 조직에서 강자는 주로 상사일 테고 약자는 부하 직원입니다. 나쁜 리더는 상사에게는 한없이 굴종적이며 심지어 깍듯하고 아주 예의 바르기까지 합니다. 그래서 그런 리더는 자신의 상사에게는 아주 착하고 순종적인 부하 직원이 되는 경우가 있습니다. 매너 좋은 훌륭한 직원으로 통하는 것이지요. 하지만 약자, 즉 자신의 부하 앞에서는 거들먹거리며 고압적인 자세를 취하고 한껏 권한만 뽐내는 권위주의자가 됩니다. 마치 두 얼굴의 사람을 보는 듯합니다. 업무상 작은 문제가 있을 때에도 간단히 업무적으로만 지적하고 끝내도 될 일을, 이런 사람은 한껏 권위를 내세우며 인신공격까지 서슴지 않고 약자를 짓밟기도 합니다. 직위가 주는 힘만 있을 뿐, 직원들에게 존경받지는 못합니다. 임원들에게 매우 깍듯하고 의전을 잘하는 예의 바른 중간관리자가 있다면 눈여겨보시기 바랍니다. 가장 나이가 젊고 세련되어 보이는 팀장의 팀 문화가 오히려 가장 폐쇄적이고 권위적일 수도 있다는 사실을 간과해서는 안 됩니다. 보이는 게 다가 아닙니다.

여덟 번째, 나쁜 리더는 통제와 지시, 지적에 중점을 둡니다. 리더의 진정한 역할은 구성원이 일을 잘할 수 있도록 지원해주고 문제 해결을 도와주는 것입니다. 하지만 리더가 통제하려 들고 지시, 지적만 일삼는다면 구성원은 리더가 자신을 부르는 것 자체에 큰 스트레스를 받게 됩니다. 뒤에 앉아 지시나 하고 지적질만 하는 것은 리더의 본분이 아닙니다. 앞장서서 솔선수범하며 이끌어나가는 것이 리더입니다. 우격다짐으로는 구성원을 움직일 수 없습니다. 겉으로만 움직이는 척할 뿐, 결국 몰입하지 않는 '가짜 노동'만 양산하게 됩니다. 리더로서의 임무는 구성원에게 부족한 점이나 조직 환경에서 충분히 제공되지 못하는 결핍을 메워주는 것입니다. 그래서 리더는 직원들이 일할 때 성가시거나 귀찮은 존재가 아니라, 언제든 기댈 수 있는 든든하고 반가운 조력자가 되어야 합니다. 팀장님이 연차 휴가를 가서 사무실 자리에 없는 것이 편안한 게 아니라, 없으면 허전하고 불안함을 느끼는 상태가 오히려 바람직한 리더십의 결과입니다. 통제 중심의 권위주의적 리더에게 구성원들은 부정적인 반응을 보이며, 팀에 도움이 되는 행동을 하지 않을 가능성이 매우 높습니다.[39]

아홉 번째, 나쁜 리더는 열심히 일하는 직원의 사기를 꺾고 방해합니다. 리더 본인이 '빌런villain'이 되는 경우입니다. 저성장 시대인 오늘날 고직급 직원이 늘어나며 팀장과 비슷한 연배의 팀원들이 많아지면서 이런 현상이 더욱 빈번하게 발생하고 있습니다. 리더는 팀원들을 성과를 위해 독려하고 함께 가야 하는 동반자로 생각하지 않습니다. 오히려 자신의 자리를 대체할 수 있는 잠재적인 경쟁자로 여기며, 그들이 더 일을 잘할 수 있도록 지원해주기는커녕 성과를 묵살하거나 가로채고, 더 좋은 결과물을 내지 못하도록 방해하기도 합니다. 팀원이 특정 분야에 명백한 강점이 있다는 것을 모두가 알지만, 리더는 의도적으로 그 업무를 맡기지 않습니다. 팀원의 성장이 곧 자신의 위협이라 느끼는 편협한 리더는 조직의 성장을 가로막는 빌런과 다름없습니다. 심지어 '빅마우스'가 되어 팀원에 대한 안 좋은 소문을 은근히 퍼뜨리고 다니기도 합니다. 단결하는 분위기를 조성하기는커녕 이간질하며 업무 외적인 관계의 문제까지 힘들게 만들어버리는 것입니다.

열 번째, 최악의 리더는 무임승차자free rider를 방치하고 갈등과 문제를 외면하는 리더입니다. 대학교수들이 꼽은 2022년 올해의 사자성어로, '과이불개過而不改'가 선정되었습니다. "잘못을 하고도 고치지 않는다"라는 뜻이지요. 열심히 하는 구성원들에게 피해를 주는 무임승차자 혹은 오피스빌런 같은 존재는 리더가 철저히 관리 감독하고 바로잡아야 할 대상입니다. 하지만 나쁜 리더는 그들이 적절하지 못한 언행으로 팀원들에게 피해를 준다는 것을 인지하고 있으면서도, 딱히 별다른 조치를 취하지 않은 채 외면하려 합니다. 이러한 방치 속에서 성실한 직원들은 상대적 박탈감을 느끼게 되고 조직의 효율성은 급격히 떨어집니다. 최근에는 '근무 태만'이 최신 트렌드라는 말까지 생겨난 지경입니다. 문제 있는 직원을 방치하고 갈등을 외면하는 리더에게 계속 보직을 맡긴다면 그 결과는 자명합니다.

정상적인 리더라면 문제를 회피해서는 안 됩니다. 리더가 아무런 조치도 하지 않는데 어느 날 갑자기 상황이 마법처럼 좋아지지는 않습니다. 때로는 싫은 소리도 해야 하는 것이 리더의 역할이자 책임이지만, 나쁜 리더는 문제를 해결하려 노력하기보다 연말 인사이동 때까지 버티며 남에게 떠넘기려 합니다. 그들이 팀을 옮길 때까지 기다리는 동안 다른 구성원들과 조직이 입는 피해는 눈덩이처럼 커집니다. 리더가 부적절한 행동에 대해 조치를 하지 않는 것은 사실상 그 행위를 묵인하고 용인한다는 신호를 보내는 것과 같습니다. 만약 이러한 방치가 경영이나 HR 부서의 리더 차원에서 일어난다면 그 조직은 최악의 상황에 직면한 것입니다. 랠프 크리스텐슨은 『전략적 HR 로드맵』에서 "조직 문제를 진지하게 고민하는 조직들도 대부분 기여도가 거의 없는 직원조차 상당수를 그대로 고용하고 있음을 인정한다. 이런 경향은 성과가 나쁜 직원을 보고도 솔직하게 지적하기를 꺼려하는 인간 본성에 기인한다"라고 했습니다.[40] 결국, 나쁜 직원을 솔직하게 지적하기 꺼리는 인간 본성을 언급했지만, 그런 나쁜 리더를 방치하는 조직은 결코 잘될 수 없다는 것 또한 진실입니다.

> "많은 사람이 악마 같은 상사들 아래서 일하고 있다. 하지만 대부분 회사는 그 사실도 모른 채 상사들에게 리더십을 발휘한 것에 대한 보상을 한다. 이렇게 안 좋은 상사는 사람들과 회사 모두에게 해를 끼친다."[41]
>
> 맨프레드 케츠 드 브리스, 『리더십 롤러코스터』

한마디로 나쁜 리더는 자신의 역할과 책임을 모르는 사람입니다. 사익을 앞세우고 언행이 불일치하며 소통을 가로막는 리더는 조직 문화에 독을 퍼뜨립니다. 리더의 권한이 큰 만큼 그가 끼치는 악영향은 개별 구성원의 실수를 압도할 정도로 엄중하고 심각합니다.[42] 그래서 팔로워십보다 리더십이 절대적으로 더 중요한 것입니다. 경영진은 중간관리자들 중에 이런 나쁜 리더가 없는지 지속적으로 관심을 갖고, 이를 발견하여 개선할 수 있는 시스템을 반드시 구축해야 합니다.

현대 경영학의 창시자로 불리는 피터 드러커는 『피터 드러커 매니지먼트』에서 매니저로서의 실격 기준으로 '약점에만 주목하는 사람', '누가 옳은가보다 무엇이 옳은가에 관심이 없는 사람', '성실함보다 영리함을 중시하는 사람', '부하 직원에게 위협을 느끼는 사람', '자신의 일에 높은 기준을 설정하지 않는 사람' 등을 꼽았습니다. 특히 진정성

의 결여는 용서받을 수 없는 실격 사유라고 강조했습니다.[43]

개선되지 않는다면 과감하게 역할에서 배제해야 합니다. 이것은 경영진의 가장 중요한 책무 중 하나입니다. 짐 콜린스는 『위대한 기업은 다 어디로 갔을까』에서 "(기업의) 몰락을 경고하는 징조 중에서 가장 뚜렷한 것을 고르라면, 핵심 위치에 적임자가 배치된 비율이 감소하는 것을 들 수 있다"라고 했습니다.[44] 현장에서 실질적으로 직원을 지원하고 이끌어나가는 리더의 자리에 부적격자가 앉아 있는 것은 조직의 재앙입니다. 본연의 역할은 외면한 채 상사에게 아부하며 충성 경쟁에만 매몰되는 리더 밑에서, 오늘날 많은 조직원이 스트레스를 받고 있습니다. 리더는 권한을 행사하는 자리가 아니라 책임을 지는 자리임을 잊지 말아야 합니다.

"교육이나 코칭을 할 수 없는 불량한 리더가 조직에 있다면, 회사에서 나가게 하거나 적어도 리더 역할을 맡게 해서는 안 된다. 이런 유형의 리더를 제거하는 것은 조직만 구하는 것이 아니고, 그곳에서 일하는 직원들의 생명을 구하는 것이다."[45]

제이콥 모건, 『미래의 리더』

이상적 리더는 존재하는가

"좋은 팀장은 일의 진행을 감독하고, 팀의 방향을 명시하고, 혼자 결정을 내리기보다 팀원들의 의견을 조율할 때 가장 뛰어난 모습을 보였다. 또한 그들은 팀원들이 효율적으로 역할을 수행하되, 혼자서 모든 일을 처리하지 않도록 했다. 뛰어난 감정지능과 성품을 지닌 침착하고, 당당하며, 성숙한 사람으로서 목적과 역할에 대한 이해를 바탕으로 팀원들을 이끌었다." [46]

메러디스 벨빈, 『팀이란 무엇인가』

그렇다면 이상적인 리더십은 과연 어떤 모습이어야 할까요? 카리스마 리더십부터 변혁적 리더십, 진성 리더십에 이르기까지 리더십의 유형은 실로 다양합니다. 과거의 리더에게는 지시와 통제 역량이 중요했지만, 오늘날의 리더에게는 구성원의 강점을 이끌어내고 협업을 촉진하는 역할이 더욱 강조되고 있습니다. 리더가 주력해야 할 핵심 가치가 변화한 것만은 분명한 사실입니다.

물론 모든 상황에 들어맞는 보편타당한 이상적 리더십이 정해져 있는 것은 아닙니다. 수십 년 동안 수많은 리더십 이론가가 수천 편의 논문을 발표해왔지만, 이상적인 리더의 정형화된 특징을 단정적으로 제시한 경우는 없었습니다. 오히려 고성과를 내는 리더들에 대한 연구를 보면, 때로는 논란의 여지가 있는 파격적인 행동을 보이기도 하며, 그러한 역설적인 면모가 오히려 조직을 성장시키는 동력이 되기도 합니다. 애플의 스티브 잡스나 테슬라의 일론 머스크를 떠올려보면 이해가 쉽습니다.

중요한 것은 우리 조직의 맥락에 걸맞은, 우리 리더만의 고유한 리더십을 발견하고 발현하는 것입니다. 리더십의 정답을 외부에서 찾기보다 조직 내부의 역동에 집중할 때, 그것은 조직을 움직이는 강력한 원동력이 됩니다. 리더십의 모든 긍정적인 요소를 완벽히 갖추는 것은 현실적으로 불가능하며, 굳이 그럴 필요도 없습니다. 리더가 자신만의 단단한 가치관과 원칙을 세우고 있다면 누구나 훌륭한 리더가 될 수 있습니다. 즉 '자기다움'을 중심에 두고 상황에 맞게 이를 유연하게 활용하는 능력이 필요합니다. 특정한 리더십 유형에 스스로를 가둘 필요는 없습니다. 위기의 순간일수록 내면의 목소리에 집중할 때 해결의 실마리가 보이기 마련입니다. 자신의 부족한 점은 솔직하게 인정하고, 참모들의 역량을 빌려 보완하며 직원들의 강점을 적재적소에 활용하면 됩니다.

오히려 모든 면에서 완벽한 리더는 인간미가 떨어져 구성원들에게 거리감을 줄 수도 있습니다. 완벽함보다는 신뢰를 주는 몇 가지 독보적인 강점이 있을 때, 다소 부족한 면이 보이더라도 구성원들은 기꺼이 리더를 따르게 됩니다. 물론 인격과 품성이라는 기본기는 갖추어야 합니다.

예를 들어, 업무 전문성만큼은 업계에서 독보적인 학식과 경험을 갖춘 리더가 성격 면에서는 다소 소극적이고 내성적일 수 있습니다. 이럴 때는 곁에 적극적이고 외향적인 참모를 두어 보완하면 됩니다. 2025년 8월 방한한 마이크로소프트 창업자 빌 게이츠는 한 방송 인터뷰에서 "사람을 관리하는 일은 주변의 조언을 듣고 잘하려고 노력하죠"라는 인상적인 말을 남겼습니다. 이처럼 리더에게도 탁월한 부분과 부족한 부분이 공존하기 마련이며, 부족함은 협업을 통해 채워나가면 됩니다. 기본적인 품성을 갖추고 있다면 내성적인 성향은 대인관계에서 전혀 걸림돌이 되지 않습니다. 결국 사람을 움직이는 것은 화려한 사교술이 아니라 진정성이기 때문입니다. 진심은 누구에게나 전달되는 법입니다.

구글은 '훌륭한 매니저의 10가지 행동 특성'을 다음과 같이 도출했습니다.[47] 우리 조직에서 리더를 선발하고 검증하며 개발할 때 참고할 만한 요소가 무엇인지 검토해보시기 바랍니다.

- Is a good coach: 좋은 코치가 된다.

- Empowers team and does not micromanage: 권한을 위임하되 세밀하게 간섭하지 않는다.

- Creates an inclusive team environment: 포용적인 팀 환경을 조성한다.

- Is productive and result-oriented: 생산적이고 결과 지향적이다.

- Is a good communicator: 훌륭한 커뮤니케이터가 된다.

- Supports career development and discusses performance: 경력 개발을 지원하고 성과를 논의한다.

- Has a clear vision/strategy for the team: 팀을 위한 분명한 비전과 전략이 있다.

- Has key technical skills to help advice the team: 팀에 조언해줄 수 있는 핵심 기술을 갖추고 있다.

- Collaborates across the company: 회사 전체의 관점에서 협업한다.

- Is a strong decision maker: 강력한 결단력이 있다.

아마존의 성장을 이끌었던 콜린 브라이어와 빌 카는 저서 『순서 파괴』에서 아마존의 리더십 원칙을 다음과 같이 정리했습니다.[48] 고객, 학습, 신뢰 등 인간 행동의 근본 원리를 바탕으로 지극히 상식적이고 본질적인 리더십을 지향하고 있음을 알 수 있습니다.

- Customer Obsession: 고객에 대한 집착

- Ownership: 주인 의식

- Invent and Simplify: 발명과 단순화

- Are Right, A Lot: 올바름

- Learn and Be Curious: 학습과 호기심

- Hire and Develop the Best: 최고의 인재 채용 및 개발

- Insist on the Highest Standards: 최고의 기준 고수

- Think Big: 크게 생각하기

- Bias for Action: 행동 우선시하기

- Frugality: 근검절약

- Earn Trust: 신뢰 얻기

- Dive Deep: 깊이 파고들기

- Have Backbone: Disagree and Commit: 기개 유지: 타협 대신 헌신하기

- Deliver Results: 결과 창출하기

글로벌 컨설팅 회사 맥킨지 역시 최근 저작을 통해 리더십에 필요한 12가지 핵심 요소를 제시했습니다.[49]

- Humility: 겸손

- Confidence: 확신

- Selflessness: 이타심

- Vulnerability: 취약성

- Resilience: 회복탄력성

- Versatility: 유연성

- Embed purpose: 목표 내재화

- Inspire boldness: 용기 부여

- Empower people: 권한 위임

- Encourage truth telling: 진실 독려

- Adopt fearless learning: 두려움 없는 학습

- Instill empathy: 공감 불어넣기

또한 리더십 진단 분야의 세계적 표준으로 평가받는 '리더십 서클 프로필'을 개발한 리더십 서클의 회장 로버트 앤더슨은 『리더십 스케일업』을 통해, 개인의 리더십을 넘어 조직 전체로 리더십 확장을 가능하게 하는 여섯 가지 핵심 조건을 밝혔습니다.[50]

- Creative Leadership: 창의성 리더십

- Relational Depth: 깊은 관계

- Being Fully Human: 철저한 인간미

- Systemic Awareness: 시스템 인식

- Purposeful Achievement: 목적 있는 성과

- Generative Tension: 생성적 긴장

그는 창의성 리더십을 가장 중요한 조건으로 꼽으며, 고高창의성 리더의 10가지 기술로 '피플 스킬, 비전 제시, 팀 빌딩, 친근함, 솔선수범, 추진력, 경청, 인재 육성, 임파워먼트Empowerment, 긍정적 태도' 등을 제시했습니다. 국내 리더십 연구의 구루인 국민대학교 명예교수

백기복 또한 『한국형 리더십』에서 '솔선수범, 하향 온정, 수평 조화, 미래 비전, 성취 열정, 자기긍정, 상향 적응, 환경 변화 적응' 등 여덟 가지 요인을 리더십 효과성의 핵심으로 꼽았습니다.[51]

위에서 소개한 다양한 리더십 요소를 펼쳐놓고, 우리 조직에 꼭 필요한 특징을 10개 이내로 선별하여 적용해보는 것을 추천합니다. 「AI와 일자리의 미래」 보고서에 따르면, AI 시대가 도래하며 대인관계와 소통, 팀워크 등 인간만이 갖춘 '소프트 스킬'의 가치는 역설적으로 더욱 높아지고 있습니다.[52] KPMG 인터내셔널의 샌디 토치아 역시 「2025 글로벌 CEO 설문조사 리포트」에서 "조직의 성장을 이끄는 것은 기술이 아니라 판단력, 공감력, 창의성 같은 인간적인 요인"이라며 소프트 스킬을 강조했습니다.[53]

실제로 온보딩 교육을 진행하며 멋진 선배, 즉 리더의 모습을 물었을 때, 2000년대생 신입사원들이 바라는 것은 놀라울 정도로 본질적인 답변을 내놓았습니다. 그들은 성장을 멈추지 않고 배움을 나누며, 명확한 방향을 제시하고 인간적으로 소통하는 리더를 갈망하고 있었습니다.

- 성장을 멈추지 않고 배움에 적극적인

- 지식과 경험을 아낌없이 나누는

- 무엇이 필요한지 해결해줘야 할지를 아는

- 경청하고 방향성을 제시하는

－ 일을 잘 시키고 적절한 피드백을 잘해주는

－ 포용하는 마음으로 칭찬과 도움에 적극적인

－ 감정적이지 않고 인간적으로 대해주는

－ 긍정적이고 좋은 영향력을 주는

－ 성장 방향을 제시하고 동기를 부여하는

－ 스스로 생각하고 배울 수 있도록 이끌어주는

－ 본인의 업무에 책임을 다하고 전문성과 통찰력을 지닌…

수많은 구성 요소 중 리더가 반드시 갖춰야 할 세 가지 조건을 제안하고자 합니다.

첫째는 자아인식Self-awareness입니다. 리더는 자신의 존재 이유와 조직의 정체성, 그리고 추구하는 가치에 대해 철저히 성찰해야 합니다. 자신에 대한 깊은 이해를 바탕으로 진정성을 보일 때 비로소 구성원의 신뢰를 얻을 수 있습니다. 자아인식이 부족하여 '자신이 모른다는 사실조차 모르는' 리더는 조직에서 시한폭탄과도 같습니다. 자아인식은 자신의 강점과 약점을 비롯하여, 자신의 감정뿐만 아니라 타인의 감정도 알아차리는 것을 의미합니다. 자아인식이 부족한 경우 상대에 대한 이해나 공감도 낮습니다. 앞서 맨프레드 케츠 드 브리스는 『리더는 어떻게 성장하는가』에서 "자신을 안다는 것은 지혜와 배려의 중요한 구성 요소인 동시에 리더십을 효과적으로 발휘하는 데 필요한 핵심 요소다"라고 했습니다.[54] 조직심리학자 타샤 유리크는 『자기통찰』

에서 "정서 지능, 공감 능력, 영향력, 설득력, 소통 능력, 협동심 등은 모두 자기인식에서 나온다"라고 할 정도로 자기인식의 중요성을 절대적으로 보았습니다.[55] 스탠퍼드 경영대학원 자문위원회 위원 75명에게 리더가 개발해야 할 가장 중요한 역량을 물었을 때, '자아인식'이라는 답변이 만장일치에 가깝게 나온 이유도 바로 여기에 있습니다.

다음으로 열린 마음과 배우는 자세입니다. 이 둘은 결국 하나로 연결됩니다. 열린 마음이 있어야 배움을 온전히 자신의 것으로 소화할 수 있기 때문입니다. 과거 조선시대에도 임금의 열린 마음이 있었기에 언관言官의 간쟁諫爭이 가능했습니다. 물론 훌륭하지 못한 임금은 충직한 신하의 직언을 듣고 귀양을 보내거나 사약을 내리기도 했습니다만, 역설적으로 그만큼 아무나 갖출 수 없는 중요한 요소임을 반증하는 대목이기도 합니다. 끊임없이 학습하며 수용적인 태도를 견지하는 것은 앞서 언급한 자아인식과 함께 이상적 리더십의 필수 요소입니다. 열린 마음으로 학습하는 자세를 갖춰야만 조직 내에서 일어나는 현상들을 정확히 읽어낼 수 있고, 실질적인 해법을 제시할 능력도 생깁니다. 배움을 멈추거나 거부하는 순간 리더는 무지하고 무능력해집니다. 배움을 통해 시대의 흐름에 맞게 리더 자신과 조직을 계속 업그레이드해나가야 합니다. 시대에 뒤처진 관행이나 제도는 과감히 개선해야 하며, 이는 곧 변화에 적응해나가야 한다는 뜻입니다. 시대적 흐름과 변화의 조짐을 파악하고 준비하는 리더의 역량은 무엇보다 중요하지만, 학습하지 않으면 이것은 불가능합니다. 기업 경쟁력의 원천은 학습 민첩성입니다. 오랜 시간 내재된 학습의 결과들이 쌓여 리더를 더욱 리더답게 만들어줍니다.

> "AI 혁명 시대는 공부가 필요 없다고 생각하는 바보가 있습니다. AI 시대야말로 공부를 '빡세게' 안 하면 진짜 바보가 됩니다."[56]
>
> 윤은기, 『X경영』

마지막으로 제가 생각하는 리더의 필수 요건은 진실성Integrity입니다. 사전적으로는 진실성, 진정성 등으로 번역되는데, 인사 관리HR 분야에서는 '개인의 말과 행동 사이의 지각된 일치'라고 해석합니다. 일종의 도덕적 일관성과 온전함입니다. 이것이 없으면 리더와 구성원 사이에 신뢰가 생기기 어렵습니다. 리더의 말과 행동이 다르면 직원들은 그 이면을 해석하고 눈치를 보느라 불필요한 에너지를 쓰게 됩니다. 결국 조직의 역량이 한 방향으로 모이지 못해 구성원들은 리더를 믿고 따를 수 없게 됩니다. 워런 버핏은 '지능Intelligence'과 '에너지Energy'와 함께 '진실성Integrity'을 리더의 가장 중요한 세 가지 요소로 꼽으며, 그중 진실성이 결여된 사람은 리더로서 실격 대상이라며 가장 엄중하게 보았습니다.

욕구이론으로 유명한 에이브러햄 매슬로는 『인간 욕구를 경영하라』에서 어떤 사람이 '자리를 탐내는 기미가 전혀 없다면' 그것이 리더로서 바람직하다고 말합니다.[57] 그런 사람은 안전에 대한 욕구부터 소속감, 존경의 욕구를 넘어 자기실현에 대한 욕구까지 모두 채운 상태에 가깝다는 의미가 아닐까요? 즉 리더가 자기실현의 경지에 더 가까이 다가갈수록 다양한 상황에서 더욱 훌륭한 리더십을 발휘할 수 있다고 생각합니다.

> "진정성은 단순히 성실성이나 용기의 문제가 아니라, 높은 수준의 자기인식의 결과라는 사실을 이해하는 것이 중요하다. 자신에 대해 더 많이 알려고 할수록 좀더 진정성 있는 리더가 될 가능성은 더욱 높아진다."[58]
>
> 폴 로렌스, 『리더의 정치학』

리더십은 개발될 수 있는가

"한 조직이 운영되는 발달 단계를 결정하는 것은 무엇인가? 조직의 리더가 세상을 보는 단계가 그것이다. 리더들은 의식적으로 혹은 무의식적으로 자신들이 이해할 수 있고, 자신들의 세상을 다루는 방식에 상응하는 조직의 구조, 관행, 문화를 조성한다. 이는 조직이란 리더의 발달 단계를 넘어서 진화할 수 없음을 의미한다."[59]

프레데릭 라루, 『조직의 재창조』

포춘Fortune 50대 기업의 최고경영자들은 업무 시간의 3분의 1을 리더십 개발 시스템을 수립하고 시행하는 데 사용한다고 합니다.[60] 그만큼 리더십 개발은 경영진의 핵심적인 전략 과제입니다. 세계적인 리더십 전문가 워런 베니스는 리더십의 고전인 『리더와 리더십』에서 성공하는 리더십의 네 가지 전략으로 '비전을 통한 관심 집중, 커뮤니케이션을 통한 생각의 전달, 포지셔닝을 통한 신뢰 구축, 긍정적 자존감을 통한 자기관리'를 제시했습니다.[61] 이는 구성원을 비전으로 이끌고 메시지를 분명히 전달하여 정렬시키며, 행동으로 신뢰를 쌓고 끊임없이 역량을 계발하는 등 리더 스스로를 창의적으로 경영해야 함을 의미합니다. 그렇다면 리더십을 어떻게 전략적으로 개발할 수 있을지 구체적으로 살펴보겠습니다.

첫째, 리더십에 대한 체계적인 학습이 선행되어야 합니다. 의외로 많은 조직에서 리더십 교육을 소홀히 합니다. 소위 '준비되지 않은 팀장'들이 한 번도 제대로 된 리더십 교육을 받지 못한 채 현장에 투입되는 것입니다. 스스로 리더십을 학습하고 개발하려는 이들은 현실적으로 극소수에 불과합니다. 대기업은 교육 체계가 비교적 잘 갖춰져 있지만, 교육 훈련 투자가 어려운 중소기업일수록 리더십 교육은 전무한 경우가 많습니다. '자리가 사람을 만든다'며 연차나 직급이 쌓이면 리더십도 저절로 생길 것이라 착각하곤 합니다. 하지만 조직을 수십 년 다녔다고 해서 리더십이 저절로 체득되지는 않습니다. 리더십의 본질이 무엇인지, 자신의 스타일은 어떠하며 어떻게 보완해나가야 할지를 진단하고 성찰하는 절대적인 시간이 필요합니다. 아는 만큼 보이는 법입니다. 기초 지식이 있어야 현장에서 좋은 리더십과 나쁜 리더십을 분별하고 적용해볼 수 있습니다. 성공하는 리더는 결코 배움을 멈추지 않는 열정적인 학습자입니다. 과거의 경험이나 관성에만 의존하려 하면 반드시 한계에 부딪히게 됩니다.

"학습하는 CEO는 반드시 탁월해진다."[62]

스티븐 위트, 『엔비디아 젠슨 황, 생각하는 기계』

둘째, 코칭이나 멘토링 등 다양한 인간관계와 교류를 통해 개발할 수 있습니다. 타인의 피드백은 스스로 보지 못했던 사각지대를 비춰주며 자신을 객관화하는 거울이 됩니다. 훌륭한 코치나 멘토를 통해 비약적으로 성장하는 사례는 무수히 많습니다. 최근 리더십 코칭이 높은 비용에도 불구하고 인기를 끄는 이유도 그 실질적인 효과 때문입니다. 특히 그룹 코칭은 상호 피드백을 주고받으며 실행 계획Action Plan을 수립하는 과정을 통해 리더십의 변화를 극대화합니다. 저 역시 신임 팀장 대상의 그룹 코칭을 진행하며, 팀장 본인뿐만 아니라 팀원들이 체감하는 변화를 목격하고 보람을 느낀 적이 있습니다. 꼭 비용을 들인 공식 코칭이 아니더라도, 다양한 산업의 리더들과 교류하며 시야를 넓히는 과정은 리더십 개발에 커다란 자양분이 됩니다.

셋째, 도전적인 과업과 현장 경험을 통한 개발입니다. 실질적으로 리더십 개발에 가장 효과적이며 널리 활용되는 방식은 새로운 업무나 역할, 도전적인 과업 등 현장에서 직접 경험을 통해 리더십을 키우는 경우입니다.[63] 훌륭한 리더들은 이러한 현장의 경험을 통해 직접 부딪히고 겪으면서 리더십 개발을 적극적으로 해나갑니다. 그런데 모든 리더가 경험으로부터 리더십을 키울 수 있는 것이 아니라는 사실이 매우 중요합니다. 새로운 역할이나 도전적인 과업이 주어져도 리더십을 키우지 못하는 경우가 현실에서는 오히려 더 많습니다. 그 차이는 바로 그러한 경험을 통해 성찰하고 학습할 수 있는 '내적 역량'을 갖추고 있느냐의 여부입니다. 경험했다고 해서 모두 배울 수 있는 것은 아닙니다. 경험을 이해하고 성찰, 분석하여 교훈을 찾고 적용할 수 있는 역량이 있어야 합니다. 미국의 철학자이자 교육자인 존 듀이가 말했듯이, 우리는 경험으로부터 저절로 배우는 것이 아니라 경험에 대한 깊은 성찰로부터 배웁니다.[64]

"리더가 되는 법을 배우려면 직접 리더 역할을 해보면서 배우는 과정을 거쳐야 한다. 주로 업무 경험을 통해 얻게 되는 기술이며 특히 역경을 통해 습득된다."[65]

하버드비즈니스리뷰, 『HBR 위대한 통찰』

20대 중반의 사회 초년생 시절, 저는 프로젝트 총괄 매니저를 맡아 사원 여러 명과 함께 일한 적이 있습니다. 그 시절 어떻게 하면 직원들을 잘 이끌고 프로젝트를 성공적으로 완수할 수 있을까 고민하던 차에, 매일 아침 프로젝트 관리와 팀장 리더십 등 직원 관리에 대한 책을 읽었습니다. 리더십이 여물지 않은 신임 PM의 관리 능력이 많이 부족했겠지만, 지금 생각해보면 저의 리더십 역량이 급격히 성장한 지점은 바로 치열하게 PM 역할을 수행해가던 그 시절이었던 것 같습니다. 현장의 압박 속에서 이론과 실전을 치열하게 접목하려 했던 노력이 성장의 밑거름이 된 셈입니다.

하지만 저는 이것이 조직 차원에서 반드시 바람직한 방식이라고는 생각하지 않습니다. 우리가 굳이 시행착오를 겪으며 고생하고 힘들게 개척해나갈 필요는 없습니다. PM, 즉 리더를 육성하는 과정도 체계적으로 이루어지는 것이 모두를 위해 낫습니다. 굳이 모두를 힘들게 하며 중구난방으로 부딪히고 개척할 필요는 없는 것이지요. 운 좋게도 저는 훌륭한 직원들을 만난 덕분에 부족함 속에서도 리더십을 키울 수 있었고, 함께 일했던 저보다 두어 살 어린 사원들은 20년이 흘러 지금은 공공기관 팀장, 대기업 차장, 중견기업 팀장이 되었습니다. 리더의 올바른 이정표는 구성원 개개인의 커리어에도 이토록 장기적인 영향을 미칩니다.

'자리가 사람을 만든다'는 말이 있습니다. 하지만 이 말은 오늘날 조직에는 어울리지 않는, 시대에 뒤떨어진 말이라는 생각이 들었습니다. 자리에 적합하게 준비된 사람을 그 자리에 배치하는 것이 맞습니다. 리더는 자신의 성장에서부터 구성원들의 성장, 그리고 궁극적으로 사업과 조직의 성장을 이끌어가야 합니다. 따라서 리더로서의 자질을 갖추고 검증된 사람이 리더를 맡아야 합니다. 체계적인 준비가 되지 않은 리더는 조직에 큰 비용을 초래하며 구성원들에게는 매우 치명적일 수 있습니다.

특히 회사 전체에 영향을 크게 미칠 수 있는 경영 관련 부서의 리더는 더욱 그렇습니다. 해당 부서 관련 업무에 대한 지식이나 경험이 충분치 않거나 조직을 균형 있는 시각으로 보지 못하고 제한된 시각을 갖고 있어 직원들에 대한 고정 관념을 가진 사람이 경영 관련 업무를 맡는 것은 우려됩니다. 특정 부서에서만 오래 근무하다 갑자기 경영 관련 부서에 와서 조직을 전체적인 시각으로 균형 있게 보지 못하고, 단편적 시각이 드러나며 직원들에 대한 선입견을 갖고 있다면 주의가 필요합니다. 리더의 일방적인 시각이 조직의 시스템으로 굳어질 때 그 피해는 걷잡을 수 없이 커지기 때문입니다. 조직은 일정한 자질을 갖춘 사람을 리더로 선발하고, 그 리더십이 지속적으로 개발될 수 있도록 꾸준히 체계적으로 관리해야 하는 것입니다. 획일적이고 통제와 관리 중심의 과거 리더십에만 머물러 있는 리더는 오늘날 요구되는 협력적·수평적·애자일 리더십을 발휘할 수 없어 조직에 혼란을 초래하고 도태될 수밖에 없습니다.

"많은 리더가 그들의 팀이나 조직에 장애물이 되고 있다. 그러한 장애물의 전형적인 예가 리더의 역할을 감당할 능력이 없으면서 리더의 위치에 있는 사람이다."[66]

존 맥스웰, 『누가 최고의 리더가 되는가』

2장

조직 문화

의도적 설계의 결과다

사이먼 시넥, 『리더 디퍼런트』

리더십과 함께 조직 관리에서 가장 중요한 요소는 바로 조직 문화입니다. 결국 조직의 실질적인 역량은 리더십과 조직 문화라는 두 축을 통해 만들어지기 때문입니다. 조직 문화란 구성원들 사이에 공유된 가치와 신념, 그리고 그에 따른 행동 방식을 의미합니다. 다시 말해 구성원들의 판단과 행동에 지대한 영향을 주는 '보이지 않는 원칙'과 같습니다. 구성원들이 일하는 방식이나 습관은 시간이 흐르며 고착화되어 그 조직만의 독특한 문화가 됩니다. 국내 주요 기업인 삼성, 현대, LG, SK 등도 그들만의 독특한 분위기나 업무 방식이 있지요? 애플이나 구글 같은 글로벌 초우량 기업들 역시 자신들만의 독특한 문화를 보유하고 있습니다. 조직 문화는 오랜 세월 조직의 역사 속에서 축적되고 정립되어온 산물이자 암묵적으로 공유하는 신념 체계입니다. 그래서 조직 문화는 외부에서 결코 단기적으로 흉내 낼 수 없는 강력한 내재적 속성을 지닙니다. 선진 글로벌 기업의 제도를 그대로 벤치

마킹해도 우리 조직에서 제대로 작동하지 않는 이유는, 그 제도를 뒷받침하는 고유한 문화적 토양이 다르기 때문입니다. 이처럼 모방하기 어렵다는 특성 덕분에, 조직 문화가 바로 경쟁우위의 원천이라고도 볼 수 있습니다.

> "집단 속에서 우리는 집단 전체의 반응과 기분을 끊임없이 평가하고 판단한다. 우리의 말과 눈빛은 일종의 사회생활 음파탐지기다."[68]
>
> 칩 히스 외, 『순간의 힘』

조직 문화는 굳이 문서화되어 있지 않더라도 구성원들이 본능적으로 감지하게 됩니다. 멋진 슬로건이나 핵심 가치를 포스터로 벽에 붙여놓는다고 해서 문화가 달라지지는 않습니다. 오히려 "누가 승진하는가", "누가 핵심 보직을 맡는가"와 같은 실질적인 결과가 조직 문화를 결정합니다. 조직 문화는 결국 경영진의 의사 결정이 쌓여 만들어진 결과물이며, 특히 인사 발령은 경영진이 조직에 보내는 가장 강력하고 명확한 메시지이기 때문입니다. 이는 매우 가시적이며 많은 것을 내포하고 있습니다. 열심히 일하고 능력 있는 사람이 승진하는지, 아니면 업무는 뒷전인 채 상사와의 관계에만 매몰된 사람이 승진하는지 직원들은 예리하게 지켜봅니다. 그리고 그 결과를 바탕으로 자신의 행동 방향을 결정합니다. IBM의 전 회장 루 거스너는 "나는 IBM에 있으면서 문화가 승부를 결정짓는 하나의 요소가 아니라, 문화

그 자체가 승부라는 것을 알게 됐다"라고 강조했습니다.

하지만 안타깝게도 우리나라의 조직 문화는 상사 리스크와 더불어 퇴사의 핵심 원인으로 꼽히는 경우가 많습니다. 몇 년 전 대한상공회의소와 맥킨지가 공동으로 조사한 한국 기업 문화 보고서에서도 우리 조직 문화는 '불통, 비효율, 불합리' 등 낙제 수준의 후진적 문화를 벗어나지 못하고 있다고 평가되었습니다. 심지어 갓 입사한 신입사원들이 조직의 문화를 겪으며 충격을 받았다는 토로까지 들립니다.[69] 「딜로이트 2024 글로벌 인적 자원 트렌드」에 따르면, 많은 기업이 내세우는 지향점은 '혁신, 팀워크, 탁월함' 등으로 유사하지만 실제 작동하는 문화는 천차만별입니다. 리더들이 내세우는 명목상의 문화와 실제 현장의 문화가 괴리될 때 구성원들은 혼란을 느끼며, 실제로 근로자의 73%가 조직 문화와의 부적응이나 모호한 문화적 지향점 때문에 퇴사를 고민하거나 실행한 경험이 있다고 답했습니다.[70]

"조직 문화는 우연히 만들어지는 게 아니라 조직 리더들의 결정과 행동, 태도의 산물이다."[71]

게리 피사노, 『혁신의 정석』

관계 중심 문화의
구조적 한계

"회의는 어쩌면 지위에 따른 역할을 강조하기 위한 수단일지 모른다. 즉 직원들에게 상사가 상사라는 사실을 상기시키기 위한 자리일지 모른다. 상사의 시간은 소중하기에 그가 자기 생각을 말한다면 직원들은 언제나 실시간으로 앉아서 들어야 한다."[72]

세스 고딘, 『의미의 시대』

회의는 조직 문화를 가장 선명하게 드러내는 척도 중 하나입니다. 여러분 회사의 회의 풍경은 어떠한가요? 혹시 상사가 자신의 관심사인 스포츠 경기에 대해 먼저 십여 분간 일방적으로 이야기하고, 직원들은 그저 비위를 맞추며 맞장구를 치고 있지는 않나요? 혹은 주간 업무 보고서에 적힌 내용을 상사가 하나씩 훑어보는 동안, 직원들은 숨죽인 채 지적이나 질문이 떨어지기만을 기다리고 있지는 않나요?

우리나라에는 한국 조직만이 가진 독특하고도 고질적인 문화가 있습니다. 인터넷에 '조직 문화'를 검색해보면 긍정적인 평가보다는 부정적인 사례가 압도적입니다. 특히 회의는 권위적이고 비효율적인 문화를 상징하는 대표적인 장면이 되어버렸습니다.

우리는 대학을 졸업하고 사회에 첫발을 내디딜 때, 대한민국의 직장이라는 곳이 이렇게 경직되어 있을 것이라고는 상상하지 못했습니다. 대학 교재 『경영학원론』 속에는 조직의 실제 현실을 가감 없이 보여주는 내용이 드무니까요. 실제 직장인 대상 설문에서도 한국의 조직 문화는 '폐쇄적, 강압적, 불통'이라는 단어로 수식됩니다. 퇴사의 가장 큰 이유로 '조직 문화'와 '상사'가 꼽히는 것도 결코 우연이 아닙니다. 중대재해처벌법 시행 이후 물리적 안전 대책은 경영의 핵심이 되었고, 일정 규모 이상의 기업은 안전 전담자를 의무 채용합니다. 하지만 사실 물리적 사고 못지않게 직장 내 갑질과 괴롭힘으로 인한 정서적·극단적 사고 역시 빈번하다는 사실을 직시해야 합니다. 기업뿐만 아니라 공공기관, 병원, 학교 등 모든 조직에서 '사람'으로 인한 사고가 끊이지 않자, 결국 2019년 7월에는 '직장 내 괴롭힘 금지법'까지 시행되기에 이르렀습니다. 학창 시절에나 보던 괴롭힘이라는 단어가 성인들의 공식적인 일터에서 법적 규제의 대상이 되었다는 사실은, 21세기 우리 사회의 서글픈 자화상입니다. 왜 이런 일이 반복될까요?

"경제적으로는 당당히 선진국에 진입하였지만, 노동과 관련한 부분은 매우 후진적이라고 평가받는 한국 기업, 특히 대다수의 한국 중소기업들은 매우 다양하고 광범위한 부분에서 일터 혁신이 필요한 실정이다."[73]

양유하 외, 「일터 혁신을 위한 근로자 참여 활성화 방안」

가장 큰 원인은 먼저 우리나라의 조직 문화가 업무 중심이 아니라 관계 중심의 집단주의라는 점에 있습니다. 이러한 집단주의 성향은 상명하복, 연공서열 제도와 결합하여 무조건적인 충성과 신뢰, 그리고 조화로운 관계만을 강조해왔습니다. 이는 비단 우리나라뿐만 아니라 동아시아 국가들이 공유하는 공통적인 특징으로 꼽힙니다. 직무의 본질보다는 '사람에 따라 인사 관리가 이루어지는 속인주의屬人主義 인사 관리 시스템입니다. 한국노동연구원 보고서에 따르면, 현재 우리나라는 기업경영의 효율성 측면에서 효과적이지 않다고 평가받고 있음에도 불구하고 여전히 이러한 속인주의 패러다임이 공고하게 유지되는 것으로 나타났습니다.[74]

개개인 행동의 원동력과 방향이 내집단의 규범과 역할 관계에 의해 크게 좌우되는 구조입니다. 상황이 이렇다 보니 사람과의 관계를 지나치게 중요시하게 됩니다. 업무 역량이 아무리 뛰어나도 관계 형성에 서투르면 조직에서 인정받기가 매우 어렵습니다. 만약 윗사람의 눈에 거슬리는 구석이 있다면, 능력이 아무리 출중해도 소위 말하는 '출세'의 길은 멀어집니다. 출세는커녕 그 사람이 가진 잠재력조차 제대로 발휘되지 못한 채 사장되기 일쑤입니다. 이는 곧 직장 내 갑질이나 괴롭힘, 따돌림 등이 발생하기 쉬운 척박한 환경을 조성합니다. 물론 현명하고 지혜로운 리더가 있다면 이를 올바르게 판단하고 분별해 낼 수 있겠지만, 안타깝게도 현실 세계에서 그런 리더를 만나기란 결코 쉽지 않습니다.

이러한 관계 중심의 문화로 인해 한국 직장인은 선진국에 비해 스트레스가 두 배 수준에 달한다고 합니다. 실제로 국내 최고의 한 대기업에서 인재 유출이 심각한 사회적 문제로 크게 보도된 적이 있는데, 그 근본 원인 역시 대부분 조직 문화에 있었습니다. 그 고질적인 병폐는「관료주의에 지쳐 ○○를 떠나는 엔지니어들」이라는 기사 제목 하나에 압축되어 있습니다.[75]

"실제로 우리나라는 전 세계에서 관계주의적 성향이 가장 강한 문화를 가지고 있어요. 관계주의란 '우리'를 '자아'로 동일시하여 타인과의 관계 형성을 통해 '자아'를 형성하는 걸 말합니다."[76]

김경일, 『김경일의 지혜로운 인간 생활』

업무가 아니라 관계가 중심이다 보니 당연히 나이를 따지게 되고, 자연스럽게 위계와 서열이 중시됩니다. 그에 따라 '끼리끼리' 뭉치는 폐쇄적인 문화가 생기기도 합니다. 조직 내에 위계가 부여되는 순간, 불공정과 불합리함이 발생할 가능성은 커지기 마련입니다. 선배나 상사가 일종의 기득권을 갖게 되는 것이지요. 이러한 연공서열의 힘은 생각보다 매우 강력해서, 솔직하고 원활한 소통을 가로막는 커다란 장벽이 됩니다. 강압적이고 불합리한 지시나 요구를 하면서도 당당할 수 있는 이유도 여기에 있습니다. "직급이 깡패"라는 말을 들어보셨나요? 논리나 실력이 아닌, 그저 직급의 힘으로 상대를 눌러버리는 것입니다. 결국 직장 내 괴롭힘의 본질은 이 견고한 위계에 기초하여 발생하는 권력의 오남용이라 할 수 있습니다. "까라면 까라"는 식의 군대식 조직 문화가 70~80년대의 유물일 뿐이라고 생각할 수도 있지만, 안타깝게도 대한민국 조직 곳곳에는 여전히 그 잔재가 아주 많이 남아 있습니다. 오죽하면 『민주주의는 회사 문 앞에서 멈춘다』라는 제목의 책까지 나왔을까요. 정작 군대에서는 이미 사라져가는 구시대적 문화가 기업을 비롯한 여러 조직에는 관료주의라는 이름으로 여전히 위계적이고 경직된 모습을 띠며 남아 있는 것입니다.

2023년 12월, 카카오의 정신아 대표가 신임 대표로 내정되었을 때 그녀의 과거 발언들이 새삼 주목받은 적이 있습니다. 스타트업 전문 유튜브 채널인 'EO'에서 "정치적인 사람이 승리하는 것을 정말 안 좋아하거든요"라며, 권위적이고 정치적인 조직 문화를 강하게 비판한 대목입니다. 이는 대기업과 공기업뿐만 아니라 국내 조직 전반에 뿌리 깊은 한국적 문화가 얼마나 강력하게 작동하고 있는지를 잘 보여줍니다.[77]

뉴욕대학교 스턴 경영대학원 교수 조너선 하이트는 저서 『바른 마음』에서 "인간에게 위계질서 존중의 욕구는 그 뿌리가 무척이나 깊어서, 상당수 언어가 문법을 통해 이를 직접 규정하고 있을 정도다"라며 위계질서 자체는 인간 집단의 보편적인 현상임을 언급하기도 했습니다.[78] 하지만 우리 조직에 너무 깊게 스며들어 있는 이 관성적인 관료주의를 깨지 않고서는 조직의 미래를 담보할 수 없습니다. 공식적인 절차와 규정, 위계에 의해 일사불란하게 움직이는 관료제는 과거 산업화 시대에는 효율적인 측면도 있었습니다. 하지만 지금처럼 변화가 빠른 시대에는 조직의 경직성과 느린 의사 결정이라는 역기능이 더 크게 작용하며 성장을 가로막는 부정적인 기제로 작동합니다.

부장이나 차장 같은 직급을 줄이고 '매니저'로 호칭을 통일한다고 해서 조직 문화가 단번에 바뀌지는 않습니다. 사원부터 사장까지 서로를 '님'이라 부르거나 영어 이름을 쓴다고 해도 본질은 다르지 않습니다. 상사에게 일일이 명령을 받고, 그것을 실행에 옮기기 위해 수직적 명령 체계를 따라 겹겹이 승인을 받아야 하는 관료주의 구조가 그대로라면 창의성도, 민첩함도, 가치 혁신도 기대하기 어렵습니다. "억울하면 승진해"라는 말 들어보셨나요? 하지만 조직에서 기본적으로 그 누구도 '억울한 일을 당하지 않는' 환경을 만드는 것이야말로 지극히 정상적이고 건강한 조직의 모습입니다.

> "우리의 경험에 따르면 경영 계층을 줄인다고 해서 위계적 행동의 역기능적 결과가 줄어들지는 않는다는 사실을 경영자들은 잊곤 한다. 위계적 행동은 중요한 논의에서 직급 간의 적극적인 대화를 회피한다. 그리고 폭넓은 논쟁과 고품질의 분석보다는 그저 분쟁을 가라앉히기 위해 힘을 사용한다."[79]
>
> 게리 해멀 외, 『시대를 앞서는 미래 경쟁 전략』

권위적이고 위계적인 문화는 사무실이라는 물리적 공간에서도 선

명하게 나타납니다. 사무실의 위치와 책상의 배치는 조직 내에서의
서열과 지위를 상징하는 장치입니다. 사장이나 임원의 집무실이 몇
층에 있는지, 독방의 유무와 그 크기가 어떠한지는 곧 소통 구조의 폐
쇄성을 상징합니다. 팀 내에서도 팀장은 항상 벽을 등지고 맨 안쪽에
자리 잡아 안락함을 누리며 사적 자유를 보장받습니다. 팀장이 지금
자리에 있는지, 무엇을 하고 있는지는 쉽게 드러나지 않습니다. 반면,
직원들의 책상과 모니터는 항상 상사에게 노출되어 있습니다. 소위
'일렬종대' 혹은 'T자형 배치'라 불리는 구시대적인 자리 배치가 오늘
날 관료적인 조직에서는 아직 그대로 남아 있습니다. 이러한 공간 구
성은 위계를 더욱 강화하며 자유로운 소통을 가로막고 수직적인 분위
기를 공고히 하는 기능을 합니다. 여러분의 조직은 어떻습니까? 조직
이 진정으로 원하고 추구하는 가치가 있다면, 그것은 공간이라는 물
리적 환경을 통해서도 보고 느낄 수 있어야 합니다.

"물리적 공간은 당장 눈에 들어오는 권력의 상징이다. 전문 서비스 기업들은 적어
도 전문직 직원들에게 사무실을 평등하게 배치한다. 이것은 그들 간의 교류 관계가
분위기를 규정하기 때문이다. 그러나 많은 조직에서는 사무실의 크기, 위치, 비품
등이 다양한 집단의 상대적 권력에 대하여 무엇인가를 말해준다."[80]

제프리 페퍼, 『파워』

시장 조사 전문기업 엠브레인 트렌드모니터가 성인 남녀 1천 명을

대상으로 실시한 「2024 꼰대 관련 인식 조사」 결과는 흥미롭습니다. "굳이 하지 않아도 되는 조언이나 충고를 한다(57.8%), "요즘 젊은 애들은"이라는 말을 자주 한다(50.7%), 후배가 불평하면 "그래도 옛날에 비하면 나아졌다"라는 말을 종종 한다(49.5%), "내가 ~했을 때"라는 말을 자주 한다(46.7%), 나이가 어린 사람에겐 처음부터 쉽게 반말을 한다(46.1%) 등 권위적인 태도를 바탕으로 자신의 생각만이 옳다고 주장하는 사람을 '꼰대'로 정의하고 있음을 알 수 있습니다. 이는 나이 자체의 문제라기보다 말투나 가치관에서 기인하는 경우가 많았습니다.[81] 친하지도 않은데 단지 선배라는 이유로 반말을 하며 이름을 부르는 행위는 상대에게 당혹감을 줄 뿐입니다.

최근 세대 간 갈등이 부각되고 있지만, 그것이 반드시 조직 내에서 상반된 가치와 행동으로만 나타나지는 않습니다. 사실 같은 세대 안에서도 성별, 지역, 종교, 정치 성향 등 다양한 요소에 따라 엄청난 이질성이 존재합니다. 따라서 세대에 대한 고정관념과 편견을 넘어서야 합니다. 제가 조직 개발을 추진하며 직무 분석과 구조 분석을 위해 많은 직원과 면담했을 때 알게 된 사실이 있습니다. 팀원들의 평균 연령이 낮고 관리자가 젊은 팀의 문화가 오히려 더 획일적이고 경직될 수도 있다는 점이었습니다. 젊은 직원들 사이에서도 조직 내 동조 경향이 나타난다는 점은 시사점이 적지 않습니다. 세대라는 모호한 사회적 구성 개념으로 일반화하기보다는, 시대가 변했다는 관점에서 접근해야 합니다.

물론 우리나라 기업 문화에서 공유하고 확대해가면 좋을 긍정적인 면도 분명 존재합니다. 세계중소기업학회 의장 김기찬은 'K-기업가 정신'의 5대 기업 문화 코드를 다음과 같이 밝혔습니다.

첫째는 "기업은 사람이 하는 것이다'라는 인본주의 문화를 바탕으로 인재를 발굴하여 기회 요소로 발전시키는 것입니다. 둘째는 '빨리빨리' 문화가 만들어낸 신속한 기회 포착력입니다. 셋째는 사회 문제 해결에 대한 의지와 미션에 충실한 하이로드 기업High Road Firm에서 나오는 '파이팅 문화'와 '한솥밥 정신(팀워크)'입니다. 넷째는 창업 초기부터 해외 시장을 겨냥한 '본 글로벌 정신'입니다. 다섯째는 미래를 읽고 빠르게 업의 성격을 바꾸는 '동적 전환 능력Pivoting'입니다.[82] 우리가 가진 관료주의의 폐단을 걷어내고 이러한 고유의 강점을 살릴 때 조직은 비로소 진화할 수 있습니다.

"자신이 속한 조직이 얼마나 관료주의적인지 가장 잘 모르는 사람은 바로 그 조직의 최고경영자였다."[83]

데니스 뇌르마르크, 『진짜 노동』

조직 정치가 없다는 착각

"사내 정치는 상식의 적이다. 기업의 방향과 우선순위가 명확하지 않을 때, 그에 따른 혼란은 조직 시스템을 망가뜨리고 원칙 대신에 개인에게 특권을 부여한다."[84]

마틴 린드스트롬, 『고장 난 회사들』

조직 정치란 조직 내에서 자신이나 특정 집단의 이익을 위해 비공시적으로 영향력을 행사하는 과정을 말합니다. 이는 투명한 절차나 기준을 따르는 것이 아니며, 회사의 발전이나 업무 성과를 위한 것도 아닙니다. 사람이 모인 곳에서 이러한 정치적 행위는 피하기 어려운 현실이기도 합니다. 요크대학교 교수 가레스 모건은 저서 『조직의 8가지 이미지』에서 "조직 생활의 기이한 특징 중의 하나는, 비록 많은 사람이 원하든 혹은 원치 않든 간에 자신이 조직 정치의 와중에 놓여 있다는 사실을 잘 알고 있으면서도, 어느 누구도 감히 그것을 솔직하게 고백하려 들지 않는다는 사실이다"라며 조직 정치가 일상에 만연해 있음을 지적했습니다.[85]

많은 조직의 경우, 중요한 정책 영역을 통제하며 영향력을 행사하는 '지배 연합'이 비공식적이지만 실제로 존재합니다. "우리 회사 인사 팀장이나 안전팀장은 어느 임원 라인이다"라거나, "차기 본부장은 현재 본부장과 가장 친한 어느 팀장이 맡을 것이다"라는 식의 말이 도는 이유입니다. 구성원 사이에 경쟁과 갈등이 존재하는 곳이라면 이러한 비공식적 세력은 어디에나 존재한다고 봐야 합니다.

설령 당사자에게 정치적 의도가 없다 하더라도, 제삼자의 눈에는 충분히 정치적으로 비쳐질 수 있습니다. 가령 어느 임원과 중간관리자가 주말마다 취미 생활을 함께하며 친하게 지낸다고 가정해봅시다. 그런데 이후 단행된 조직 개편이 누가 보더라도 그 중간관리자의 개인적인 뜻이 반영된 방향으로 흘러간다면, 구성원들은 두 사람의 사적 관계와 조직 정치를 떠올릴 수밖에 없습니다. 투명하지 않고 상식적으로 이해하기 어려운 인사 문제가 발생할수록 이러한 의구심은 확신으로 굳어집니다.

문제는 조직 정치가 만연할 경우, 조직의 합리성이 정치적 논리에 의해 대체되고 가려져 때때로 '정치의 희생물'까지 생기는 불행한 사태가 발생할 수 있다는 점입니다. 만약 최고경영자가 "우리 회사에는 조직 정치가 없다"라고 믿으며 무관심하거나 이를 적극적으로 관리하지 않는다면, 그 자체가 또 다른 문제가 됩니다. 조직 정치가 없는 조직은 단 한 곳도 없기 때문입니다. 따라서 최고경영자는 조직 내에 흐르는 정치적 역동을 정확히 간파하고 이를 공적인 시스템 안에서 적극적으로 관리해야 합니다.

"정치적인 분위기가 가장 심한 조직일수록 CEO는 정치와 담을 쌓은 경우를 종종 볼 수 있다. 정치에 무관심한 CEO는 자주 그리고 뜻하지 않게 강렬한 정치적 행동 방식을 조장한다."[86]

벤 호로위츠, 『하드씽』

조직 정치가 구성원들의 업무 몰입을 저해하고 조직 냉소주의를 유발한다는 연구 결과는 이미 무수히 나와 있습니다. 자신의 노력에 따라 정당한 대가를 받을 수 있다는 기대가 낮다면, 업무에 온전히 몰입하지 못하는 것은 당연한 귀결 아니겠습니까? 이는 누구나 수긍할 수 있는 지극히 상식적인 결과입니다.

실제로 취업 플랫폼 '사람인'이 국내 직장인들을 대상으로 실시한 설문 조사에 따르면, 사내 정치나 파벌이 존재한다고 응답한 비율이 무려 83.3%에 달하며, 사내 정치로 인해 직접 피해를 본 경험이 있다고 납한 비율노 51%나 됩니다.[87] 참으로 엄청난 결과가 아닐 수 없습니다. 16세기 조선 시대에나 있을 법한 암투와 조직 정치가 21세기 대한민국 조직 곳곳에서 여전히 벌어지고 있는 셈입니다.

이러한 현실을 반영하듯, 유튜브에서 '사내 정치'를 검색해보면 '사내 정치에 희생당하지 않는 법', '사내 정치에서 살아남기', '회사에서 사내 정치를 해야 하는 이유' 등 다양한 영상이 높은 조회 수를 기록하며 인기를 끌고 있습니다. 조직 내 생존을 위해 업무 역량을 키우는 것보다 정치적 역학 관계를 파악하는 것이 더 시급한 과제가 되어버린 우리 조직 문화의 슬픈 단면입니다.

"엔비디아가 성숙한 기업이 된 이유는 젠슨이 조직을 사내 정치의 역기능과 무질서로부터 지속적으로 벗어나게 하는 방법을 깨달았기 때문이다. 공개적인 직접 피드백, 탑5 이메일, 미리 작성된 파워포인트가 아니라 화이트보드로 발표하도록 요구하는 등의 여러 메커니즘을 이용했다."[88]

태 킴, 『엔비디아 레볼루션』

조직 정치라는 것이 명확하게 구분되는 것이 아니라 상당히 모호한 측면이 있기에, 이성적으로 판단하고 이해하기 어려운 경우도 많습니다. 사람들이 저마다의 내밀한 동기를 숨길 때, 그것을 제삼자가 명확히 구분해내기란 매우 어렵기 때문입니다. 누군가는 다른 구성원이 어떻게 되든 아랑곳하지 않고, 오직 자기 자신의 이익을 위해 상황을 유리하게 만들고자 하는 본심을 철저히 숨기기도 합니다. 조직 정치는 이렇듯 조직의 공적인 목표 달성을 위한 것이 아니기에, 조직의 입장에서는 대부분 비생산적이고 소모적일 수밖에 없습니다. 따라서 조직 정치는 반드시 시스템에 의해 제대로 관리되어야 합니다.

구글의 CEO 에릭 슈미트, 애플의 CEO 팀 쿡, 페이스북 최고운영책임자 셰릴 샌드버그 등 실리콘밸리 세계적 기업 임원들의 전설적인 코치로 유명한 빌 캠벨은 『빌 캠벨, 실리콘밸리의 위대한 코치』에서 "정치가 없었기에 이렇게 큰 기업이 될 수 있었다. 어떤 상황에서든 정치가 낄 틈을 주지 않았다"라고 회고했습니다. 세계적인 실리콘 밸리 기업들이 성장하는 과정에서 조직 정치를 엄격히 다루는 리더와 문화가 얼마나 필수적이었는지를 다시금 확인해주었습니다.[89]

사람이 모여 있는 집단이라면 어느 조직에서나 조직 정치는 당연히 존재한다고 전제하고, 이를 예방하고 관리하는 방안을 미리 마련해두어야 합니다. 개인의 성향 차이보다는 특정한 상황이나 조직 문화가 정치적인 행동을 부추긴다는 증거가 더 많기 때문입니다. 만약 조직이 정치적으로 흐른다면, 구성원들은 예기치 못한 불이익을 피하기 위해 자신의 솔직한 생각이나 정체성을 의도적으로 숨기며 침묵하게 됩니다. 이는 조직의 건강성을 해치는 치명적인 요인이 됩니다.

"신뢰 기반 조직에는 사무실 뒷말이 거의 없다. 소문과 험담은 직장 내 암과 같다. 그것은 조직의 사기를 떨어뜨린다."[90]

맨프레드 게츠 드 브리스, 『리더의 일상적 위협』

가장 중요한 조직 정치 관리 방안은 '제도의 불확실성을 줄이는 것'입니다. 선거철이 되면 정치권에서 '시스템 공천'을 강조하곤 하는데, 조직 관리 역시 바로 같은 맥락입니다. 특정 임원 라인이라거나 누구와 친하다는 이유로 부서장이 되고 승진하는 것이 아니라, 공고한 시스템에 의해 구체적인 자격 요건과 합리적인 절차에 따라 인재를 발탁하겠다는 의지입니다.

조직 정치가 만연하는 근본적인 이유는 결국 제도상의 허점이 존재하기 때문입니다. 평가, 승진, 보상, 이동 배치 등 조직 관리의 주요 제도에서 명확한 기준과 투명한 절차가 확립되어 있고, 그것이 설계된 의도대로 잘 운영되고 있다면 조직 정치가 끼어들 틈은 현저히 줄어듭니다.

문제는 그러한 제도들이 아예 부재하거나, 설령 존재하더라도 원칙대로 운영되지 않을 때 조직 정치가 고개를 든다는 점입니다. 특히 승진의 경우, 보직 부여에 대한 객관적인 기준이 제대로 마련되어 있는지 면밀히 살펴봐야 합니다. 해당 분야의 실무 경력은 얼마나 되는지, 프로젝트 총괄 책임자로서 팀을 리드해본 경험이 있는지, 함께 일했던 동료나 부하 직원의 평가는 어떠한지, 직무 관련 교육은 충분히 이수했는지, 그리고 이해관계자들과의 관계 설정 능력은 어떠한지 등 보직과 승진에 관한 구체적인 기준은 조직의 특성에 맞춰 얼마든지 세밀하게 마련할 수 있습니다. 이러한 기준이 명확히 공표되고 작동할 때, 비공식적인 '줄 대기'나 정치적 암투는 설 자리를 잃게 됩니다.

"규칙이 명확하지 않으면 부하 사원은 스트레스를 받는다. 리더의 눈치를 보고 분위기를 파악하며 행동할 수밖에 없기 때문이다. 역설적이지만 명확한 규칙이 있는 회사의 업무 분위기와 인간관계가 더 좋은 법이다."[91]

안도 고다이, 『리더의 가면』

그런데 명확한 기준이 없거나, 리더의 자질 부족으로 제도가 투명하게 운영되지 않으면 결국 조직 정치가 개입됩니다. 실력보다 결정권자에게 잘 보이려는 노력이 우선시되는 것입니다. 문제는 리더가 감언이설과 이중성을 단번에 눈치채기란 결코 쉽지 않다는 점입니다. 직원들은 이미지 관리를 위해 여우처럼 자신의 이야기를 은근히 늘어놓지만, 듣는 이가 그 진정성을 알아차리기는 매우 어렵습니다.

우리 조직은 어떤 사람이 승진하고 보상받는지, 그 기준이 명확한지 돌아보십시오. 분배 정의와 절차 정의가 제대로 지켜지고 있습니까? 조직의 생산성을 떨어뜨리는 무임승차자들은 오히려 상사와 좋은 관계를 유지하며 처세에 능하곤 합니다. 이들은 부하직원에게는 무례하고 지배하려 들지만, 힘 있는 상사에게는 한없이 친절하고 복종합니다. 이 때문에 조직에서는 "저렇게 일 안 하는 사람이 어떻게 승진했지?"라며 대다수 직원이 이해하지 못하는 인사가 발생합니다. 따라서 경영신은 업무 외적인 관세에 공을 들이는 직원들을 더욱 신중히 살펴야 합니다. 정작 일만 하는 인재들은 업무에 파묻혀 의사 결정권자의 눈에 잘 띄지 않는 경우가 많기 때문입니다.

"거듭 말하지만, 명확한 것이 친절한 것이다. 모든 것을 명확히 할 때 거짓으로 꾸민 이야기와 음모론이 줄어든다."[92]

브레네 브라운, 『리더의 용기』

또 한 가지 조직 정치 관리 방안은 '사내 규정과 윤리 기준을 엄격히 확립하는 것'입니다. 이는 앞서 언급한 제도의 불확실성 관리와도 일맥상통합니다. 관련 제도들이 회사 규정상 명확히 명시되어 있어야 하며, 이를 준수하지 않을 때의 처벌 또한 엄격히 이루어져야 합니다. 좋은 게 좋은 것이라며 적당히 넘어가서는 안 됩니다. 법인카드 사용 같은 비용 지출이나 협력사 선정 및 운용 등, 부정이 빈번히 발생할 수 있는 취약 지점은 더욱 보강하여 제도를 운용해야 합니다. 만나지도 않은 고객을 만났다며 거짓 회의록을 쓰고, 실제로는 조직 내 친한 사람들끼리 모여 법인카드로 술을 마시고 노래방에 가는 등 사적 관계와 정치를 우선하는 조직에 미래가 있겠습니까? "좋은 게 좋다"라는 식의 방임은 조직의 발전을 가로막습니다. 근무 시간에 제 일은 뒷전인 채 지인을 만나 장시간 수다를 떨거나 사적인 볼일을 계속 보아도 무사태평하다면, 그것이 정말 건강한 회사일까요? 불성실한 직원들에게 회사는 '천국'일지 모르나, 묵묵히 일하는 직원들에게 그들은 조직을 좀먹는 '오피스 빌런'일 뿐입니다.

어느 조직에나 그런 직원이 일부 있기 마련이라며 방치하는 것은 매우 무책임한 처사입니다. 오늘날 무의미한 노동이 잡아먹는 시간이 적지 않다는 조사 결과가 무수히 나오고 있습니다. 오히려 규정이 명확할 때 조직의 분위기와 관계가 더 좋아지는 법입니다. 회사는 학교나 동아리, 동호회 모임이 아닙니다.

"조직원들은 다른 사람이 어떤 보상을 받는지를 보고 행동한다. 성과를 내지 못하거나 아첨하는 사람, 혹은 단순히 약삭빠른 사람에게 보상이 돌아갈 때, 조직은 곧 성과 부재, 아첨, 약삭빠름의 덫에 빠지게 된다."[93]

피터 드러커, 『피터 드러커의 경영을 읽다』

행동·사건·의사 결정이 만드는 조직 문화

"직원이 새 바람을 일으키거나 새로운 아이디어를 제안하기 위해 열심히 일하지만 돌아오는 것이라곤 관료주의나 우유부단함 또는 무심함뿐이라면, 그럴 때마다 문화가 고스란히 고통 받는다. 반대로 직원이 회사를 발전시킨 것에 대해 인정이나 보상을 받는다면, 그럴 때마다 문화는 강화된다."[94]

벤 호로위츠, 『최강의 조직』

고용노동부 SNS를 통해 공개된 「실천하자! 근무혁신 10대 제안」을 본 적이 있습니다. 지극히 당연해 보이지만 놓치기 쉬운 조직 문화의 기본 원칙들을 간결하게 담고 있더군요. 우리 일터에 즉시 적용해 볼 만한 구체적인 제안들을 소개합니다.[95]

- **정시 퇴근하기**: 불필요한 야근 줄이기 등

- **퇴근 후 업무 연락 자제**: 퇴근 직전 업무 지시 자제

- **업무 집중도 향상**: 근무 시간 중 사적인 용무 자제

- **똑똑한 회의**: 꼭 필요한 회의만 간결하고 효율적으로

- **명확한 업무 지시:** 구체적 방향 제시

- **유연한 근무:** 시차출퇴근, 재량·탄력·원격·재택근무, 시간선택제 등

- **똑똑한 보고:** 불필요한 대면 보고 지양

- **건전한 회식 문화:** 꼭 필요한 회식만, 일정은 사전공유, 문화 회식 활성화

- **연가 사용 활성화:** 연가 사유 묻지 않기

- **관리자부터 실천하기:** 일하는 문화 바꾸기 앞장서기

지극히 상식적인 제안들이지만, 우리의 현실은 어떻습니까? 정시 퇴근은 당연한 권리임에도 눈치가 보여 괜히 이삼십 분 더 앉아 있다가 퇴근하지는 않습니까? 퇴근 후나 주말에 개인 혹은 팀 단체 카톡방에 업무 메시지를 올리고 있지는 않습니까? 근무 시간 중 유튜브를 시청하거나 사적인 만남으로 시간을 때우고 있지는 않습니까? 자료만 봐도 충분한 내용을 굳이 긴 회의로 끌며 관리자의 권위를 내세우고 있지는 않습니까? 말로만 유연 근무일 뿐, 실제로는 계속 눈치를 봐야 하는 구조는 아닙니까? 전자결재 시스템을 두고도 굳이 종이 문서를 들고 대면 보고를 하는 이중고를 겪고 있지는 않습니까? 여전히 술을 강요하는 회식과 억지스러운 2차 노래방 문화를 선호하십니까? 연차 신청서에 사유나 행선지를 구체적으로 기재해야 합니까? 무엇보다, 관리자부터 정말 이 원칙들을 실천하고 계십니까?

선언만 한다고 해서 그것이 곧바로 조직 문화가 되지는 않습니다. 이러한 가치들이 실제 행동으로 지속되고, 구체적인 제도 및 시스템

과 통합적으로 연결되어 설계됐을 때 비로소 하나의 문화로 정착될 수 있습니다.

하지만 무엇보다 조직에서는 최고경영자의 경영철학과 리더십이 조직 문화 형성에 직접적인 영향을 끼칩니다. 리더십과 조직 문화를 조직 관리에서 가장 중요한 두 가지로 꼽은 이유는 바로 리더십의 가장 중요한 기능이 조직 문화를 만들고 관리하며 변화시켜 나가는 것이기 때문입니다. 조직 문화는 가치 시스템을 구성하는 요소에 따라 학자마다 다양한 유형으로 구분하고 있습니다.

[조직 문화 유형 구분][96]

연구자	유형 구분	구분 기준
해리슨Harrison(1972)	권력지향, 역할, 과업, 인간	이념적인 지향
핸디Handy(1978)	클럽, 역할, 과업, 실존	
딜과 케네디 Deal & Kennedy(1982)	남성, 과업/여가/병존, 투기, 과정	기업 행위 결과에 대한 위험도 및 피드백 속도
월락Wallach(1983)	혁신적, 지원적, 관료적	개인의 동기 유발 유인
오우치Ouchi(1980)	시장, 관료적, 가족주의	거래 비용 중심
존스Jones(1983)	생산, 관료적, 전문직	
퀸과 맥스래스 Quinn & McGrath(1985)	합의적, 적응적, 계층적, 합리적	환경의 인식 유형, 조직의 반응 유형
룬드버그Lundberg(1984)	정태적 단일, 변화적 단일, 정태적 이질, 변화적 이질	현실 인식 차원, 전체성-부분성, 항상성-무정형성

어니스트 Ernest(1985)	상호 작용, 통합적, 체계적, 기업가적	인간 차원, 활동 차원
케츠 드 브리스와 밀러 Kets de Vries & Miller(1986)	편집증적, 회피, 카리스마적, 관료적, 정치적	최고경영자가 오랫동안 지녀온 심리적 성향
카메론과 퀸 Cameron & Quinn(1999)	관계 지향, 혁신 지향, 위계 지향, 과업 지향	통제-신축성, 조직 내부 지향-외부 환경 지향의 두 가지 차원

조직 문화 연구를 위해 가장 많이 사용하는 진단 도구로는 경쟁 가치 모델Competing Values Framework이 있습니다. 물론 조직 문화는 현실 조직에서 이러한 분류대로 정확히 나뉘어져 존재하지는 않습니다. 집단 문화이면서도 시장 문화를 모두 갖고 있기도 하고, 그 분류의 어느 일정 부분만 존재하거나 더 강하게 나타나는 등 조직 문화는 말 그대로 조직마다 천차만별입니다.

조직 문화는 오랜 세월 구성원들의 경험이 조직 내에서 축적되어 만들어진다고 했었지요? 더 쉽게 설명하면, 우리가 매일 마주하는 일상 속에서 구성원들이 보고 겪는 행동과 사건, 그리고 의사 결정의 결과들이 층층이 쌓여 조직 문화를 형성하는 것입니다.

예를 들어, 고객 접점의 어느 신입 직원이 고객의 불만을 해결하기 위해 스스로 판단하여 과감한 조치를 취했는데, 경영진으로부터 즉시 격려와 칭찬을 들었다고 가정해봅시다. 그 순간 이 조직에는 '고객 중심'이라는 조직 문화의 벽돌이 하나씩 쌓여가는 것입니다.

[경쟁 가치 모델][97]

문화 유형	가정	신념	가치	행동	결과
집단문화 clan	인간관계	조직을 신뢰할 때 보다 충실하고 몰입한다.	협동, 신뢰, 충성심, 지지	팀워크, 참여, 개방적 의사소통	충성심, 몰입, 직무 만족
위계문화 hierarchy	안정성	규칙과 절차에 따르는 공식 조직에 적절히 행동한다.	의사소통, 일관성, 공식화	복종, 확실한 실행	효율성, 생산성, 적시성
시장문화 market	업적 달성	업적에 따른 보상이 있을 때 목표 달성에 보다 더 동기 부여가 된다.	의사소통, 능력, 업적달성	목표 설정, 경쟁력, 계획, 경쟁 연구	시장 점유, 이익증대, 생산성
적응문화 adhocra-cy	변화	변화의 욕구를 이해할 때 창조와 혁신을 하게 된다.	성장, 영감, 섬세함 추구	창의성, 유연성, 적응성	혁신

    사장님과의 간담회에서 주니어 직원이 자유롭게 의견을 냈을 때, 해당 팀장은 다소 곤란한 표정을 지었지만 사장님이 오히려 극찬하며 그 의견을 즉시 수용하고 조치를 취한다면 어떻게 될까요? 아마 다음 간담회에서도 용기 내어 발언하는 직원들이 눈에 띄게 늘어날 것입니다. 이러한 경험이 반복되고 쌓이면서 비로소 '자유로운 소통'이라는 조직 문화가 형성되는 것입니다. 만약 사장님이 발언한 직원뿐만 아니라 팀장과 팀원 모두를 함께 독려하며 즉각적인 피드백을 준다면, 그런 문화는 더욱 활성화되지 않겠습니까? 결국 우리 조직에서 무엇을 중요하게 여기고, 어떤 행동이 칭찬과 보상을 받는지, 그리고 어떤 가치가 인정받는지가 지속적으로 축적되어 문화가 되는 것입니다.

새로운 조직 문화를 구축한다는 것은 채용, 승진, 이동 배치, 평가 보상 등 HR 제도를 근본적으로 재설계한다는 의미이기도 합니다. 단순히 CEO와의 대화나 서로 칭찬하기, 함께 식사하기 같은 보여주기식 일회성 이벤트만으로는 조직 문화가 결코 바뀌지 않습니다. 직원들을 모아놓고 명상이나 요가를 시킨다고 해서 그들의 근본적인 스트레스가 사라지지도 않습니다. 일하는 방식, 소통하는 방식, 그리고 계층 구조 등 조직의 본질을 건드려야만 비로소 변화가 가능합니다. 본질을 다루는 과정이 만만치 않다고 해서 이벤트 위주의 보여주기식 접근에 머문다면, 문화는 절대 변하지 않고 구성원들의 냉소만 깊어질 뿐입니다. 조직 문화가 실질적으로 바뀌기 위해서는 핵심 가치에 따른 구체적인 행동 규범이 정립되어야 하며, 그와 연계된 인사 제도가 통합적으로 설계되어야 합니다. 치밀한 계획하에 지속적인 노력이 뒤따라야 하는 작업입니다. 무엇보다 CEO의 전폭적인 지지 아래 HR 부서의 끈기와 추진력이 반드시 필요합니다.

"문화는 단지 경영의 일부가 아니라 경영의 본질이다. 문화를 제대로 받아들인 직원은 아무도 보지 않을 때라도 올바른 결정을 내린다. 그것이 문화가 미치는 영향이다."[98]

티파니 보바, 『불안 없는 조직』

가치관은 왜
선언에 머무는가

한때 가치관 경영이 인기를 끌며 회사마다 고유의 가치관을 정립하는 붐이 인 적이 있습니다. 덕분에 요즘 대부분의 조직은 미션과 비전, 핵심 가치 등을 홈페이지에 공개하고 사무실 벽면에 액자로 걸어두곤 합니다. 그런데 신기하게도 그 내용이 공공기관이든 일반 기업이든 대동소이합니다. '글로벌 리더, 인간 존중, 고객 만족, 혁신 추구' 같은 말들 말이지요.

심지어 직장 내 괴롭힘이나 갈등으로 사회적 물의를 일으킨 조직조차 홈페이지에는 그럴듯하고 멋진 가치들을 나열해놓곤 합니다. 실제로 미국에 본사를 둔 500여 개 기업을 분석한 결과, 가치 선언문에서 기업들이 가장 많이 언급하는 'Big Nine' 문화 가치는 "민첩성, 협업, 고객 중심, 다양성, 실행력, 혁신, 정직, 실적, 존중"이라고 합니다.[100] 결국 멋진 슬로건을 보유했다는 사실이 그 조직의 건강함을 보장해주지는 않는 셈입니다.

과연 가치관 경영이 실제 회사 경영에 도움이 될까요? 직원들에게는 어떠한 영향을 미칠까요? 가치관 경영이란 조직에서 지켜야 할 원칙과 우선순위가 의사 결정과 행동에 일관되게 적용되는 것을 말합니다. 옹호자들은 이것이 업무 효율을 높이고 자부심과 충성도를 키우며, 팀워크 강화 및 스트레스 완화에 기여한다고 주장합니다. 하지만 현실은 어떻습니까?

전 직원 워크숍을 거쳐 야심 차게 만들었던 미션과 비전은 보통 아무도 신경 쓰지 않는 장식물로 전락하곤 합니다. 사무실 곳곳에 걸린 액자는 먼지만 쌓이다 사라지고, 그 흔적을 발견한 직원들은 쓴웃음을 지을 뿐입니다. 아예 새로운 비전을 만든다며 멀쩡한 사인물을 교체하는 공사를 반복하기도 합니다. 이처럼 정체성 선언이 일상 업무와 연결되지 않을 때, 직원들은 조직의 메시지를 기만으로 받아들입니다. 세계적인 컨설팅 기업 네이발렌트Navalent의 공동설립자이자 최고관리자 론 카루치는 『정직한 조직』에서 "정체성에 대한 선언이 불명확하거나 일상적인 업무와 연결되지 않는 기업의 직원들은 진실을 감추거나 왜곡하고, 불공정하게 행동할 가능성이 거의 3배 더 높다. 조직이 선언해온 정체성을 실제로 이뤄내는 데 실패하면 그들의 사명과 가치에 관한 선언은 슬로건에 그칠 뿐이다"라고 했습니다.[101]

왜 현실 조직에서는 가치관 경영이 제대로 정착하기 어려운 것일까요? 한마디로 조직의 현실과 동떨어져 있기 때문입니다. 조직의 실제 모습을 정밀하게 진단하지 못한 채 가치관을 정립한 것이 첫 번째 문제이며, 정립된 가치관이 현장에서 작동할 수 있는 실천 시스템과 연계되지 않은 것이 두 번째 문제입니다.

제프리 페퍼는 "성공적인 조직은 단순히 전략을 수립하는 데 그치지 않고 그 실행의 중요성을 깊이 이해하며, 특히 그 과정에서 '사람'이 수행하는 결정적인 역할을 인식한다"라고 강조했습니다.[102] 결국 어떤 핵심 가치를 정했느냐보다 중요한 것은, 그것이 우리 조직 내에서 어떻게 제대로 실천되고 작동하느냐입니다. 좋은 가치 체계는 현장의 실제 업무에 적용되어야 하며, 구성원의 평소 말과 행동에 실질적인 영향을 주어야 합니다. 지속적인 성찰과 개선, 반복을 통해 체화되지 않은 가치관은 조직 현장에서 아무런 효력을 발휘하지 못하며, 존재 가치조차 상실하게 됩니다.

넷플릭스는 2009년 발표한 문화 가이드를 통해 "회사의 진짜 가치는 그럴듯하게 들리는 미사여구가 아니라, 실제로 어떤 사람이 보상받고 승진하며 또 어떤 사람이 조직을 떠나게 되는지를 통해 증명된다"라고 천명했습니다.[103] 이는 채용, 평가, 보상, 승진 등 모든 인사 제도가 조직의 가치관과 긴밀하고 일관되게 연계되어야 함을 시사합니다. 국내 스타트업을 비롯한 수많은 기업이 가치 체계를 구축할 때 이 원칙을 금과옥조로 삼는 이유이기도 합니다.

얼라인먼트Alignment라는 말을 들어보셨지요? '정렬하다', '일치시키다'는 뜻입니다. 조직 관리에서 흔히 말하는 얼라인먼트, 즉 정렬과 일치는 바로 이 지점에서 결정적인 역할을 합니다. 우리 회사가 지향하는 미션과 비전이 있다면, 채용부터 교육에 이르는 모든 HR 제도가 그 가치에 따라 일관되게 흘러야 합니다. 그래야만 가치가 직원들에게 내재화되고 진정한 문화로 자리 잡히게 됩니다.

예를 들어 '혁신 추구'가 조직의 주요 가치라면, 채용 단계에서부터 혁신적인 성향을 가진 인재를 선별해야 합니다. 단순한 일회성 경험이 아니라 지원자가 살아오며 실제로 혁신적인 행동을 실천했는지, 앞으로도 그럴 가능성이 있는지 면밀히 확인해야 합니다. 입사 후에도 마찬가지입니다. 직원이 혁신적인 시도를 했을 때 합당한 보상을 주어야 하며, 설령 결과가 기대에 미치지 못했더라도 비난하거나 질책해서는 안 됩니다. 조직이 선언한 가치와 실제 현실에서의 보상이 일치하지 않으면 직원들은 혼란을 느낍니다. 경영진의 실제 선택과 행동에 크게 영향을 받는 것입니다.

이를 구체적 현실에 적용하기 위해서는 미션이나 비전 같은 거대 담론을 넘어, 상세한 행동 규범Code of Conduct까지 구축하여 시스템화해야 합니다. 핵심 가치는 대개 추상적이어서 직원들이 일상에서 체감하기 어렵기 때문입니다. 업무 현장에서 바로 실행 가능하고 관찰할 수 있는 구체적인 약속이 뒷받침되어야 합니다. 가령 '존중Respect'이라는 가치가 있다면, 이를 '상호 존댓말 사용', '시간 약속 엄수', '회의 중 발언권 보장' 등 명문화된 행동 양식으로 바꾸는 작업이 필요합니다. 구성원들이 합의하여 만든 구체적인 지침이 있을 때 직원들은 훨씬 수월하게 가치를 실천할 수 있습니다. 그렇지 않고 단순히 '존중'이라는 단어만 액자 속에 가둬둔다면, 각자 제각각의 해석에 머물게 되어 현실에서의 변화는 결코 일어나지 않을 것입니다.

하버드비즈니스리뷰HBR에서도 "기업이 바람직한 조직 문화를 정의할 때 저지르는 가장 큰 실수 중 하나로 청렴, 존중, 신뢰와 같이 추상적이고 절대적으로 긍정적인 가치에만 초점이 맞추는 것"을 꼽았습니다. 이러한 가치들은 멋진 성명을 발표하기에는 좋지만, 직원들의 일상적인 의사 결정과 행동을 실질적으로 이끌어내지는 못하기 때문이라고 말입니다.[104]

따라서 혁신을 추구하는 방법이나 사례 등에 대해 끊임없이 교육해야 합니다. 채용부터 평가, 보상, 교육에 이르는 매니지먼트 전 과정에 우리가 추구하는 혁신의 가치가 일관되게 스며들어야 합니다. 이것이 바로 진정한 '얼라인먼트'이며, 가치관이 액자 속 구호가 아닌 살아 있는 원칙이 되는 길입니다. 멋진 가치관을 정립했다는 것은 단지 시작 단계에 불과함에도 불구하고, 많은 기업이 정립 그 자체를 종착역으로 착각하곤 합니다.

대부분의 가치관 컨설팅이 실패하는 이유도 여기에 있습니다. 외부자의 시각으로는 조직의 실제 모습을 정확히 진단하기 어렵기 때문입니다. 어느 날 갑자기 나타난 컨설턴트가 짧은 시간 안에 조직 깊숙한 문제의 근원을 파악하기란 불가능에 가깝습니다. 결국 진단부터 버거우니 겉만 번지르르한 비전이 나오고, 실제 현장에서는 구호와 현실이 따로 노는 괴리감이 발생하는 것입니다. 이는 우리를 착각하게 만듭니다. 마치 조직의 모든 것들이 잘 운영되고 있다는 믿음을 주기도 합니다. 하지만 대부분의 직원들은 실제 조직의 현실이 그런 멋진 구호와는 전혀 다른 세상이라는 것을 이미 알고 있습니다.

> "기본적인 가치를 준수하겠다는 당신의 약속은 행동으로 보이는 것이지 벽에 걸린 선언문에서 나타나는 게 아니다."[105]
>
> 리처드 루멜트, 『리처드 루멜트 크럭스』

컨설팅 중에서도 인사 조직 컨설팅이 가장 까다로운 것은 바로 진단조차 제대로 하기 어렵기 때문입니다. 낯선 외부 전문가에게 조직 깊숙한 문제 현황을 솔직하게 털어놓을 수 있는 직원이 얼마나 되겠습니까? 문제의 근원을 제대로 파악하지 못한 부정확한 진단은 문제를 해결하기는커녕 상황을 더 악화시킬 수도 있습니다. 실리콘밸리에서 가장 빠르게 성장한 기업 중 하나인 스노우플레이크Snowflake의 CEO 프랭크 슬루트만은 『한계 없음』에서 "컨설턴트들의 그럴듯한 언어와 자료에 의존하지 말고 직접 전략을 실행하는 편이 장기적으로 훨씬 낫다"라고 강조했습니다.[106] 사내의 인사부서 담당자가 주도하여 TF를 구성하든, 조직을 가장 잘 아는 사람들을 중심으로 직접 만들어가며 실행하는 것이 훨씬 효과적입니다. 비싼 돈을 들여 컨설팅 회사에 맡겨도 그들은 표준화된 양식에 우리 회사의 현실을 적당히 집어넣어 그럴듯한 보고서를 내놓기 마련입니다. 보고서 분량은 엄청나지만 실제로 도움이 되는 구체적 내용은 거의 없을 것입니다. 신의 직장으로 불리는 한 공공기관에서 수억을 들여 컨설팅을 했는데, 결론이 뻔한 '공자님 말씀'으로 나와 허탈해했다는 사례는 시사하는 바가 큽니다. 대기업이나 중소 · 중견기업도 크게 다르지 않습니다.

"컨설팅을 받는 데 수십억 원이 들어갑니다. 그런데 실익이 그다지 없습니다. 결과지를 받아보면 별거 없습니다. 돈을 그렇게 들이고도 이 정도밖에 안 나오냐고 호통도 많이 쳤어요."[107]

황창규, 『황의 법칙』

가치 체계가 잘 구축되어 있는 해외 사례로는 자포스 Zappos의 10대 핵심 가치가 대표적입니다.[108] 앞서 살펴봤던 주요 기업의 리더십 요소와 일맥상통함을 알 수 있습니다.

- Deliver WOW Through Service: 고객 감동 서비스를 실천하자.

- Embrace and Drive Change: 변화를 수용하고 주도하자.

- Create Fun and A Little Weirdness: 재미와 약간의 괴팍함을 추구하자.

- Be Adventurous, Creative, and Open-Minded: 모험심과 창의성, 그리고

열린 마음을 갖자.

- Pursue Growth and Learning: 배움과 성장을 추구하자.

- Build Open and Honest Relationships With Communication: 커뮤니케이션을 통해 솔직하고 열린 관계를 만들자.

- Build a Positive Team and Family Spirit: 확고한 팀워크와 가족애를 갖자.

- Do More With Less: 최소한의 것으로 최대한의 효과를 만들자.

- Be Passionate and Determined: 열정적이고 단호하게 행동하자.

- Be Humble: 늘 겸손하자.

AI 시대의 선두 주자인 엔비디아의 핵심 가치는 어떠한지 살펴볼까요? 크게 꿈꾸고 작게 시작하며Innovation, 실수로부터 배우는 지적 정직성Intellectual Honesty과 속도 및 민첩성Speed and Agility, 그리고 최고의 표준을 유지하는 탁월함Excellence과 원 팀One Team 정신을 강조합니다.[109] 특히 젠슨 황은 진실 추구를 무엇보다 중요시하는 것으로 알려져 있습니다.

포춘이 선택한 가장 존경받는 기업에 13년 연속 선정된, 미국 제조업의 전설 하니웰Honeywell 역시 12가지 핵심 지침을 운영합니다.[110]

- 고객과 성장에 집중한다: 고객에게 좋은 서비스를 하고 공격적으로 성장을 추구한다.

- 강한 영향력으로 이끈다: 리더처럼 생각하고 본보기의 역할을 한다.

- **결과를 달성한다**: 자신이 한 약속을 지키기 위해 부단히 노력한다.

- **사람들을 더 낫게 만든다**: 동료, 하급자, 관리자의 탁월성을 촉진한다.

- **변화를 옹호한다**: 운영에 있어 끊임없는 개선을 추진한다.

- **팀워크와 다양성을 촉진한다**: 전체 팀의 측면에서 성공을 정의한다.

- **세계화된 사고방식을 채택한다**: 모든 관련된 관점에서 사업을 바라보고, 통합된 가치 사슬의 측면에서 세상을 바라본다.

- **위기에 현명하게 대응한다**: 더 나은 보상을 위해 보다 큰, 하지만 위험을 감수해야 한다는 것을 인식한다.

- **자신을 안다**: 자신의 행동과 그것이 주위의 사람들에게 주는 영향을 인식한다.

- **효과적으로 소통한다**: 다른 사람들에게 적시에, 사려 깊은 방식으로, 간결한 정보를 제공한다.

- **통합적인 방식으로 생각한다**: 이용 가능한 자료에 직감, 경험, 판단력을 적용해서 자신의 전문 분야를 넘어서는 보다 전체주의적인 결정을 내린다.

- **기술적·기능적 탁월성을 개발한다**: 특정 전문 분야에서 효과적인 역량을 갖춘다.

글로벌 기업을 비롯한 수많은 선도 기업에서는 이처럼 조직 문화와 핵심 가치, 그리고 행동 양식이 체계적으로 구축되어 있습니다. 최근 빠르게 성장하는 국내 스타트업들 역시 가치 체계 구축에 열을 올리고 있는데, 이는 명확한 가치를 정립하는 것이 곧 조직 운영의 흔들리지 않는 기본 원칙이기 때문입니다. 급성장한 국내 스타트업 중 조직 문화로 특히 유명한 회사가 바로 토스Toss입니다. 토스의 놀라운 성장세 이면에는 조직 문화를 최우선으로 중시하는 CEO의 경영 철학이 든든한 밑거름으로 자리 잡고 있습니다.

토스가 지향하는 핵심 가치 3.1의 세부 내용은 다음과 같습니다.[111]

- Mission over Individual: 개인의 목표보다 토스팀의 미션을 우선한다.

- Aim Higher: 더 높은 수준을 추구하라.

- Focus on Impact: 하면 좋을 10가지보다 임팩트를 만드는 데 집중한다.

- Question Every Assumption: 모든 기본 가정에 근원적 물음을 제기한다.

- Execution over Perfection: 완벽해지려 하기보다 실행에 집중하라.

- Learn Proactively: 주도적으로 학습한다.

- Move with Urgency: 신속한 속도로 움직인다.

- Ask for Feedback: 피드백을 자주 구하라.

중요한 것은 우리 조직에서 실제 정말 중요하게 생각하는 것, 그리고 반드시 실천해야 할 가치들을 우리 조직의 색깔에 맞게 최적화하는 일입니다. 아무리 그럴듯해 보이는 가치 체계라 할지라도, 그저 남의 것을 베껴온 것에 불과하다면 현장에서 결코 작동하지 않기 때문입니다. 따라서 우리 조직에 최적화된 가치 체계를 수립하여 명문화하고, 이를 구성원들에게 지속적으로 교육하고 홍보해야 합니다. 나아가 채용부터 보상에 이르는 각종 제도에 유기적으로 설계하여 반복 적용함으로써 가치가 구호에 그치지 않고 체계화되어야 합니다. 결국

조직이 추구하는 방향과 구성원의 지향점이 맞닿아 있지 않으면 진정
한 내재화는 불가능하겠지요.

"사명 선언mission statement은 조직이 행동 대신 말로 때울 때 사용하는 가장 뻔뻔
스럽고도 통속적인 수단들 중 하나이다. 문제는 사명이나 핵심 가치들의 선언문을
어딘가에 적어두는 것과 실행하는 것을 혼동하는 조직들이 너무도 많다는 데 있다.
철학이나 핵심 가치를 정하고 전시한다고 해서 사람들의 행동 방식이 바뀔 거라고
기대할 이유는 어디에도 없다."[112]

제프리 페퍼 외, 『생각의 속도로 실행하라』

조직 개발은
역량의 전환이다

“사람들은 변화 그 자체에 부정적으로 반응하는 것이 아니라, 변화에 대한 비용이 이득보다 더 크다고 느껴지는 변화에 대해서만 부정적으로 반응한다.”[113]

게리 매클린, 『조직 개발의 이해』

요즘 우리는 VUCA 시대에 살고 있습니다. 변동성Volatility, 불확실성 Uncertainty, 복잡성Complexity, 모호성Ambiguity이 일상이 된 시대입니다. 이러한 환경에서 조직은 끊임없이 변화하며 능동적으로 대응할 수 있어야 합니다. 즉 조직 개발을 특별한 이벤트가 아닌 일상적인 과업으로 인식하고 상시 진행해야 한다는 의미입니다. 조직 개발Organization Development이란 조직 효과성 향상을 목적으로 가치, 전략, 구조, 제도, 문화, 프로세스 등 조직 시스템 전반을 계획적으로 개발·개선·강화하는 행동과학 기반의 체계적 활동을 말합니다.[114] 쉽게 말해 ‘전체 시스템 관점에서의 변화 관리’라고 이해하면 됩니다. 조직 개발 전문가인 허연과 최익성은 『조직 개발의 실제』를 통해 “진정한 변화는 단순한 메시지 전달을 넘어 프로세스, 역할, 보상, 회의, 성과 등 모든 조직

구조를 새롭게 정렬하는 일에 해당한다"라며 시스템적 사고에 기반한 총체적 변화를 강조했습니다.[115]

결국 조직 개발의 관건은 조직의 신념, 태도, 가치, 구조 등을 정해진 방향으로 정렬하여 구성원의 실질적인 행동 개선을 이끌어내는 것입니다. 사람과 일하는 방식은 물론, 문화와 제도, 시스템이 유기적으로 설계되어 모두 함께 개선되어야 합니다. 이러한 통합적 접근이 이루어질 때 비로소 조직 역량이 강화되고 지속적인 성과 창출로 이어질 수 있습니다.

"전체적으로 무너진 균형은 단 하나의 해결책에 집중한다고 해서 절대 회복되지 않는다. '생기 없음'에서 '넘치는 생동감'으로 넘어가기 위해서는 매우 근본적인, 전체를 포괄하는 전환을 해야 한다. 즉 전체가 변화해야 한다."[116]

군터 뒤크, 『왜 우리는 집단에서 바보가 되었는가』

구체적인 조직 개발의 범위는 단계별로 나뉩니다. 개인 수준에서는 코칭·멘토링, 교육 훈련, 직무 분석, 직무 설계, 다면 평가 등이 포함되며, 집단 수준에서는 갈등 관리, 팀 빌딩, 팀 개발, 팀 코칭, 브레인스토밍 등이 해당합니다. 나아가 조직 수준에서는 전략 기획, 가치 개발, 조직 구조, 조직 학습, 책임·보상 시스템, 문화 변화, 이벤트 등의 프로그램이 조직 개발의 범주에 속합니다.

유럽 멘토링 및 코칭 협회 EMCC의 공동 창립자 데이비드 클러터

벽은 『팀 코칭 이론과 실천』에서 고高성과 팀들의 특징을 다음과 같이 정의했습니다. 그들은 분명한 목적의식과 명확한 역할 인지를 바탕으로 협력 및 과업 달성 방법을 분명하게 알고 있으며, 실질적인 의사 결정 권한을 가집니다. 또한 상호 깊은 신뢰와 지지를 바탕으로 다각적인 소통을 하며, 심리적 안전감 속에서 누구나 기여할 기회를 얻습니다. 무엇보다 소모적인 관계 갈등보다 건설적인 아이디어 갈등에 더 집중한다는 점이 특징입니다.[117]

조직 개발은 이렇듯 조직을 더 나은 상태로 개선해가는 과정입니다. 개인 역량이 아무리 우수한 구성원이 많더라도 그것이 조직 역량으로 결집되지 않으면 큰 의미가 없습니다. 조직 개발은 바로 개인의 역량을 조직의 역량으로 통합하고 연계하는 과정입니다. 현대제철 전 CEO 우유철은 『만 번을 두드려야 강철이 된다』에서 "직원 개개인의 실력이 아무리 우수하더라도 그것이 조직의 실력으로 이어지지 않는다면 아무런 소용이 없다. 개인의 실력을 조직의 실력으로 통합하고 승화해야만 의미가 있다"라며 조직 개발의 중요성을 언급했습니다.[118]

이러한 조직 개발을 통한 고성과와 변화는 결코 저절로 만들어지지 않습니다. 제도와 문화, 성과와 행동을 유기적으로 연계한 철저한 설계와 세심한 관리, 그리고 지속적인 모니터링과 평가가 수반되어야 합니다.

학자들은 조직 개발을 다음과 같이 정의하고 있습니다.

[조직 개발의 정의][119]

학자	정의
워너 버크 Warner Burke	조직 개발은 행동과학 기법 연구, 이론을 활용하여 조직 문화를 계획적으로 변화시키는 과정이다.
웬델 프렌치 Wendell French	조직 개발이란 조직 내외의 행동과학 컨설턴트나 변화담당자의 도움을 받아 조직의 문제를 해결하거나 외부 환경 변화에 대응할 수 있는 능력을 향상시키려는 장기적인 노력이다.
리처드 벡하드 Richard Beckhard	조직 개발은 행동과학 지식을 활용하여 (1)계획적으로, (2)조직 전체에 걸쳐, (3)최고경영층 주도로, (4)조직 효과성과 건전성을 증대시키기 위해, (5)조직 "과정"에 개입하는 노력이다.
마이클 비어 Michael Beer	조직 개발은 (1)조직 구조, 과정, 전략, 구성원 및 문화 사이의 조화를 꾀하고, (2)새롭고 창조적인 해결책을 마련하며, (3)조직의 자기 혁신 능력을 개발하기 위하여, 시스템 전반적 측면에서 자료 수집, 진단, 실행 계획, 개입, 평가하는 과정이다. 이는 조직 구성원이 변화담당자와 협력하여 행동과학 이론, 연구, 기법을 활용하여 전개된다.
워너 버크와 데이비드 브래드포드 Warner Burke & David Bradford	조직 개발은 (1)인간 중심 가치, (2)행동과학, (3)개발 체계 이론 등을 기초로, 환경, 미션, 전략, 리더십, 문화, 구조, 정보 및 보상 체계, 작업 절차와 같은 조직 변수 간 정합을 통해 효과성을 제고하려는 조직 전체의 계획적인 변화 과정이다.

"변화가 있는 곳에는 저항이 있기 마련이다. 당신의 방법론이 아무리 긍정적이라도 어떤 팀원들은 완강히 거부할 것이다."[120]

댄 히스, 『재설계하라』

조직 개발은 기득권 상실에 대한 걱정, 불확실성에 대한 두려움,

변화에 따른 불편함 등 여러 이유로 인해 거센 저항에 부딪히기 마련입니다. 이러한 불안을 느끼는 구성원들은 진행 과정에 협조하지 않거나, 오히려 프로젝트가 실패하기를 바라며 근거 없는 소문을 퍼뜨리는 등 다양한 방식으로 변화를 방해하기도 합니다.

때로는 격렬한 반대보다 차가운 냉소와 무관심이 더 큰 과제가 됩니다. 실제로 조직 개발을 추진하며 실시한 인사제도 개선 설문에서, 기존 시스템에 익숙한 보직자들의 응답률이 비교적 낮게 나타난 사례는 변화에 가장 신중한 이들이 누구인지를 단적으로 보여줍니다. 따라서 조직 개발이 성공하기 위해서는 반드시 갖추어야 할 몇 가지 필수 조건이 있습니다.

첫째, 최고경영자의 적극적인 관심과 실질적인 지원입니다. 최고경영자가 힘을 실어주지 않는 프로젝트는 조직 내에서 동력을 얻기 어렵습니다. 특히 조직 전반을 다루는 조직 개발은 더욱 그렇습니다. 그동안 기득권을 누려온 리더들은 변화를 반기시 않으며, 구태와 타성에 젖어 은밀히 실패를 조장하기도 합니다. 아무리 유능한 변화담당자나 컨설턴트라 해도 CEO의 강력한 의지가 뒷받침되지 않으면 이 거대한 벽을 넘기 힘듭니다. 컬럼비아대학교 경영대학원 교수 마이클 모리스는 『집단 본능』에서 "사람들은 합법적인 권위, 곧 해당 사안에 결정권을 가진 리더와 함께 행동하고 있다고 느낄 때 전통이나 제도에 주어진 변화에 동참한다"라고 강조했습니다.[121] 경영진이 몸소 실천하는 모습을 보일 때 직원들은 의구심을 거두고 진지하게 변화를 받아들입니다. 경영진의 언행불일치만큼 변화의 불씨에 찬물을 끼얹는 것은 없습니다. 설계 과정에서 임원 등 경영진과 관계된 프로세스도 반드시 포함하여 개선의 예외가 없음을 보여주는 것이 좋습니다.

둘째, 구성원의 자율과 참여를 통한 내재화입니다. 형식적인 참여가 아니라 구성원들이 진정으로 원하는 바를 이끌어내어 제도에 반영하는 과정이 중요합니다. 조직 개발에서 '참여'는 가장 핵심적인 주제이며, 이때 담당자는 단순한 운영자를 넘어 퍼실리테이터Facilitator 역할을 수행해야 합니다. 특히 현업 관리자들과의 협업은 필수입니다. 비즈니스위크에서 경영분야 교육자와 구루 1위로 뽑힌 미시간경영대 교수 데이브 울리치가 강조했듯, HR 담당자와 라인 매니저Line Manager의 관계는 변화의 성패를 가릅니다.[122] 변화에 저항하기 쉬운 이들을 파트너로 끌어들이지 못하면 어떤 혁신도 성공할 수 없습니다. 사람들은 변화 자체를 싫어하는 것이 아니라, 변화를 통해 얻을 이득보다 잃을 비용이 크다고 판단할 때 저항합니다. 따라서 대화를 통해 변화의 필요성을 공감시키고, 참여를 통해 성과를 낼 수 있다는 확신을 심어주어야 합니다.

셋째, 우리 조직만의 맥락에 최적화된 설계입니다. 다른 회사의 성공 사례를 무분별하게 벤치마킹하는 것은 실패로 가는 지름길입니다. 우리 조직만의 고유한 문화와 프로세스는 다른 곳과 결코 같을 수 없기 때문입니다. 우리 회사의 내적 속성을 깊이 이해하지 못하는 외부 전문가에게 모든 것을 맡겨버리면, 화려한 비주얼의 보고서는 얻을지

언정 정작 현장에서 활용할 알맹이는 찾기 어렵습니다. 컨설팅사의 자문을 받을 수는 있어도, 주도권은 반드시 우리 조직에 대한 애정과 열정이 있는 내부 HR 팀이나 TF가 쥐어야 합니다. 우리 조직의 문제를 가장 잘 알고 해결 의지가 강한 내부 구성원이 주체가 될 때 비로소 실효성 있는 대안이 나옵니다.

넷째, 개별 제도의 통합적 연계와 제도화입니다. 조직 전체 차원에서 개별 시스템의 상호 작용과 동반 변화를 모색해야 합니다. 단편적인 제도 개선은 영향력이 미미할 수밖에 없습니다. 채용, 승진, 이동 배치, 평가 보상, 교육 등 모든 인사 제도가 유기적으로 맞물려 일관된 메시지를 보내야 합니다. 의식 구조와 행동, 그리고 시스템이 삼위일체가 되어 변화할 때, 구성원들은 조직 시스템 전반에서 변화의 이점을 구체적이고 지속적으로 경험하게 됩니다.

조직 개발이 국내에서 실패하는 주요 원인 중 하나는 단편적인 시각이나 기법 중심으로 접근하기 때문입니다. 리더십 전문가는 리더십이 중요하다고 하고, 조직 문화 전문가는 조직 문화가 중요하다고 합니다. 커뮤니케이션 전문가는 소통이 중요하다고 하고, 코칭 전문가는 코칭이 중요하다고들 합니다. 하지만 앞서 언급했듯, 조직은 복합적인 유기체입니다. 이러한 단편적인 접근만으로는 조직이 쉽게 변하지 않습니다.

진정한 변화를 위해서는 직무 분석과 구조 분석을 통해 개인과 조직의 역할, 그리고 권한 분배의 효율성 등을 정밀하게 진단해야 합니다. 이를 바탕으로 조직 구조를 재설계하고, 다양한 인사제도를 통해 탄탄한 시스템을 구축해야 합니다. 업무 수행, 의사 결정 권한, 정보 전달과 자원의 공유, 부서 간 협력, 명령 체계 등 조직의 수많은 부분이 결국 조직의 편제와 구조에 결정적인 영향을 받기 때문입니다.[123] 가치 체계와 일하는 방식, 리더십, 조직 문화 등 모든 요소는 유기적으로 맞물려 한 방향으로 일관되게 설계되어야 합니다. 단순히 부분 최적화에 머무는 것이 아니라, 업무 흐름 전체를 보고 병목을 파악해 개선하는 '시스템 사고Systems Thinking'가 필수적입니다.[124] 자칭 조직 개발 전문가라고 하는 사람들은 흔히 자신의 강점 분야만을 중심으로 프로젝트를 추진하려 합니다. 하지만 이는 시야가 매우 편협해질 위험이 높고 실패할 가능성 또한 큽니다. 직원들을 모아놓고 워크숍을 열어 의견을 잘 수렴한다고 해서 조직이 저절로 변하지는 않습니다. 만약 여러분이 조직 내부의 HR 부서 담당자라면, 인사제도에 대한 기본적인 이해를 바탕으로 리더십, 조직 문화, 커뮤니케이션, 그리고 조직 운영의 근본 원리 등을 아우르는 종합적인 관점을 지녀야 합니다. 조직을 하나의 거대한 시스템으로 바라볼 수 있는 안목이야말로 조직 개발의 성공을 담보하는 열쇠입니다.[125]

"단 하나의 인적 자원 정책은 그 자체의 효과가 작거나 거의 미미했다. 회사가 보완적인 정책을 채택하면 할수록 생산성과 품질은 더욱 높아졌다. 품질과 새로운 기술 습득에 기반을 둔 인센티브와 업무 확대를 포함하는 일관된 설계를 회사가 채택할 때, 가장 큰 혜택을 얻을 수 있었다. 이는 바로 조직 설계에서 체계적인 접근방식이 가장 효과적이라는 것을 보여주는 증거이다."[126]

에드워드 러지어 외, 『인사 관리 경제학』

[조직 개발의 특징][127]

성격	의미
계획된 변화	구체적 목표를 가지고 철저한 진단에 입각하여 변화를 계획하고 실천한다.
공동 노력에 의한 변화 추구	변화에 영향을 받는 조직구성원들의 참여와 몰입을 전제로 한다.
성과지향적	성과를 높이는 방법에 초점을 둔다.
인본주의	조직 개발은 근본적으로 구성원들의 잠재력을 극대화시켜 보다 효과적인 조직 성과를 창출해내는 데 주력한다.
시스템 접근	조직의 한 부분, 한 문제에 국지적으로 적용할 수도 있지만 전체 조직 시스템이 변화를 더 중시한다.
과학적	조직 효과 증진에 효과가 있다고 입증된 행동과학 기법들을 적용한다.

조직은 기본적으로 안정성을 추구하며 항상성을 유지하려는 메커니즘을 가지고 있습니다. 시스템 또한 본래의 상태로 복귀하려는 성질이 강하기 때문에 조직 개발은 필연적으로 많은 저항에 직면하게 됩니다. 기존 지위의 박탈이나 보상 저하에 대한 우려부터, 변화가 가져올 불확실성에 대한 막연한 불안까지 다양한 요인이 조직 개발의

행보를 가로막습니다.

특히, 조직 전체의 이익이 아닌 특정 소수만을 위해 "판을 짜고 있다"라는 의구심이 드는 순간 구성원들의 신뢰는 처참히 무너집니다. 따라서 담당자는 기획의 마지막 순간까지 원칙을 고수하며, 공정하고 냉정한 태도로 제도와 프로세스를 설계해야 합니다. 수많은 조직 개발 프로젝트가 원하는 결실을 보지 못하는 이유는 프로그램 자체의 결함 때문이라기보다, 진행 과정에서의 비현실적인 기대나 커뮤니케이션 및 공감대의 부족 때문인 경우가 많습니다. 만약 직원들이 이번에도 형식적인 절차에 그칠 것이라 예상한다면, 그들은 진단 과정에서부터 결코 솔직하게 참여하지 않을 것입니다. 성공하는 조직은 외부의 변화를 능동적으로 수용하며 끊임없이 혁신하지만, 실패하는 조직은 타성에 젖어 환경 변화에 적응하지 못한 채 비효율적인 관행을 고집합니다. 이런 관점에서 조직 개발을 통한 개편은 조직이 정체되지 않고 발전하려는 강력한 긍정적 신호라고 볼 수 있습니다.

"한 번이라도 변화를 이끌고자 애써본 사람이라면, 타성에 젖거나 현상유지에 만족하는 사람들이 얼마나 많은지 알 것이다. 그리고 썩은 사과들은 이러한 항상성을 부추기고 창출함으로써 변화를 바라는 사람들에게 악영향을 미치고 무력감을 안겨준다."[128]

미첼 쿠지 외, 『당신과 조직을 미치게 만드는 썩은 사과』

하지만 이러한 저항을 뚫고 변화에 성공하기란 결코 쉽지 않습니다. 하버드비즈니스스쿨의 변화 관리 전문가 존 코터의 연구에 따르면, 조직 변화에 성공하는 비율은 고작 30%에 불과하다고 합니다. 그는 변화의 실패 요인을 분석하여 조직이 체계적으로 변화를 주도할 수 있도록 '8단계 변화 모델'을 제시했습니다.

[8단계 변화 모델][129]

구분	내용
위기감 조성	구성원들은 변화가 자신과 조직에 얼마나 중요한지 인식
주도 세력 형성	다른 역할과 직책의 구성원들로 구성된 변화선도팀 구성
비전/전략 개발	경영혁신 방향 제시 비전 개발, 비전 실현 위한 구체적 전략 개발
새로운 비진 진파	모든 구성원에게 효과적으로 전달, 대회, 지속적 정보 제공
장애물 제거	저항하는 구성원들의 아이디어를 변화과정에 포함, 힘 실어주기
단기 성공사례 창출	가시적 성공 사례 실현, 칭찬하고 포상
개선사항 통합/가속	지속적 분위기 쇄신
변화 정착	새로 도입된 제도를 기업 문화 차원으로 승화

조직 개발의 절차는 일반적으로 다음과 같습니다. 문제를 인식하는 것에서부터 시작하여 현실에 대한 정확한 진단과 분석을 거치고, 그에 맞는 제도를 계획하고 실행하여 최종적으로 제도화하고 내재화

하는 단계를 밟습니다. 이러한 표준 절차를 바탕으로 하되, 각 조직이 처한 구체적인 상황과 맥락에 맞춰 일부 단계를 보강하거나 유연하게 조정하며 운영할 수 있습니다.

문제 인식 / 정의	진단 / 분석
필요성 공감 / 위기의식 / 동기 부여 (CEO 지지&전담 조직)	인터뷰 / 설문 / 관찰 / 자료 (근본적 원인 파악)
계획 / 실행	제도화 / 내재화
개별 제도 / 프로세스 등 (참여, 자율, 강점, 신뢰, 소통, 투명, 솔선수범)	매뉴얼 / 보고서 / 사례 홍보 / 지속 반복 (평가 피드백)

세계적으로 유명한 글로벌 컨설팅사 출신의 한 조직 개발 전문가가 SNS에 올린 글을 본 적이 있습니다. 그는 수많은 그룹사와 선도 기업의 오너 및 CEO들과 협업하며 깨달은 바를 공유했는데, 조직 문화나 리더십이라는 주제는 컨설팅 회사가 팀을 구성해 몇 개월간 프로젝트를 진행한다고 해서 해결될 수 있는 영역이 아니라는 사실을 고백했습니다. 오히려 조직 문화는 CEO가 누구인지, 그리고 거버넌스 구조가 어떠한지에 따라 하루아침에도 바뀔 수 있는 역동적인 실체라는 것입니다.

그렇습니다. 조직 문화를 바꾸고 조직 개발을 추진하는 일을 컨설팅사에 전적으로 맡긴다고 해서 제대로 이루어지는 것이 아닙니다. 내부적인 지식이 부족할 때 외부 전문가의 도움을 일부 받는 것은 의미가 있겠지만, 결국 가장 중요한 것은 내부 직원들이 중심을 잡아 조직을 변화시키겠다는 의지를 갖추고 직접 실천하는 것입니다. 우리나라 경영학계의 거목인 서울대학교 명예교수 조동성 역시 "경영자가 경영문제에 봉착했을 때, 경영학자나 경영 컨설턴트로부터 받는 자문은 해악이 될 가능성이 높습니다. 이때 경영자는 현장을 찾아가야 합니다. 변화, 그리고 혁신은 간접적인 역할을 하는 사람들이 아니라 현장에서 실무를 다루는 분들이 이끌어야 합니다. 혁신이야말로 현장이 주도해야 합니다"라고 역설하며 현장의 중요성을 다시 한번 강조했습니다.[130]

이 과정에서 변화촉진자Change Agent라 불리는 조직 내 담당자나 외부 전문가는 주창자이자 기술 전문가, 교육자, 협력자, 프로세스 촉진가 등 다양한 역할을 수행해야 합니다. 특히 조식의 규모가 커진다고 해서 성과가 비례하는 것은 아닙니다. 기존 인력을 제대로 활용하여 효율을 높이려는 노력보다 단순히 인원을 늘리는 손쉬운 길을 택하려 할 때, 조직 개발 담당자는 누구보다 냉정한 판단을 내릴 수 있어야 합니다.

조직은 순식간에 바뀌지 않습니다. 하지만 지금 변하지 않으면 앞으로도 그 조직은 결코 변하지 않을 것입니다. 인간에 대한 존중과 신뢰를 기본 가치로 삼아 문제를 공개적으로 직면하고, 내부 직원들의 자발적인 참여를 끈기 있게 이끌어내야 합니다.

"혁신을 외부 컨설턴트 부대에 맡기는 경우가 너무 많다. 하지만 혁신은 내부 인력이 주도해야 한다. 즉 조직 리더들이 이끌고 팀장 및 관리자와 직원들이 실행해야 한다."[131]

베넘 타브리치, 『공격의 전략』

제가 실제로 조직 개발 TF를 이끌며 프로젝트를 추진할 때 가장 중점을 둔 것은, 이 변화가 결국 '회사와 직원 모두를 위한 것'이라는 점을 분명히 하는 것이었습니다. 조직 개발이 누군가에게 손해를 입히려는 수단이 아니라, 지속 가능한 성장 시스템을 구축하여 회사의 발전과 직원의 성장을 동시에 도모하기 위함임을 계속 강조했습니다.

물론 공정한 제도의 설계를 반기지 않는 사람들도 있겠지요. 제도를 개선할 때에는 언제나 기득권을 중심으로 한 반대가 있기 마련입니다. 최고경영자 주변에서 일이 아닌 정치를 통해 영향력을 확대하며 조직 개발에 부정적 영향을 주는 사람들도 있기 마련입니다. 그럴수록 조직 개발 담당자는 중심을 잃거나 흔들리지 않고 철저한 근거와 논리, 그리고 데이터를 바탕으로 작업을 추진해나가야 합니다. 행동 변화 설계의 세계적 권위자인 스탠퍼드대학교 교수 그레고리 월튼은 『현명한 개입은 어떻게 삶을 바꾸는가』에서 "어떤 행동이 변화를 가져올지 알고 있고 실천 계획이 철저해도 반드시 성공을 보장하지는

않으며, 우리는 실패할 때가 더 많다"라며 변화 설계의 어려움을 언급
했습니다.[132] 쉽지 않은 길이기에 담당자 스스로가 떳떳하고 당당해야
합니다. 흔들리지 않는 내공이 필요한 것입니다.

저는 대표이사께서 취임식 때부터 여러 차례 하신 말씀을 정리하
여 상기시키는 한편, 직무 조사와 설문, 인터뷰 등을 통해 나타난 직원
들의 상황과 요구를 그 철학에 접목해 합리적인 방향을 만들어나가는
데 중점을 두었습니다. 경영진과 직원들의 목소리는 결코 다르지 않
습니다. 우리 직원들이 성장하고 회사가 잘되기를 바라지 않는 사람
이 얼마나 되겠습니까?

그럼에도 불구하고 초심이 흔들리는 경우가 생길 수도 있습니다.
실제 조직에서 변화를 추구하다 보면 시간이 지날수록 처음에는 안
보이던 현실적인 어려움들이 드러나기 때문입니다. 그래서 초기에 비
해 변화 추진의 동력이 다소 약해질 수도 있습니다. 이럴 때 담당자는
단기에 성과를 내려고 욕심내며 속도를 내기보다, 경영진과 구성원
모두의 생각을 충분히 듣고 현실적 과제를 하나씩 해결해나가며 원래

의도했던 바를 지속적으로 실천하려는 끈기가 필요합니다. 구성원과 조직을 위해 담당자로서 최고경영진의 지지를 얻기 위한 노력은 필수적이며,[134] 작은 시도와 변화라도 그 방향이 올바르다면 큰 개혁의 시작이 되는 법입니다.

> "대부분의 기술적 진보와 생산성 향상은 작은 변화가 느리지만 점진적으로 누적된 결과라는 점은 틀림없다."[135]
>
> 조엘 모키르, 『성장의 문화』

율곡 이이는 『동호문답』에서 "다만 군주가 욕심을 가질 때가 두려울 뿐 진실로 군주가 욕심이 없다면 소인이 어떻게 군주 주변으로 들어갈 수 있겠소"라며 최고경영자의 사사로운 욕심을 염려했습니다. "만약 주상의 마음에 사욕이 조금이라도 싹트고 있다면 소인들이 엿보는 틈이 커질 것"이라며 최고경영자가 왜곡된 정보에 흔들리지 않기 위해서 스스로의 경영 철학이 굳건해야 함을 일깨워주었습니다.[136] 결국 성패는 이렇듯 현실적인 조직 내 제약이 아니라, 바로 최고경영자의 흔들리지 않는 경영 철학과 중심에 있다고 생각합니다. 조직의 확장성은 리더의 지향점과 통찰을 넘어설 수 없기 때문입니다.

> "임금이 뜻을 세우고도 바로 할 수 없는 이유는 간사한 자들 때문이며, 군자와 소인을 잘 구별하지 못하기 때문이다. 그래서 리더의 마음이 공정하고 욕심이 없을 때

만 진짜 인재를 알아볼 수 있고, 그들에게 휘둘리지 않을 수 있다."[137]

율곡 이이 외, 『마음을 곧게 세운 자, 운명조차 그대를 따르리라』

조직 개발을 추진하는 시기 또한 중요합니다. 조직 개발을 한다는 것은 기존의 것들을 바꾸고 새로운 것을 추진한다는 의미입니다. 즉 최고경영자가 새로 취임하는 시기에 맞춰 제안하여 추진하는 것이 바람직합니다. 회사를 위하는 마음이 아무리 진심이어도 임기 중반이나 후반에 조직 개발을 제안할 경우 받아들여지기 어려울 수 있습니다. "지금까지 잘 경영해왔는데 뭐가 문제냐" 하고 부정적으로 해석될 수 있기 때문입니다. 따라서 아무리 타당한 정책이라도 추진하여 실현되는 것이 중요하기에, 적절한 때를 봐서 할 수 있는 것부터 하나씩 추진하는 것이 담당자의 지혜라 생각합니다. 아무리 뛰어난 아이디어도 의사 결정권자를 설득해 받아들여져야 의미가 있는 것입니다.[138] 사실 가장 바람직한 것은 훌륭한 리더십을 갖춘 최고경영자가 먼저 나서서 조직 개발을 제안하고 몸소 실천하며 모범을 보이는 것입니다. 리더가 조직 변화의 시작점이자 중심이 되는 것이 가장 이상적입니다.

"변화를 추진할 때 과제를 이행하는 최선의 방법은 '시험하고', '배우고', '확대하는' 것이다."[139]

스콧 켈러 외, 『차이를 만드는 조직』

조직에서 구성원들은 무엇을 통해서 일을 할까요? 바로 커뮤니케이션입니다. 우리가 출근해서 퇴근할 때까지 수행하는 모든 업무 행위의 기저에는 소통이라는 보이지 않는 흐름이 흐르고 있습니다. 이는 직원들 간에 서로 생각이나 느낌, 정보 등을 주고받는 것으로 주로 대화(대면, 전화)나 글(메일, 문서 등)을 통해 이루어집니다. 우리말로는 의사소통이라고 합니다. 정보가 전달되지 않으면 의사 결정이 멈추고, 감정이 교류되지 않으면 협력의 동력이 사라집니다. 의사소통을 하지 않고 우리가 일을 할 수 있나요? 당연히 없습니다. 혼자서 완결할 수 있는 업무는 조직에 존재하지 않으며, 타인과의 끊임없는 상호 작용만이 성과라는 결과물을 만들어냅니다. 이렇게 조직에서 가장 필수적인 의사소통 능력은 그래서 직업 기초 능력 중의 하나이기도 합니다. 단순히 '말을 잘하는 기술'을 넘어, 상대의 의도를 파악하고 나의 생각을 논리적으로 전달하는 능력은 현대 직장인에게 가장 강력한 무기가 됩니다. 비단 우리가 조직 생활을 위해서뿐만 아니라 인간으로서 기본적인 사회생활을 원활하게 하기 위해 반드시 필요한 기초 활동이자 최소한의 능력이 바로 의사소통, 커뮤니케이션입니다. 소통은 관계의 시작이자 끝이며, 한 개인의 사회적 존재감을 결정짓는 척도이기도 합니다.

그런데 현실 조직에서 커뮤니케이션 문제는 매우 빈번하게 발생하며 때때로 심각한 문제로 확대되기도 합니다. 사소한 오해에서 시작된 불통이 부서 간의 장벽을 만들고, 결국에는 조직 전체의 생산성을 갉아먹는 치명적인 독이 되곤 합니다. 조직에서는 권한과 의무 같은 구조적 요소가 얽혀 있어 소통이 본질적으로 복잡해집니다. 회사 생활을 하며 소통이 안 된다는 말을 여러분은 정말 많이 들어봤을 것입니다. 아마 직장 내에서 가장 많이 들어본 고민이자 불평이 아닐까 싶네요. "우리 팀은 대화가 안 통해", "윗분들은 현장 목소리를 안 들어" 같은 탄식은 어느 조직에서나 들려오는 일상적인 배경음악과도 같습니다.

초등학교 6년, 중고등학교 6년, 그리고 대학교 4년까지 십수 년이 넘는 오랜 세월 동안 우리는 학교에서 국어를 비롯하여 다양한 형태로 의사소통 관련 공부를 하였고 끊임없이 소통하며 생활해왔습니다. 모든 사람들의 삶은 그 자체로 사람과 사람 간 소통의 연속입니다. 우리는 평생을 '소통하는 존재'로 훈련받으며 성장해온 셈입니다.

그런데 왜 이렇게 오랫동안 공부하고 실천해온 소통이 조직에 들어갔을 때에는 많은 문제의 원인이 되어버리며 가볍지 않게 보이는 것일까요? 친구와의 수다나 가족과의 대화에서는 아무런 문제가 없던 사람도, 왜 유독 사무실 책상 앞에만 앉으면 소통의 미로에 갇히게 되는 것일까요?

조직에서 커뮤니케이션은 우리가 학교에서 배운 것과 일상에서 하는 소통과 무엇이 어떻게 다르기에 이토록 심각하고 중요한 문제가 되었는지, 이제부터 그 구조적인 차이와 심리적인 장벽을 포함하여 조직 커뮤니케이션의 주요 이슈에 대해 상세히 살펴보겠습니다.

진실은 어떻게
왜곡되는가

"조직은 형편없을 정도로 진실을 직시하지 못한다. 오히려 현실을 보고 싶은 대로 바라보고 그 기준에 따라 성공과 실패를 판단하는, 훨씬 더 쉬운 길을 택한다. 하지만 내 경험상 성공을 거두고 이를 유지하려면 진실을 직시하는 것이 무엇보다 중요하다."[141]

테리 리히, 『위대한 조직을 만드는 10가지 절대 법칙』

앞서 GE의 잭 웰치 회장은 회사 정보를 가장 늦게 알게 되는 사람이 CEO 자신이라는 사실을 뒤늦게 깨달았다는 이야기를 했습니다. 만약 여러분이 최고경영자라면, 세계적인 경영자였던 잭 웰치보다 우리 회사의 진실을 더 정확히 안다고 자신할 수 있습니까? 그렇다면 당신은 정말 잭 웰치보다 훌륭한 세계 최고 수준의 능력 있는 경영자임이 분명합니다. 조직의 경영진들은 직원들이 어떤 생각을 하고 있고, 실제로 어떻게 일하고 있으며, 고객 일선의 현장이 어떻게 돌아가는지 실체를 정확히 알지 못하는 경우가 의외로 많습니다. 하지만 보통은 잘 알고 있다고 착각하지요.

대부분 우리나라 조직의 형태는 우리가 흔히 알고 있는 수직적 구조의 피라미드 조직입니다. 맨 아래 사원에서부터 대표이사까지 단계가 무척이나 많습니다. 한때는 수평적인 조직을 만든다며 이러한 직급 단계를 축소하는 것이 유행했으나, 우리 문화와 맞지 않아 효과를 보지 못하고 결국 다시 원래대로 돌아간 경우가 많습니다. 중견기업 이상의 규모가 있는 회사에서 직원들이 임원이나 최고경영자와 업무적으로 대화를 나누는 것은 그리 일상적인 일이 아닙니다. 아마 한번도 CEO와 업무적인 대화를 해보지 못하는 경우도 많을 것입니다.

우리나라는 실무자가 아닌 팀장이나 임원이 CEO에게 보고하는 위계적 의사소통이 일반적입니다. 업무 외적으로도 경영진은 주로 자신과 직급이나 나이가 비슷한 사람들을 만나게 됩니다. 자연스레 경영진 수준의 시각으로만 조직을 바라보는 시야를 갖게 된다는 의미입니다. 결국 현장의 일은 중간관리자의 보고를 통해 알게 되는데, 과연 그 보고기 현장의 사실을 100% 그대로 전달하고 있을까요? 똑같은 사건이라도 사람을 거치다 보면 진실이 과장되거나 왜곡되는 경우가 다반사입니다. 악의가 없더라도 전달자의 주관이 섞이기 마련인데, 조직에서는 의도적으로 진실을 왜곡하는 경우도 적지 않다는 점에 문제의 심각성이 있습니다.

MIT 슬론 경영대학원에서 52년간 학생들을 가르쳤던 조직 문화의 대가 에드거 샤인은 『리더의 돕는 법』에서 "새로 부임한 리더에게 실제 관행을 감추는 것은 거의 모든 그룹이 매우 능란하게 해내는 악명 높은 관례다"라고 말했습니다.[142] 조직에서 거짓말은 생각보다 흔하게 있습니다. 거짓말을 하고 속이는 것이 때로는 누군가에게 이득을 제공하기 때문에 절대 없어지지 않습니다.[143] 어떻게 전달되느냐에 따라 인식이 달라지고 결과도 달라집니다. 좋은 직원이 나쁜 직원이 되기도 하고, 능력 있는 직원이 능력 없는 직원이 되기도 합니다. 당연히 반대로도 전달됩니다.

회사에 상당한 영향을 주는 심각한 문제가 별 문제 없다는 듯 보고되어 넘어가기도 하고, 현장에서는 별로 중요하게 생각하지 않는 가벼운 문제인데 호들갑 떨며 매우 중요한 문제로 부각되기도 합니다. 과거에 대기업 비서실의 힘이 막강했던 이유 중의 하나도 바로 CEO와 소통을 매개하는 전달자이기 때문에 그랬습니다.

> "사람들이 거짓말을 하는 이유 중의 하나는 거짓말이 통하기 때문이다. 비록 우리들의 대부분은 거짓말을 알아내는 데 능숙하다고 생각하지만, 연구 결과 그렇지 않은 것으로 나타난다."[144]
>
> 스티븐 로빈스 외, 『조직 행동론』

따라서 조직을 효과적으로 관리하기 위해서는 조직의 실제 모습을 있는 그대로 파악하기 위한 노력을 끊임없이 기울여야 합니다. 훌륭한 리더는 진실을 다루는 문제를 아주 냉혹하고 철두철미하게 대합니다. GE의 잭 웰치를 비롯해 아마존의 제프 베조스 등 세계적 기업의 CEO들은 진실을 가장 중요하게 생각합니다. 아마존의 모든 회의는 진실에 가까워지는 것을 목표로 하며 아무리 불편하고 어떠한 대가를 치르더라도 진실을 찾는 것을 공식으로 합니다. 듣고 싶어 하는 말만 하는 아첨꾼을 곁에 두지 않는 베조스는 사실이 항상 위계질서보다 우위에 있어야 한다고 믿습니다.[145]

타임지가 선정한 세계에서 가장 영향력 있는 100대 인물에 선정된 레이 달리오는 『원칙』에서 "조직을 운영하는 책임 있는 유일한 방법은 진실하고 투명한 것이다. 때문에 직원들이 무슨 일이 벌어지고 있는지 알고 문제를 해결하도록 도울 수 있게 해야 한다"라고 했습니다.[146] 실제로 많은 조직에서는 주요 정보가 특정한 사람들이나 중간관리자들까지만 공유되며, 전 직원들이 어떤 사안에 대해 모두 같은 정보를 투명하게 인지하기가 매우 어렵습니다.

"중간관리자에게 의존해 전 직원에게 메시지를 전하려고 하면 메시지는 절대로 전달되지 않는다."[147]

스콧 에블린, 『무엇이 임원의 성패를 결정하는가』

높은 자리로 올라갈수록 현장의 생생한 정보와는 거리가 멀어질 수밖에 없습니다. 그래서 현명한 리더일수록 현장의 진실을 정확히 파악하기 위한 다양한 수단을 마련해둡니다. 예를 들어 최고경영자가 예고 없이 현장을 방문하여 고객 일선 직원의 이야기를 직접 듣는다든가, 현장에 가서 조용히 관찰한다든가 하는 다양한 방법을 통해 현장을 확인할 필요가 있습니다. 중요한 것은 특정한 사람에게서만 이야기를 듣고 대화를 나눈다면 진실에서 멀어질 가능성이 높다는 것입니다. 특히 새로 부임한 임원이라면 취임 초기에 각별히 주의해야 합니다. 취임 초기에는 그들의 마음을 사고 인상관리를 하고, 때로는 타인에 대한 부정적인 인식을 심기 위해 의도적으로 행동하는 사람도 적지 않습니다. 새로운 조직이 낯설고 상황을 잘 모르는 신임 리더는 이런저런 정보를 제공해주고 이야기해주는 직원이 인간적으로 고맙게 느껴질 수도 있지만, 그 순간 리더는 각별히 주의해야 합니다. 그것이 과연 이야기하는 사람의 주관이 담긴 것인지, 아니면 팩트 그 자체인지 말입니다.

> "환심 사려는 사람이 내밀한 동기를 숨기는 까닭에 과학적 관찰자까지도 진실한 칭찬과 거짓된 칭찬을 제대로 구별하지 못한다."[148]
>
> 리처드 스텐걸, 『아부의 기술』

리더는 항상 직원들을 편견 없이 바라봐야 합니다. 사건도 편견 없이 바라봐야 합니다. 충분한 시간을 두고 직접 경험하고 관찰하는 것이 가장 좋습니다. 인텔의 CEO를 역임한 앤드루 그로브는 『하이 아웃풋 매니지먼트』에서 "정보를 수집하는 데 특별히 효율적인 방법은 회사 내의 특정 장소를 방문하여 그곳에서 어떤 일이 벌어지는지 '관찰'하는 것이다"라고 직접 관찰하는 것을 강조했습니다.[149] 예를 들어, CEO가 불시에 방문하는 것과 사전에 일정을 알고 준비된 현장을 보는 것에는 아주 큰 차이가 발생합니다. 과연 어느 쪽이 실제 현장의 모습에 가깝겠습니까? 또한 직책과 상관없이 다양한 직원들과 가능한 많이 소통해야 합니다. 엔비디아의 젠슨 황은 직원들과 소통하는 데 가장 많은 시간을 쓴다고 합니다. 한독 백진기 대표는 500명의 직원들과 일일이 소통하는 것으로 유명합니다. 같은 사건에 대해서도 중간 간부가 전달하는 시각과 저연차 직원들이 해석하는 시각은 매우 다를 수 있습니다. 해석을 다양하게 할 수 있다는 것은 진실의 복잡성을 고려해야 한다는 의미이기도 합니다.[150]

따라서 리더에게 가장 필요한 태도는 직원들의 주관적 의견이 배제된 구체적인 사건과 팩트, 행동 위주로 먼저 듣는 노력입니다. 필터링되지 않은 정보들을 있는 그대로 취합하여 다음 액션을 위한 주관적 의사 결정을 내리는 것이 바로 경영진의 몫이기 때문입니다. 그런데 만약 정보의 파악과 취합 단계에서부터 개개인의 주관이 섞여 팩트의 정확성이 떨어진다면 어떻게 될까요? 역사적으로 대부분의 실패한 경영자들은 결국 필요한 정보를 제때 충분히 갖지 못한 상태에서 중대한 의사 결정을 내려야만 했습니다.

일단은 사실을 정확히 파악해야 하고, 이를 개인의 의견과 명확히 구분할 수 있어야 합니다. 하지만 정작 현실에서는 진실을 말하는 참모를 가까이하기보다 오히려 내치는 경우도 발생합니다. 진실은 보통 듣기에 불편하기 마련이니까요. 결국 호미로 막을 것을 가래로 막게 되는 일은 조직에서 흔치 않게 일어납니다. 그래서 최고경영자는 빠짐없이 있는 그대로의 현황을 파악하기 위해 최대한의 노력을 기울여야 하며, 정보가 왜곡 없이 흐를 수 있는 시스템을 평소에 만들어두는 것도 매우 중요합니다.

> "경영자는 잡음도 들으면서 그것을 구분해낼 때 비로소 올바른 판단을 내릴 수 있습니다."[151]
>
> 마쓰시타 고노스케, 『경영의 길을 묻다』

2030 부산 엑스포 유치 과정에서도 긍정적인 희망이 가득했지만, 결과는 예상과 달리 참패였습니다. 기대와 현실은 너무도 크게 달랐던 것입니다. 외교적으로 끝까지 결과를 몰랐을 수도 있겠지만, 상황에 대한 정확한 정보가 제대로 보고되지 않았을 가능성도 충분히 있습니다. 분명 누군가는 냉혹한 현실을 인지하고 있었겠지만, 그것을 가감 없이 전달하기 어려운 조직 분위기가 있었을 것입니다. 이런 문제는 대부분의 조직에 만연한 현상이지만, 많은 경영진은 이러한 정보 장벽의 존재를 모르거나 부인하곤 합니다. 넷플릭스의 최고 인재책임자CTO였던 패티 맥코드는 『파워풀』에서 "모든 직원은 극도의 솔직함을 실천해야 한다. 서로 간에는 물론 경영진에게도, 시의 적절하게 만나서 진실을 말해야 한다"라며 진실을 추구하는 쌍방향 소통을

무엇보다 중요시했습니다.[152] HR 부서에 근무하다 보면 직원들의 이런저런 이야기를 듣게 됩니다. 대개 좋은 이야기보다는 안 좋은 이야기를 전하는 경우가 많고, 은근슬쩍 본인이 하고 싶은 이야기를 타인의 입을 빌려 전달하기도 합니다. 저는 누군가 특정 직원에 대해 부정적인 이야기를 전해오면 다음의 세 가지 질문을 던집니다.

- 그 사건을 본인이 직접 듣거나 경험한 것인가?

- 그에 대한 구체적인 증거가 있는가?

- 지금 한 말에 대해 끝까지 책임을 질 수 있는가?

이렇게 물어보면 대부분은 "아니, 그게 아니라…" 하면서 한발 뒤로 물러납니다. 조직에서는 이렇듯 끊임없이 진실게임이 벌어지고 있는 셈이지요. 다산 정약용은 "험담을 들었을 때 그것에 휘둘리지 않고, 함부로 믿지 않으며 끝까지 공정한 태도를 유지하는 사람만이 진정한 신뢰를 받을 자격이 있다"라고 했습니다.[153] 이는 경영자뿐만 아니라 인사 관련 부서장들에게 특히 필요한 덕목입니다.

"뒷담화는 확실히 근거가 없다. 그러나 뒷담화는 매우 중요한 사회적 현상이며, 분명한 목적을 가지고 있다. 뒷담화는 이기적인 동기로 발생하며, 궁극적으로 공동체에 해를 끼친다."[154]

니콜라스 디폰조, 『루머사회』

인재 등용의 고전인 유소의 『인물지』를 완역 해설한 『이한우의 인물지』를 보면, "한 고을 선비들이 모두 기리거나 모두 헐뜯어도 그것을 다 바르다고 할 수 없고, 교유하는 사람들 세 부류(윗사람, 동료, 아랫사람)에 걸쳐 모두 칭찬하지 않더라도 아직은 믿을 것이 못 된다"라고 경고합니다.[155] 여러 사람에게 평판을 듣는다 하더라도 그 자체가 잘못되었을 가능성이 늘 존재하기 때문입니다. 그래서 리더는 끊임없이 진실을 추구해야 합니다. 가장 신뢰할 수 있는 지표는 시간을 두고 직접 관찰했을 때 변함없이 나타나는 그 사람의 일상적인 행동입니다. 사소한 순간에 사람들을 어떻게 대하는지 구체적인 모습을 직접 보아야 합니다. 절대 평판이나 소문을 들리는 그대로 믿어서는 안 됩니다.

"실패한 CEO들의 역사를 살펴보면 공통된 한 가지 주요 원인을 찾을 수 있다. 실패한 리더는 핵심 정보를 완전히 파악하지 못하고 행동했다는 것이다. 대단히 많은 CEO가 자신이 다루는 상황에 관해 부분적이고 불완전하며, 편향되거나 상당히 은폐된 정보와 설명을 제공받는다."[156]

데이비드 푸비니, 『C레벨의 탄생』

조직은 왜
침묵을 만드는가

"조직 내에서 문제 제기가 일상화되려면 심리적 안정감과 함께 문제 제기가 통할 거라는 기대가 제도적으로 뒷받침되어 있어야 한다."[157]

에이미 에드먼슨, 『두려움 없는 조직』

2010년 서울에서 열린 G20 정상회의 당시, 미국 오바마 대통령이 한국 기자들에게 질문권을 주었음에도 아무도 입을 열지 않았던 사건을 기억하시나요? 그날 이후 전 세계적으로 한국인은 '질문하지 않는 사람들'로 인식되기도 했습니다. 흥미로운 점은 우리 초등학교 서학년 교실만 가도 "질문 있는 사람?"이라는 선생님의 말에 아이들이 앞다투어 "저요, 저요!" 하며 손을 든다는 사실입니다. 하지만 나이가 들면서 질문은 서서히 줄어들고, 사회인이 되어 직장에 들어서면 질문하는 사람이 거의 없는 지경에 이릅니다. 오히려 질문하는 이가 튀는 사람 취급을 받는 분위기가 형성되기도 합니다.

잠깐 다른 이야기이지만, 저는 딸아이의 초등학교에서 2년간 학부모위원으로 활동한 적이 있습니다. 한번은 운영위원회 안건 협의 과정에 이견이 있어 의견을 냈는데, 발언권을 얻어 의견을 제시하는 행위 자체에 교사와 학부모들이 당황해하는 모습을 보고 오히려 제가 놀랐습니다. 다들 형식적인 회의와 침묵에 너무나 익숙해져 있었던 것이지요. 우리는 왜 이토록 침묵하게 되었을까요? 학생 시절의 주입식 교육이 원인일 수 있겠지만, 사회에서의 침묵은 대개 리더십과 조직 문화, 시스템의 문제에서 기인합니다.

오래전 팀에 신입 후배 직원이 입사했을 때의 일입니다. 그 직원은 해외에서 오랫동안 생활하여 자신의 의사를 표현하는 데 거침이 없었고 적극적인 모습이 참 보기 좋았습니다. 저는 평소 회의 때 의견 개진을 많이 하는 편이었는데, 그 후배 직원도 잘 따르며 자신만의 의견을 활발하게 내놓곤 했습니다. 그런데 어느 날부턴가 눈에 띄게 발언이 줄어들기 시작했습니다. 주변 동료들 모두가 체감할 수 있을 정도였습니다. 그 이유는 명백했습니다. 후배 직원이 나름의 열정을 담아 의견을 개진해도 실제로 조직에서 변하는 것이 별로 없다는 사실을 단 몇 달 만에 본능 적으로 깨달았던 것이지요. 오히려 자신이 목소리를 높일수록 상사들이 다소 부담스러워한다는 분위기를 읽었을 것이고, 이것이 자신의 사내 이미지에 부정적인 영향을 줄 수 있다는 점도 피부로 느꼈을 것입니다. 결국 그 후배 역시 조직의 지배적인 관성 속으로 동화되어버린 셈입니다.

"우린 본능적으로 권력에 민감하게 반응하고 힘 있는 자의 뜻을 거스르는 행동을 하지 않기 위해서 노력한다. 이러한 행위들은 무의식적으로 이루어진다. 그 결과 대부분의 조직에서는 경영진이 구성원의 피드백을 환영한다고 말하고 부하직원들이 중요한 의견을 낼 만큼 지식이나 경험이 있다고 언급해도 구성원들은 자신에게 불이익이 될지도 모른다고 생각하기 때문에 침묵할 가능성이 많다."[158]

에이미 에드먼슨, 『티밍』

'기업의 의사소통 부재'를 다룬 연구에 따르면, 직장에서 염려되는 문제가 있지만 표현하지 않는 비율이 85%에 달한다고 합니다. 또 다른 연구에서는 93%가 문제가 있다고 말하지 못하거나 말하려 하지 않은 이유로 조직이 위기에 빠지거나 위험을 경험한 바 있다고 합니다.[159] 굉장히 높은 수치입니다. 놀랍지 않나요? 문제가 있어도 그 문제를 말하지 못하는 조직에서 살고 있는 것이 오늘날 대부분 조직의 현실입니다. 직원들이 침묵하는 이유는 여러 가지가 있습니다.

첫째, 의견을 말해도 윗사람이 관심을 가지고 경청하지 않기 때문입니다. 보통 팀장이나 부장급 중간 간부들은 후배 직원의 말보다는 상사인 임원의 말에 더 비중을 두고 귀 기울이기 마련입니다. 스탠퍼드대학교 교수 로버트 새폴스키는 『행동』에서 "우리는 지배적 위치의 사람들이 무슨 생각을 하고 있는지에 관심이 더 많은 것이다"라고 했습니다.[160] 내 말을 주의 깊게 경청하는지, 그렇지 않은지는 사람이라면 누구나 본능적으로 알게 됩니다. 사장님이나 본부장님이 이야기할 때에는 팀장이 집중해서 들으며 수첩에 열심히 메모하는 것은 너무도 자연스럽습니다. 그런데 혹시 팀원이 이야기하는데 팀장이 메모하면서 열심히 듣는 것을 목격한 적이 있나요? 그만큼 현재 피라미드식 수직적 계층 구조에서 특히 팀장급 중간관리자들은 아래 직원들을 바라보는 것이 아니라 임원인 상사만 바라보고 있는 경우가 많습니다. 그만큼 직원들의 의견을 크게 신경 쓰지 않는다는 말입니다.

둘째, 설령 주의 깊게 들어준다고 한들 그에 대한 어떤 행동이나 조치가 뒤따르지 않을 것이라고 생각하기 때문입니다. 즉 말해봤자 결국에는 변하는 것이 없을 것이라 예상하기 때문입니다. 냉소적으로 변하게 되는 것이죠. 윗사람들은 어려운 점이 있으면 허심탄회하게 이야기해보라고 하지만, 막상 이야기를 하면 이런저런 핑계를 대며 실질적인 도움을 주는 경우는 생각보다 많지 않습니다. 정작 이야기를 정성스레 들어주는 상사가 있다고 한들 그 상사가 어떤 조치를 해줄 수 있는 권한이 있는 위치에 있지 않다면 마찬가지입니다. 고민해서 말을 꺼냈지만 아무런 조치가 뒤따르지 않으면 과연 누가 용기 내어 말할까요? 물론 그것을 실행에 옮기기 위해서는 여러 얽혀 있는 이해관계 등 복잡한 문제를 하나씩 해결해나가야 하는 난관이 있을 수도 있습니다. 이해합니다. 하지만 원래 리더와 조직의 기능은 그런 것을 해결하기 위해 존재하는 것입니다.

침묵하는 이유, 셋째는 괜히 의견을 말했다가 오히려 부정적인 이미지만 더해질 가능성이 높기 때문입니다. "가만있으면 중간은 간다"라는 말이 있습니다. 우리나라는 특히 튀는 사람을 좋아하지 않지요.

만약 그 조직이 규모가 있고 역사가 수십 년 이상 되어 보수적이고 관료적인 조직이라면 그럴 가능성이 더욱 높습니다. 의견을 내거나 질문했을 때 경청하고 적극 호응하며 해결책을 함께 모색해 실질적인 변화와 개선을 이끌어내야 합니다. 하지만 현실은 그 반대입니다. 괜히 튄다느니, 뭘 그런 것 가지고 예민하게 그러냐는 등 어떻게든 부정적인 이미지만 남게 됩니다. 나아가 솔직한 의견이 불리하게 악용되어 보복이나 처벌에 대한 두려움까지도 생길 수 있습니다. 그래서 조직 경쟁력에 악영향을 줄 수 있는 상당히 심각한 문제가 발생하거나 이를 인지해도 대부분 직원들은 보통 별다른 반응을 보이지 않으려고 노력합니다. 권위주의적 리더에게 그의 기분을 건드릴 만한 부정적인 조직 현실을 있는 그대로 말할 수 있는 용기 있는 사람은 별로 없습니다. 불쾌한 사실을 알려준 직원에게 감사하다고 말하는 관리자가 있나면 그 사람은 정말 대단한 리더인 것입니다.

"조직 침묵organizational silence 현상에 대한 연구를 보면 대부분 간부들은 절대로 입 밖으로 내지 않는 정보, 이슈, 걱정거리를 가지고 있다고 한다. 침묵하는 이유는 응징을 받지 않을까 하는 두려움이나 자기가 아무리 떠들어봤자 아무런 변화도 없을 것이라는 절망감 때문이다."[161]

마가릿 헤퍼넌, 『경쟁의 배신』

침묵하지 않고 자신의 의견을 과감하게 말한다는 것은 여러 가지 의미를 담고 있습니다. 말을 한다는 것은 그 어떤 사안에 대해 본인이 관심을 가지고 어느 정도는 애정도 있다는 뜻입니다. 무관심하고 의지가 없다면 말을 꺼내지도 않겠지요. 그래서 좀 꺼려져도 이야기를 꺼내서 개선해보려는 사람은 조직에 대한 열정과 애정을 갖고 있는 것입니다. 비난과 공격도 어느 정도 감수하겠다는 굳은 마음이 있는 것입니다. 문제점을 끄집어내고 반대 의견을 말하는 것은 사람에 대한 관심과 조직에 대한 애사심이 있기에 하는 것입니다.

또한 나름대로의 전문성을 갖춘 경우도 해당될 것입니다. 아는 만큼 보인다고 전문성을 많이 갖춘 만큼 문제점과 개선 방안도 더 많이 보이게 마련입니다. 전문성 없이 그냥 수동적으로 시키는 일만 하고 있는 사람에게 개선해야 할 점이나 문제점은 눈에 잘 띄지 않습니다. 아예 보이지가 않습니다. 문제이지만 잘 드러나지 않는 문제를 발견해 문제로 인식시키는 것도 뛰어난 능력입니다. 전문성을 가진 전문가만이 할 수 있는 것이 바로 문제의 발견과 정의입니다.[162] AI 시대에 가장 중요한 역량으로 손꼽히는 능력입니다. 그래서 과감히 나서 문제를 제기하고 의견을 개진하는 구성원을 리더와 조직은 인정해주고 보호해야 합니다. 그들의 목소리에 진심으로 귀 기울여야 합니다. 그러지 못해 몰락한 조직이 역사적으로 너무도 많습니다.

"직원들이 문제를 지적하면 변화를 가져올 수 있다는 것을 알게 되면서 이전에는 볼 수 없었던 자금 누수를 발견하게 될 수 있다. 문제를 인식하기 시작하면 기존의 기업 관행에 얽매여 눈을 가리고 있는 회사에서는 상상조차 할 수 없는 기회를 얻게 될 것이다."[163]

이본 쉬나드 외, 『파타고니아 인사이드』

직원들이 자신의 의견을 적극적으로 개진하지 않는다는 생각이 든다면, 말하지 않는 직원을 탓하기에 앞서 리더십과 조직 문화를 돌아봐야 합니다. 자유롭게 의견을 말할 수 있는 환경과 시스템을 만드는 데 더욱 노력해야 하는 것이지요. 권위주의, 형식주의, 관료주의 등 한국 조직 특유의 부정적인 특징으로 인한 '조직 침묵'은 오늘날 우리 조직에서 매우 흔한 현상이며, 결국 생산성을 떨어뜨리는 주범이 되고 있습니다. 사실 문제없는 조직은 없습니다. 진짜 문제는 문제를 감추고 축소하며, 부인하고 차단하는 태도입니다. 문제를 알면서도 직원들이 침묵한다면 결국 조직은 몰락의 길을 걷게 됩니다.

당연히 생산성도 좋아질 리 없습니다. 문제를 빨리 발견해 해결할수록 비용이 적게 든다는 것은 비즈니스의 상식입니다. 문제가 있어도 눈치 보느라 말하지 못하는 것은 관료주의의 전형이며, 이러한 토양에서는 절대로 창의와 혁신이 생겨날 수 없습니다. 다시 말해 문제 자체가 문제가 아니라, 문제가 있어도 문제라고 말할 수 없는 분위기가 진짜 문제입니다. 최근 서울을 비롯해 전국적으로 싱크홀이 종종 발생합니다. 그런데 그때마다 들려오는 뉴스를 보면 사전에 어떤 식으로든 징조가 있었으나 이를 무시하고 방치했다는 사실이 드러납니다. 우리 사회의 큰 사건 사고들을 가만히 살펴보면 대부분 사전 조짐이 있었습니다.

그래서 선진 기업들은 '레드팀Red Team'을 만들어 반대 의견을 제시하는 역할을 아예 의무적으로 부과하기도 합니다. 현존하는 세계 최고의 경영전략가로 불리는 런던비즈니스스쿨 교수 게리 해멀은 『지금 중요한 것은 무엇인가』에서 "직원들이 반대 의견을 자유로이 내도록 권장하는 조직이야말로 변화에 가장 잘 적응하고 끝까지 생존한다"라며 반대 의견의 중요성을 강조했습니다.[164]

비리를 저질러 회사에 피해를 주거나 부적절한 행동으로 동료들을 힘들게 하는 행위가 반복되는 이유 역시 주변의 다수가 침묵하고 있기 때문입니다. 일하지 않는 직원이 있다면 그것을 방치하는 리더와 동조하는 동료, 그리고 침묵하는 또 다른 동료가 있기에 가능한 일입니다. 결코 혼자서 할 수 있는 일이 아닙니다. 조직 내에 존재하는 이러한 침묵과 방관의 카르텔이 문제를 키우는 것입니다.

하루 종일 업무는 뒷전인 채 억대 연봉을 받는 어느 중간관리자가 있었습니다. 그는 젊은 계약직 직원에게 모든 일을 떠맡겨두고 본인은 유튜브를 보며 조용한 사무실에서 가끔 웃음소리까지 흘렸습니다. 고객들의 불만도 이미 극에 달한 상태였지요. 하지만 그가 오랜 세월 그렇게 일하지 않고도 버틸 수 있었던 데에는 다 이유가 있었습니다. 그것을 방치하는 상사와 동조하는 동료, 그리고 참기만 하는 부하직원들이 있었기 때문입니다. 만약 상사가 제대로 관리하거나 동료들이 문제 제기를 했다면 무엇이라도 달라졌을 것입니다. 과거에는 신문이나 잡지를 보며 장시간 자리를 비우는 이들이 있었다면, 요즘에는 사무실 안쪽 벽을 등진 안전한 자리에서 유튜브나 스포츠 경기를 시청하며 커피를 마시는 이들이 분명히 존재할 것입니다. 정말 여러분의 회사는 그렇게 다녀도 괜찮은 곳입니까?

"상사의 독재에 공모하는 부하직원이 없는 한 독재하는 상사는 없고, 부하직원의 아부에 공모하는 상사가 없는 한 아부하는 부하직원도 없다. 쉽게 말해서 자멸하는 조직의 각 구성원은 의식적으로나 무의식적으로 동료, 상사, 부하직원과 공모하여 위험을 만들어낸다."[165]

제리 하비, 『왜 아무도 NO라고 말하지 않는가?』

메타Meta의 마크 저커버그와 아마존Amazon의 제프 베조스의 공통점은 새로운 아이디이나 다소 어설픈 아이디어에도 항상 마음을 열어 놓았다는 점입니다. 최고의 조직은 당면한 가장 복잡한 문제를 수면 위로 드러내놓고 논의할 수 있어야 합니다.[166]

제가 마케팅팀에서 근무할 때, 사장님의 지인이 코엑스 회의실 이용 중 불편함을 느껴 사장님께 직접 컴플레인을 한 적이 있었습니다. 사장님께서는 직원들에게 무엇이 문제인지 물으셨고, 이에 본부장님이 마케팅팀 직원들을 소집했습니다. 그런데 회의 주제를 '근무 환경' 중심으로 한정하여 소집하는 바람에, 직원들은 "휴게 공간이 필요하다", "안마 의자가 필요하다"라는 식의 지엽적인 의견만 늘어놓았습니다. 한두 사람이 그런 방향으로 말하기 시작하니 다른 직원들도 휩쓸린 것이지요. 저는 마지막까지 메모하며 기다리다 상사의 권유에 이렇게 대답했습니다. "만약 고객이 우리 회의실을 이용하며 불편을 느꼈다면, 우선 담당자와의 전화 연결이 원활하지 않았거나, 원하는 날짜에 장소가 없었을 수 있습니다. 장소가 있더라도 예약과 계약 절차가 복잡했을 수도 있고, 행사 중 현장 지원이 부족했거나 각종 제한 사항이 많았을 수도 있습니다. 이처럼 단계별로 발생할 수 있는 불편한 점은 모두 다를 것이며, 그에 따른 해결책도 다각도로 접근하여 종합적으로 대처해야 합니다."

본부장님이 주재한 회의 분위기는 어떻게 되었을까요? 당황한 상사는 "맞는 말이긴 한데, 일단 오늘은 업무 환경에 대해서 먼저 이야기해보자"라며 논의를 이어갔습니다. 그 자리에 있던 다른 직원들은 무엇을 느꼈을까요? 결국 자신의 소신은 묻어둔 채 다수 집단의 논리에 순응하는 경험으로 이어질 수도 있습니다.

> "우리가 아마존을 배워야 하는 이유는 문제를 문제라 인식하고 회피하지 않았다는 점과 문제를 해결하기 위해 회사의 자원을 집중시켰다는 점, 그리고 해결책을 조직 문화 일부로 정립시키는 데 주력했다는 점이다."[167]
>
> 콜린 브라이어 외, 『순서 파괴』

갈등은 소모인가,
자산인가

"갈등이 없는 집단이란 일을 완벽하게 해내어 아무것도 개선할 것이 없기 때문일 수도 있지만, 그보다는 그 집단의 생활이 무료하고 구성원들이 몰입을 하지 않기 때문일 가능성이 더 높다. 그러므로 갈등이 죄인이 아니다. 문제가 되게 만드는 것은 집단에서 불가피하게 일어나는 갈등을 잘못 관리하는 것이다."[168]

도널슨 포사이스, 『집단 역학』

관리자들은 많은 시간을 구성원들의 갈등을 해소하기 위해 사용합니다. 아니, 마땅히 사용해야만 합니다. 갈등을 건설적으로 관리하는 것 또한 리더의 핵심적인 역할이기 때문입니다. 조직에서 갈등이 생기는 원인은 명확합니다. 사람마다 생각이 다르고 가용한 자원은 한정되어 있기 때문입니다. 문제에 대한 시각도, 추구하는 목표나 방법도, 일을 추진하고 해결하는 견해도 저마다 다릅니다. 성향과 가치관, 소통 스타일의 차이 역시 갈등의 씨앗이 됩니다. 이러한 관계 갈등을 비롯하여 제도의 불공정함, 불명확한 업무 프로세스, 불평등한 업무 분장 등에서 비롯되는 구조적 업무 갈등과 역할 갈등은 경영학 교과서에 나오는 고전적인 이슈들입니다.

모든 사람이 최상위 평가를 받을 수 없고, 모두가 제때 승진할 수도 없는 것이 조직의 생리입니다. 결국 한정된 자원을 두고 내부 경쟁을 벌일 수밖에 없습니다. 과거에는 묵인되었던 조직 내 이슈들이 최근 들어 갈등으로 불거지는 경우도 많아졌습니다. 예전에는 억울해도 참는 것이 자연스럽게 받아들여졌지만, 이제는 사회적 분위기가 완전히 달라졌습니다. 40~50대 직원이 "뭘 그런 것까지 문제 삼느냐"라며 넘길 수 있는 일도, 20대 직원은 "불합리하다"라며 당당히 문제를 제기하는 시대가 되었습니다. 이를 단순히 세대 갈등으로 치부하며 비난해서는 안 됩니다. 조직은 이러한 시대적 변화를 읽고 기준이 달라졌음을 명확히 인식하여 그에 맞게 대응해나가야 합니다.

예를 들어 구성원에게 거친 말을 내뱉는 관리자의 경우를 봅시다. 업무적 잘못은 업무적으로만 지적하면 깔끔합니다. 하지만 선을 넘어 인신공격을 가하는 행태는 과거엔 낯설지 않았을지 몰라도 지금은 용납되지 않습니다. 이젠 직장 내 괴롭힘의 경계에 있는 애매한 상황들까지도 다시 점검해야 하는 시대가 되었습니다. 문제가 폭발하기 전에 회사가 먼저 관심을 두고 체계적으로 관리해야 하는 이유입니다.

"갈등이 수면 아래 가라앉기보다 세상에 드러나고 있는 현상은 우리 사회가 그만큼 선진화하고 있음을 방증한다."[169]

최재천, 『숙론』

업무 갈등의 대표 격은 단연 업무 분장 갈등입니다. 최근에는 일을 더 적게 하기 위해 경쟁 아닌 경쟁을 벌이기도 합니다. 직장을 그만두지는 않으면서 최소한의 업무만 수행하는 '조용한 퇴사Quiet Quitting'라는 말이 유행할 정도입니다. 부서 간에는 업무를 떠넘기려 갈등하고, 팀 내에서는 서로 더 적게 일하기 위해 팀장과 팀원 간, 혹은 팀원들 사이에 미묘한 신경전이 벌어집니다.

왜 구성원들은 일을 더 적게 하려고 갈등할까요? 여러 원인이 있겠지만, 우선 해당 업무의 가치나 중요도가 낮아 보이기 때문일 수 있습니다. 누구도 맡으려 하지 않는 허드렛일이라 생각한다면 당연히 기피하게 됩니다. 그래서 사람들은 수월하면서도 돋보이는 업무를 차지하기 위해 팀 안팎에서 정치와 분쟁을 서슴지 않게 되는 것입니다.

하지만 조직 내에서 정말 중요하지 않은 일이란 거의 없습니다. 하찮아 보이는 기초적인 업무들이 밑바탕이 되어야 크고 중요한 일들이 원활하게 흘러갈 수 있습니다. 조직의 모든 업무는 톱니바퀴처럼 유기적으로 맞물려 돌아가기 때문입니다. 따라서 업무 분장 갈등이 생길 때는 해당 업무의 가치를 재정립해야 합니다. 리더는 가치가 상대적으로 낮아 보이는 업무를 맡은 직원을 더욱 격려하고 인센티브를 부여하는 등 갈등 관리 리더십을 발휘해야 합니다.

팀장 리더십의 출발은 합리적이고 공평한 업무 분장이라 해도 과언이 아닙니다. 실제로 가장 나쁜 상사는 '업무 배분을 못 하는 상사'라는 조사 결과도 있습니다. 조직 내 수많은 갈등이 바로 '역할과 책임

Roles & Responsibility'에서 비롯됩니다. "내가 왜 이 일을 해야 하나", "우리 팀이 왜 이걸 맡았나" 하는 의구심 말입니다. 리더는 업무 간 연관성, 효율성, 구성원의 역량과 직급, 전체 업무량 등을 세심하게 고려하여 조율해야 합니다. 특정인에게 일이 몰려 야근이 반복된다면 즉시 재조정해야 하며, 하고 싶은 일만 하려는 구성원은 적극적으로 관리해야 합니다. 조직은 공적인 일터이지, 동호회가 아닙니다. 사적인 친분으로 편한 업무만 배정한다면 다른 팀원들은 금세 그 불공정함을 알아챕니다. 리더는 누가 어떤 일을 왜 담당하는지 그 이유를 분명히 설명할 수 있어야 합니다. 그래야 협업과 시너지가 생깁니다. 업무 분장 갈등 역시 리더의 역량에 따라 충분히 개선 가능한 문제입니다.

또한 일을 많이 하든, 적게 하든 평가와 보상에 차이가 없다면 누구라도 일을 줄이려 할 것입니다. 인사 제도가 제대로 작동하지 않기 때문입니다. 열심히 한 사람이 고생만 하고, 오히려 일을 적게 한 사람이 좋은 평가를 받아 승진하는 일이 허다하다면 구성원이 열심히 할 하등의 이유가 없습니다. 결국 리더와 조직이 방관함으로써 이러한 냉소적인 분위기를 조장하는 셈입니다.

조직 내 갈등은 대개 각자의 역할을 다하지 않거나 권한 밖의 일을 행세하려 할 때 발생합니다. 그래서 역할과 책임의 문제가 핵심입니다. 이는 세대나 관계의 문제 이전에 본질적인 업무 시스템의 문제입니다. 팀장은 팀원의 갈등을 조절하고 협업을 이끌어내야 하며, 임원은 부서 간 갈등을 조율해 사업의 성공을 견인해야 합니다. 리더가 이러한 건설적인 갈등을 회피하면 구성원들은 더 이상 자기주장을 하지 않고 협조도 거부하게 됩니다. 갈등이 전혀 없는 조직은 오히려 더 위험한 상태일 수 있습니다.

크리스티안 폰 셰브 외, 『집단 정서의 재발견』

어떤 갈등이 발생했을 때 이를 단순히 '사람이 맞지 않아서' 생기는 개인 간 소통의 문제로 단정 지어서는 안 됩니다. 좋은 게 좋다는 식으로 두루뭉술하게 넘어가면 개선의 기회를 놓치게 됩니다. 특정 부서나 개인에게 책임을 전가해 희생양을 만드는 행태는 그 순간만 모면하려는 얄팍한 술책에 불과합니다. 빌 게이츠가 "인생 책"이라고 추천한 통계학 분야의 세계적 권위자 한스 로슬링은 『팩트풀니스』에서 개인을 나쁜 사람으로 지목해 비난하기보다 시스템의 복잡한 원인을 분석해야 한다고 강조했습니다.[171] 문제가 반복된다면 그것은 구조와 시스템에 결함이 있다는 분명한 메시지입니다. 갈등의 원인은 관계 갈등, 업무 갈등, 역할 갈등 등으로 명확히 구분되는 것이 아니며 복합적으로 연계되어 있는 경우도 많습니다. 시간이 지나면 모두 해결될 것이라는 막연한 태도는 조직의 효율성을 떨어뜨리고 유능한 인재를 떠나게 만들 뿐입니다.

대부분의 사람은 갈등을 싫어하며 관계가 껄끄러워지는 것을 피하려 합니다.[172] 그래서 직접적인 피해가 없는 한 갈등을 수면 위로 끌어올리지 않습니다. 역설적으로 갈등이 표면화되었다는 것은 이미 문제가 심각한 수준에 이르렀다는 뜻이기도 합니다. 리더는 관계의 혼란을 관리하는 사람입니다. 갈등을 외면하고 싫은 소리를 꺼리는 리더는 자격 상실입니다. 갈등을 적극적으로 해결하기보다 방치하거나 심지어 조장하는 리더가 있다면 즉시 자격을 박탈해야 합니다.

또한 조직은 불편한 진실을 제기한 직원을 애물단지 취급해서는 안 됩니다. 구체적인 협업 공식과 기준을 정립하여 불필요한 갈등은 줄이고, 성장을 위한 촉매제로 갈등을 활용해야 합니다.

"불성실한 상사가 이끄는 팀에서 무임승차는 패널티를 받지 않고 전염병처럼 번진다. 무임승차자가 다른 팀원들과 갈등을 일으키고 결국 팀에서 퇴출당할 거라고 생각한다면, 오산이다. 무임승차자 가운데 어떤 형태로든 대인 갈등을 겪은 비율은 7.8 퍼센트에 지나지 않았다. 대체로 그들은 팀원들과 그저 잘 지냈다. 심지어, 친하게 지냈다."[173]

테사 웨스트, 『사무실의 도른자들』

건전한 갈등은 다양한 관점을 고려해 올바른 판단을 내리는 데 유용합니다. 조직의 타성과 무기력을 이겨내고 변화를 유도하는 동력이 되기도 합니다. 따라서 갈등 관리는 해로운 갈등을 해소하는 것뿐만 아니라, 적절한 수준의 유익한 갈등을 용인하고 권장하는 것까지 포함해야 합니다. 갈등이 적정 수준일 때 조직의 성과는 오히려 높아집니다. 펜실베니아 주립대학 교수 주디스 콜브는 『소그룹 퍼실리테이션』에서 '갈등 해결을 위한 10가지 기본 규칙'을 다음과 같이 제시했습니다.[174]

- 문제에 초점 맞추기

- 공동의 이익을 정의하기

- 가능한 모든 관점에서 열린 토론을 장려하기

- 판단하지 않는 묘사적 언어를 사용하기

- 사람이 아닌 아이디어를 비판하기

- 아이니어나 사람을 무시하는 비언어적 커뮤니케이션 피하기

- 사실과 의견을 분리하기

- 모든 정보를 검증하기

- 같은 단어나 용어를 다른 의미로 사용하지 않기

- 입장이 아닌 이익에 초점을 맞추기

또한 컬럼비아대학교 교수 피터 콜먼은 '갈등을 헤쳐나가기 위한 리더의 네 가지 핵심 역량'으로 개인적인 반응을 인식하고 관리해 침착함을 유지할 수 있는 자기인식과 자기조절 능력, 그리고 경청과 균

형, 편향성 체크 등을 통한 사회적 갈등 해결 기술, 다양한 유형의 갈등에 맞게 전략을 조정하고 문화적 뉘앙스에 따라 언제 개입하고 물러서고 조정해야 하는지를 아는 상황 적응력, 큰 그림을 그리고 복잡성을 수용하며 과거의 성공과 실패를 배워 뿌리 깊은 갈등을 해결할 수 있는 체계적인 지혜 등을 제시했습니다.[175] 이러한 역량을 바탕으로 갈등을 정면으로 마주할 때, 조직은 비로소 건강하게 성장할 수 있습니다.

소통 실패는 왜
경영 실패로 이어지는가

"조직구성원들은 흔히 자신을 불리한 위치에 처하게 할 이슈나 문제들을 모호하게 비껴가거나 아예 덮어버리고 사람들의 관심을 다른 데로 돌려버리는 방법을 찾아낸다. 근저에 깔려 있는 문제들을 무시해버리거나 보고하지 않으며, 나쁜 소식을 뒤로 미루거나 그 정도를 희석하기도 하면서, 상사에게 상황에 대한 장밋빛 전망이나 그들이 듣기 좋아할 만한 사항만을 골라 보고하는 형태를 취한다."[176]

가레스 모건, 『조직 이론』

경영자들은 자신의 조직에서 의사소통이 실제보다 잘 이루어지고 있다고 믿는 경향이 있습니다. 하지만 정작 관리자들이 실패하는 주요 원인은 의사소통에서 비롯되는 경우가 가장 많습니다. 조직에서의 개인은 구성원 간의 상호 작용 속에서 업무를 추진해나갑니다. 커뮤니케이션이란 정보와 의미를 언어 혹은 비언어적 수단을 통해 전달하고 해석하는 과정입니다.

조직에서 의사소통이라는 수단을 통하지 않고는 일을 해나갈 수 없습니다. 커뮤니케이션은 동태적이며 상호교환적인 과정입니다. 이를 통해 구성원들을 동기 부여 할 수도 있지만, 반대로 불통 조직이 되어 조직을 숨 막히게 할 수도 있습니다. 의사소통은 전달자나 수신 자의 능력, 의도, 가치관, 관점의 차이로 인해 쉽게 왜곡될 수 있습니 다. 특히 우리나라에서 조직 커뮤니케이션 수준이 낮은 원인은 주로 권위적인 경영 스타일과 관련이 깊습니다. 소통이 주로 하향적으로만 이루어지다 보니, 그 과정에서 경영진의 지시나 의견이 일선 직원들 에게 온전하게 전달되지 않는 경우가 많습니다.

소통은 단순히 메시지를 전달하는 것만이 아니라, 듣는 사람이 그 것을 어떻게 해석하고 받아들이는지에 관심을 갖는 일까지 포함해야 합니다. 직원들의 의견이나 현장의 생생한 정보가 경영진에게 제대로 전달되지 않는 경우도 비일비재합니다. 이러한 비효율적 의사소통 관 행은 사소해 보이지만, 누적되면 큰 스트레스를 주는 '미세 스트레스' 의 가장 큰 원인이 됩니다.[177] 조직에서 소통의 핵심 가교 역할을 해야 하는 팀장 등 중간관리자의 경우, 상급자와의 소통에 비해서 팀원들 과의 소통은 형편없는 경우가 많으며 의도적으로 상하 소통을 단절시 키는 경우도 적지 않습니다. 계층이 많을수록 정보를 의도적으로 왜 곡할 기회는 더 많이 존재하기 때문입니다.[178]

임원들은 직원들이 어떻게 일하고 무슨 생각을 하는지 잘 알지 못 하며, 직원들은 우리 조직에서 도대체 무슨 일이 일어나고 있는지를 알지 못합니다. 리더가 특정 계층의 직원들만 주로 상대하는 경우 이 런 일이 자주 발생합니다. 어느 본부장이 본부 내 몇몇 팀장들과만 점심을 먹고 술자리를 함께하며 개인적으로 친한 이들만 상대하는 경우처럼 말이지요. 주말에 임원과 팀장이 골프라도 친다면 많은 대화가 오가게 됩니다. 그러는 와중에 왜곡된 정보가 흐르고 의도된 인상관리가 은연중에 자리를 잡습니다.

리더는 자신의 눈과 귀가 멀어지고 있는 것은 아닌지 끊임없이 살펴봐야 하며, 구성원들과의 관계에 격차가 생기지는 않았는지 세심하게 헤아려볼 수 있어야 합니다.

> "스탠퍼드대 프랭크 플린이 3천 건이 넘는 리더십 평가지를 분석한 결과 리더들이 과도한 의사소통으로 비판받는 경우보다 부족한 의사소통으로 비판받는 경우가 10배 더 많았다."[179]
>
> 《하버드비즈니스리뷰》

조직 내 효율적인 의사소통을 위해서 다음과 같은 제도적 장치를 시행해볼 수 있습니다.

첫째, 핫라인의 설치입니다. 우리나라 조직에서는 직원들이 경영진과 직접 소통할 기회가 상당히 제한적입니다. 관리자들은 위계질서에 따라 단계별로 소통이 진행되기를 바랍니다. 의사소통마저 결재 순서처럼 이루어지기를 요구받다 보니 원활한 소통이 어렵습니다. 관계와 위계를 중시하는 조직이라면 단계를 건너뛰는 소통을 원치 않기 때문입니다.

저 역시 경영진과 오랫동안 준비해오던 일을, 해가 바뀌어 새로 부임한 중간관리자에게 먼저 보고하지 않고 경영진과 직접 소통했다는 이유만으로 애를 먹은 적이 있습니다. 기본적인 위계 절차도 중요하겠지만, 무엇이든 과하면 독이 됩니다. 중요한 것은 조직 내 소통이 자연스러워야 하며 누구와도 편하게 이야기할 수 있어야 한다는 점입니다. 무조건 직속 상사의 허락을 구해야 하는 관습은 시대에 어울리지 않습니다. 소통 창구를 독점하려는 행태는 낮은 자존감이나 열등감에서 기인할 수 있습니다. 정보를 독점하고 획일적인 구조만 고집하는 것은 불통 조직의 전형적인 특징입니다. 일선 직원이 경영진을 포함해 회사의 누구와도 직접 소통할 수 있는 수단이 마련되어야 하고, 그것이 실제로 활발하게 작동해야 합니다. 한독의 백진기 대표가 500명 전 직원과 1대 1 대화를 하는 사례처럼, 경영진의 의지와 진심만 있다면 이는 얼마든지 가능한 일입니다.

둘째, 구성원의 의견이 공식적으로 취합되고 조치되어야 합니다. 면담뿐만 아니라 공식 통로를 통해 끊임없이 의견을 수렴하고, 그 처리 결과를 투명하게 공개하는 과정이 지속되어야 합니다. 당장 해결하기 어려운 사안이라도 그 이유와 향후 계획을 상세히 공유하는 공식적인 소통 그 자체가 직원들에게는 깊은 신뢰를 심어줍니다. 공식 커뮤니케이션 채널이 작동하지 않으면 조직원들은 노동조합을 찾거나 외부 전문가를 찾아 문제를 상의하게 됩니다. 따라서 사내 의사소통 채널이 정상적으로 가동되는 것이 무엇보다 중요합니다. 비공식 커뮤니케이션이 활성화되어 정보가 왜곡되는 것을 막아야 하기 때문입니다.

언젠가 외부 회의에서 한 경영진이 "요즘 직원들은 툭하면 노동조합을 찾아간다"라며 불평하는 것을 들었습니다. 저는 이렇게 답했습니다. "그 직원은 아마 일차적으로 선배와 상의했을 것이고, 다음으로 팀장님을 찾았을 것이며, 그래도 해결되지 않아 인사팀의 문을 두드렸을 것입니다. 거기서마저 도움을 받지 못해 마지막으로 선택한 곳이 노동조합이었을 겁니다." 그 과정에서 단 한 명이라도 직원의 고충을 이해하고 해결하려는 진심을 보였다면 굳이 외부 채널을 찾지 않았을 것이라는 제 말에 현장은 숙연해졌습니다.

셋째, 주니어보드 등 다양한 제안 제도를 활성화해야 합니다. 익명을 보장하더라도 직원들의 솔직한 생각을 직접 듣는 노력이 필요합니다. 중간관리자라는 필터를 통해서만 의견을 듣는다면 그 소통은 반드시 실패합니다. 의사소통 체계는 단순해야 진실이 가려지시 않습니다. 필요에 따라 TF를 구성해 의견을 취합할 수도 있지만, 이때 주의할 점이 있습니다. 그 TF 안에 직원들의 의견을 무시하거나 차단하려는 관료적인 관리자가 포함되어 있다면 프로젝트는 실패할 가능성이 매우 높습니다. 혁신적인 취지로 시작한 제도마저 내부 정치와 냉소주의로 인해 제 기능을 잃게 되면, 직원들은 변화를 기대하기보다 피해를 최소화하는 데 에너지를 낭비하게 됩니다.

"진짜 문제는 상향으로의 정보 전달이 되지 않기 때문에 임원진이 낮은 직급에 있는 직원들의 불만 사항을 확인할 수 없다는 데 있다. 이러한 체계에서는 중간관리자가 직원들의 의견 가운데 못마땅한 부분은 제거하거나 차단하는 일에 익숙해지게 된다."[180]

로더릭 그레이, 『지속적인 성공의 핵심 조직풍토 개혁』

의사 결정은 구조의
산물이다

"의사 결정은 단순히 의사 결정 행위 자체만을 의미하지 않는다. 효과적인 의사 결정의 '환경'과 '프로세스'를 조성하는 것을 의미한다. 결론적으로 '의사 결정을 구조화'하는 것이다."[181]

마크 허윗 외, 『완벽한 팀』

의사 결정이란 문제를 정의하고 해결 가능한 대안을 탐색한 후, 그중 최적의 안을 선택하는 과정이라 할 수 있습니다. 이 단계를 구체적으로 살펴보면 다음과 같습니다.

- 변화 감지: 조직 내외부 환경을 관찰하여 정보를 수집한다.

- 문제 정의: 발생한 의사 결정 문제를 규정하고 그 영향력을 분석한다.

- 목표 구체화: 문제를 해결하여 도달하고자 하는 목표를 설정한다.

- 원인 진단: 문제의 근본적인 원인을 구체적으로 파악한다.

- 대안 개발: 문제를 해결하기 위한 여러 가지 방안을 마련한다.

- 대안 평가: 각 대안의 장단점을 따져보고 실행 결과를 예측한다.

- **최적안 선택:** 가장 효과적인 대안을 최종적으로 결정한다.

- **실행:** 선택된 대안을 실제 행동에 옮긴다.

특히 조직에서의 의사 결정은 매우 정교하고 복잡한 과정이 요구되며, 구성원들의 행동에 지대한 영향을 미칩니다. 의사 결정은 기업 가치를 제고하는 핵심이며, 누가 결정권을 갖느냐는 조직 내 권력의 소재를 명확히 보여줍니다. 권위주의가 지배적인 조직일수록 의사 결정은 일방적으로 흐르며, 구성원들은 자연히 순종적이고 소극적으로 변하게 됩니다. 효율적인 소통 구조와 제도가 뒷받침되지 않으면 필수적인 정보 교환마저 차단되기 때문입니다.

실패한 조직은 대개 최고경영자의 잘못된 의사 결정으로 몰락의 길을 걷습니다. "조직은 리더의 그릇만큼 성장한다"라는 말처럼 말이지요. 그렇다면 왜 경험 많은 리더들이 상황을 오판하게 되는 것일까요? 잘못된 결정은 과연 리더 한 사람만의 책임일까요?

"훌륭한 성과를 낸 미국 대통령들은 모두 성과를 내는 의사 결정을 하는 데 필요한 반대 의견을 이끌어내는 나름의 방법을 가지고 있었다."[182]

피터 드러커, 『피터 드러커 자기경영노트』

사람들은 대개 중요한 문제일수록 자신의 소신보다 다수의 의견에 편승하려는 경향이 강합니다. 여기서 '집단 사고의 함정'이 발생합니다. 집단의 합의에 순응하려는 무의식적 본능 때문에, 반대 의견이 있어도 겉으로 드러나지 않는 경우가 많습니다. 여러분 역시 상사나 다수의 의견 앞에서 침묵하며 소극적으로 순응했던 경험이 분명히 있을 것입니다.

조직 내에 모든 구성원의 의견을 듣는 과정이 존재합니까? 거침없이 발언할 수 있는 문화와 잘못된 일을 즉시 보고하는 시스템이 작동하고 있습니까? 혹시 은폐하려 하지는 않습니까? 권력자 주변에 그의 비위를 맞추는 아첨꾼들이 있다면 리더의 판단력은 흐려지고 잘못된 결정은 반복됩니다.

> "아첨꾼 조력자들은 자신들의 집단 사고에 의문을 제기하는 자들과 존경하는 리더를 폄하하는 자들을 재빨리 비판하거나 공격한다. 문제 있다는 것을 인정하지 않으므로 아첨꾼들은 리더들이 어떠한 부정적 결과도 경험하지 못한 채 나쁜 방식을 지속하게 한다."[183]
>
> 맨프레드 게츠 드 브리스, 『리더의 속살』

활발한 토론이 부재하다는 것은 의견을 개진할 열린 문화가 부족하다는 증거입니다. 의사 결정에 관한 많은 연구에 따르면, 구성원이 적극적으로 참여할수록 리더가 더 나은 판단을 내릴 가능성이 높습니다. 당연한 결과입니다. 현상을 넘어 숨겨진 원인을 파악하려면 전문성을 기반으로 한 활발한 소통이 필수적입니다. 서로 듣기 좋은 말만 나누고 이의 제기를 기피한다면 최적의 결론에 도달할 수 없습니다. 특히 동일 집단 내에서는 경험이 유사해 편향성이 강화되기 쉽습니다. 한 조사에 따르면 경영자의 미흡한 의사 결정 원인으로 '지식 공유의 부족'을 꼽은 응답자가 51%에 달했습니다.[184]

조직이 최상의 의사 결정을 내리기 위해서는 지속적인 소통을 통해 문제의 본질에 집중하고, 각 분야의 전문성을 최적화하는 방향으로 끊임없이 진화해야 합니다. 하지만 현실에서 리더의 의견에 반기를 드는 것은 결코 쉽지 않습니다. 눈 밖에 날 위험을 무릅쓰기보다 조용히 입을 다무는 것이 훨씬 손쉬운 선택지이기 때문입니다. 흔히 말하는 "가만히 있으면 중간은 간다"라는 식의 태도입니다. 하지만 CEO의 의견을 무조건 수용하기보다 때로는 "아니요" 하고 말할 수 있어야 의사 결정은 비로소 바른길로 나아갑니다.

이때 구두로 의견을 모으는 일반적인 회의보다, 각자의 생각을 글로 써서 제출하는 '서면 중지 모으기Brainwrighting' 방식을 도입해보길 권합니다. 세계에서 가장 영향력 있는 경영 사상가 10인에 선정된 펜실베이니아대학교 와튼스쿨의 조직심리학 교수 애덤 그랜트는 『히든 포텐셜』에서 이러한 방식이 구성원들의 숨은 잠재력을 발굴하는 데 훨씬 바람직하다고 강조합니다.[185]

우리나라 조직의 의사 결정은 대개 '품의 제도'를 기반으로 합니다. 최초 기안자인 실무자가 결재를 올리면 팀장, 실장, 본부장을 거쳐 최고경영자에게 도달하기까지 지나치게 많은 시간이 소요됩니다. 결국 권한은 상부에 집중되고, 실무자는 윗사람의 의중을 사전에 정확히 파악하고 결재 단계를 시작합니다. 실무자의 참신한 의견이 상부로 온전히 전달되기 어려운 구조인 셈입니다.

중간 단계에서 관련 부서의 합의와 감사 절차까지 더해지면 업무 속도는 더욱 늦춰집니다. 결국 혁신적인 아이디어보다는 '그저 무난하게 결재가 통과될 수 있는 내용'에 초점을 맞추게 됩니다. 이런 환경에서 실무자는 스스로 판단하는 능력이 감퇴하고, 그저 결재가 빨리 나기만을 기다리는 수동적인 존재가 되어버립니다. 더 큰 문제는 책임의 소재입니다. 위로 올라갈수록 업무량과 결과에 대한 책임이 막중해지는 서구 선진국과 달리, 우리나라의 의사 결정 과정은 집단적 책임을 강조한 나머지 오히려 그 누구에게도 책임을 묻기 어려운 구조가 되어버렸습니다. '모두의 책임'이라는 명분 아래 '아무도 책임지지 않는' 모순이 발생하는 것입니다.

의사 결정의 효율성을 높이고 책임을 명확히 하기 위해서는 베인앤컴퍼니Bain & Company가 개발한 RAPID 모델을 참고할 필요가 있습니다. 이 모델은 의사 결정의 주체를 다섯 가지 역할로 분리하여 체계적으로 접근합니다.[186]

- Recommend(제안): 현장 정보와 데이터에 접근성이 높은 실무자가 대안을 제시한다.

- Agree(동의): 법적 요건이나 리스크 관리 차원에서 필수적 동의 절차를 거친다.

- Perform(실행): 결정된 사항을 운영 부서에서 실제 행동으로 옮긴다.

- Input(조언): 해당 영역의 전문가들이 전문적인 인사이트를 제공한다.

- Decide(결정): 결과에 대한 책임을 지는 최종 의사 결정권자가 결단한다.

최근 전국적인 명성을 얻은 충주시의 '충주맨' 사례는 시사하는 바가 큽니다. 충주시장은 홍보 주무관의 기안이 상부로 올라가는 과정에서 이리저리 수정되고 반려되는 것을 목격했습니다. 이에 시장은 "결재 없이 주무관 소신껏 즉시 시행하라"는 파격적인 지시를 내렸고, 그 결과 충주시는 독보적인 홍보 성과를 거두었습니다. 하지만 시장이 물러나자 곧바로 해당 주무관은 사직했고, 충주시 유튜브 구독자는 급감했습니다. 이는 리더 개인의 결단이 조직 전체의 문화와 시스템으로 안착하지 못했을 때의 한계를 여실히 보여줍니다. 참된 리더는 본인이 자리에 없더라도 조직이 원활하게 돌아갈 수 있도록 지속 가능한 문화와 시스템을 구축하는 조직 설계자가 되어야 합니다.

"집단의 일부 구성원만이 알고 있는 개인적인 정보가 공유되지도 않는다. 또는 일부만 공유되어 논의에서 덜 중요하게 취급된다. 결국 논의는 공유된 정보와 관점에 초점을 맞추어 집단적 합의를 뒷받침한다. 대체로 집단의 정보는 집단 구성원이 가진 정보의 총합보다 적다."[187]

올리비에 시보니, 『선택 설계자들』

4장

HR 제도

시스템이 사람을 이긴다

"인사 관리 시스템은 리더가 자리에 없더라도 조직의 운영과 문화, 관리를 한 방향으로 묶어둘 수 있는 구조를 제공한다."[188]

패트릭 렌치오니, 『무엇이 조직을 움직이는가』

지금까지 조직 관리의 핵심 요소인 리더십과 조직 문화, 그리고 커뮤니케이션에 대해 살펴보았습니다. 그렇다면 이러한 무형의 요소들이 실제 조직에서는 어떠한 구체적인 실체로 나타나며 관리될까요? 이제부터는 그 실체인 채용·평가·보상 등의 'HR 제도(시스템)'에 대해 다뤄보겠습니다.

제도Institutions란 조직 내 사람과 직무의 역할 및 기준을 설정하는 규범이자 가치 체계입니다. 이는 강제성을 띠며 조직 내에서 당연한 원칙으로 받아들여집니다. 노벨경제학상을 수상한 하버드대학교 교수 제임스 로빈슨과 MIT 교수 대런 애쓰로글루는 저서 『국가는 왜 실패하는가』에서 "역사를 통틀어 경제 성장을 설명하는 데 가장 결정적인 역할을 하는 것이 바로 제도적 차이"라며 그 중요성을 역설했습니다.[189] 조직도 마찬가지입니다. 아무리 훌륭한 리더와 문화를 지향한다 해도, 현실에서 이를 뒷받침할 체계적인 시스템이 없다면 그 효과는 반감될 수밖에 없습니다. 제도는 구성원의 사고와 행동을 규정하는 명문화된 공식 기준이며, 문화적 진화가 일어나는 토양을 제공하기 때문입니다.

반면 시스템System은 이러한 제도를 실행에 옮기는 운영 메커니즘을 의미합니다. 이는 개별 부분들이 상호 의존 관계 속에서 유기적으로 통합되어 기능하는 조합입니다. 시스템으로 일하지 않는 조직은 일정 수준 이상의 성장을 기대하기 어렵습니다. 리더는 바로 이 시스템을 적극 활용하여 리더십이 올바로 작동하게 하고, 좋은 문화가 조직 내에 체화되도록 설계해야 합니다. 구성원 개개인의 역량에만 기대거나 '핵심 인재들이 알아서 잘하겠지'라는 막연한 기대를 하기보다, 구조와 패턴을 파악하여 견고한 시스템을 만드는 것이 훨씬 효과적입니다.

성과 개선 및 조직 개발 분야의 전문가 기어리 럼러 박사는 "훌륭한 성과자를 나쁜 시스템에 몰아넣으면 매번 시스템이 승리한다"라고 경고했습니다. 즉 아무리 뛰어난 고高성과자라도 나쁜 시스템 안에서는 역량을 발휘할 수 없으며, 결국 시스템이 사람을 이기게 된다는 뜻입니다. 반대로 잘 갖춰진 시스템은 생산성을 높이고 차별화된 경쟁 우위를 창출합니다.[190] 세계에서 가장 영향력 있는 전략가로 꼽히는 세스 고딘 역시 『세스 고딘의 전략 수업』에서 "시스템적 우위가 영웅적 노력을 이긴다"라며, 결국 시스템이 전략과 문화를 만들고 복잡한 문제를 해결한다고 강조했습니다.[191]

현장에서는 흔히 "제대로 된 시스템이 없다", "시스템이 문제다"라는 말을 자주 듣습니다. 하지만 과거에 유효했던 시스템이 현재에도, 혹은 미래에도 적절할 것이라는 보장은 없습니다. 시스템은 경영 관리의 초석이자 기본기이며, 단순히 하나하나 지시하는 것이 아니라 '그렇게 할 수밖에 없도록' 환경을 설계하는 것입니다. 행동을 개선할 수 있게 개인과 조직의 환경을 설계하는 것이 바로 시스템입니다. 리더는 시스템을 설계하는 사람입니다. 사장을 가르치는 사장으로 유명한 『사장학 개론』의 김승호 회장은 "조직과 시스템으로 일하는 것을 배우지 못하는 사람은 조직의 리더가 될 수 없으며 결국 정해진 업무 이상을 맡지 못하게 된다"라고 지적했습니다.[192]

성공하는 조직은 경영관리 시스템이 매우 탄탄합니다. 여기서 시스템이란 결코 정지된 상태가 아니라, 끊임없이 상호 작용하는 동적인 상태를 의미합니다. 인사 관리의 개별 제도들 또한 각각 독립적으로 작동하는 것이 아닙니다. 채용, 평가, 보상 등이 서로 유기적으로 맞물려 전체적으로 기능할 때 비로소 시너지 효과가 나타나기 때문입니다.[193] 이처럼 개별 제도들은 강한 상호 의존성을 가지고 있으므로, 반드시 시스템 전체의 관점System Thinking에서 통합적으로 설계되어야 합니다.[194]

조직은 시스템을 설계할 때 고유의 철학과 원리를 바탕으로 전체적인 구성 형태를 세밀하게 고려해야 합니다. 또한 한 번 만든 것에 안주하지 않고, 조직 내외부의 변화를 기민하게 인지하며 항상 시스

템을 업그레이드해나가야 합니다.[195]

보통의 조직원들은 갈등을 피하고 자신을 보호하기 위해 상당한 에너지를 소모하곤 합니다. 제도와 시스템의 존재 이유는 바로 이러한 소모적인 에너지를 생산성을 높이는 본질적인 업무에 집중할 수 있도록 구조를 잡아주는 데 있습니다. 명확한 기준이 없다면 구성원들은 필연적으로 정치와 눈치 보기에 에너지를 쏟게 되고, 결국 조직은 앞으로 나아가기 어렵습니다.

인사 제도의 효과적인 실행은 승진과 같은 조직 내 중대 의사 결정의 투명한 기준이 됩니다. 이는 조직 신뢰를 형성하고 유지하는 데 결정적인 기여를 하며, 결과적으로 구성원의 조직 몰입과도 강력한 관계성을 가집니다.[196] 공정한 시스템이 곧 조직의 자부심이 되는 것입니다. 그렇다면 도대체 조직의 제도와 시스템이란 무엇이며, 이를 어떻게 설계하고 관리해야 하는지 구체적으로 알아보겠습니다.

"초고성과 기업의 리더를 돋보이게 만드는 건 행동과 시스템에 대한 지속적이고 밀착된 관심이다. 본인이 자리에 없어도 흔들림 없이 성과를 내는 시스템을 만드는 것이다."[197]

《하버드비즈니스리뷰》

"의사 결정자들은 훈련으로 개발되지 않으며 채용과 선발에 의해서만 얻을 수 있는 역량을 식별할 수 있어야 한다. 신입 직원의 인내심을 훈련을 통해 개발한다는 것은 거의 불가능한 일이다."[198]

데이비드 듀보이스 외, 『인적 자원 관리』

언젠가 대학원에서 '인적 자원 관리' 과목을 강의할 때, 한 중소기업 사장님께서 아무리 동기 부여를 하고 교육을 해도 별다른 효과가 없다며 인력 관리의 어려움을 토로하셨습니다. 그때 저는 사장님께 "그것도 다 사장님 잘못입니다"라고 분명히 짚었습니다. 채용 단계에서부터 단추를 잘못 끼웠기 때문입니다. 혹시 교육만으로 내성적인 사람이 외향적으로 바뀌고, 소극적인 사람이 갑자기 적극적인 인재로 변하길 기대하신 것은 아닌지 되물었습니다.

관리자는 교육 훈련을 통해 개발할 수 있는 역량과 그렇지 않은 것을 명확히 구분하여 채용에서 걸러낼 수 있어야 합니다.[199] HR의 첫 단추인 채용만 제대로 해도 조직은 잘 굴러갑니다. 구성원들이 조직에서 기대하는 자기 역할만 충실히 해내도 별 문제가 없기 때문입니다. 조직의 문제는 결국 해야 할 일을 제대로 하지 않거나 해서는 안되는 일을 할 때 생기기 마련인데, 채용이 잘못 되어버리면 아무리 많은 비용을 투입해도 문제는 지속됩니다. 한 사람을 잘못 뽑아 얼마 지나지 않아 그만둔다면 연봉의 서너 배에 달하는 손해를 보는 셈이며, "폭탄 직원 채용으로 인한 손실은 우수한 직원 채용으로 얻는 이익보다 몇 배 더 크다"라는 사실을 기억해야 합니다.

채용은 우리 조직에 가장 적합한 사람을 선발하는 과정입니다. 여기서 핵심은 가장 우수하고 훌륭한 사람을 찾는 것이 아니라, 우리 조직의 가치와 목적, 그리고 문화에 부합하는 사람을 뽑는 것입니다. 이를 흔히 '컬처 핏Culture Fit'이라 부릅니다. 지원자가 실제 업무에서 역량을 발휘하고 기존 직원들과 시너지를 내는 것이 최선이기 때문입니다. 그러기 위해서는 먼저 우리 회사의 인재상이 명확히 정립되어 있어야 합니다. 대부분 미션Mission, 비전Vision, 핵심 가치Core Values 등을 갖추고 있지만, 홈페이지에만 박혀 있는 장식용 문구는 실무에서 아무런 의미가 없으며 오히려 혼란만 가중할 뿐입니다.

HR에서 얼라인먼트가 중요하다고 앞서 언급했습니다. 이는 한 방향 정렬이라는 뜻으로, 우리 회사의 미션, 비전, 핵심 가치에 따른 인재상, 그리고 그에 따른 역량이나 행동 규범이 유기적으로 연결되어야 함을 의미합니다. 따라서 우리 조직에 필요한 인재상과 역량이 무엇인지 명확히 합의하고 정의하는 과정이 선행되어야 합니다. 만약 아직 이를 정리하지 않았다면 지금이라도 시도해보기 바랍니다. 이렇게 정의된 인재상에 맞는 역량을 갖춘 사람을 채용해야 성과를 창출할 행동을 할 가능성이 높고, 결국 더 많은 가치를 만들어낼 수 있기 때문입니다.

> "성공적인 채용은 조직의 중요한 목표와 문화적 원칙을 명확히 정립하는 데서 출발한다."[200]

클레어 휴스 존슨, 『스케일링 피플』

두 번째로 중요한 것은 정립된 역량이 실제 조직의 현실과 일치해야 한다는 점입니다. 예를 들어 우리 회사에서 중요한 키워드가 '혁신'이라면, 혁신이 어떤 의미인지 구체적인 정의와 행동 양식을 마련해야 합니다. 회사마다, 사람마다 혁신에 대해 생각하는 정의나 기준이 다를 수 있기 때문입니다. 새로운 아이디어나 프로세스를 제안한다든가, 끊임없이 새로운 사람들을 만나며 연결 포인트를 발굴한다든가 하는 식으로 우리 조직만의 혁신 역량이 구체화되어야 합니다. 그리고 이러한 역량들은 실제 평가와 보상 등 다른 HR 제도와 유기적으로 연계되어야 합니다.

실제로 우리 조직에서 혁신을 추구하는 직원이 평가에서도 좋은 결과를 얻고 인정을 받아야 비로소 혁신하는 문화가 형성됩니다. 형식적으로만 행동 규범을 갖춰놓고, 현실에서는 혁신적인 시도를 하는 사람이 질타받는 조직 문화가 깔려 있다면 이는 바람직하지 않습니다. 오히려 구성원에게 혼란만 가중할 뿐입니다. 요즘 채용에서 강조하는 컬처 핏 역시 회사의 가치와 문화를 지원자에게 정확하게 전달하는 과정이 수반되어야 합니다. 무엇보다 채용할 때와 재직 중일 때 회사에서 원하는 인재상은 반드시 일치해야 합니다.

> "많은 사람이 회사에서 강조하는 가치에 부합되지 않으면서도 어떻게든 입사하려고 한다. 하지만 매일매일 자신의 행동이 그 가치에 위배되지 않는지에 대해 책임을 져야 한다는 점을 알게 되면 무슨 수를 써서라도 입사하겠다는 생각을 하지는 않을 것이다."[201]
>
> 패트릭 렌시오니, 『최고의 팀은 왜 기본에 충실한가』

이렇게 명확한 가치에 따라 적합한 사람을 채용한다면, 조직은 향후 교육 훈련에 별다른 투자를 하지 않아도 새로운 직원이 스스로 바람직한 행동을 지속하게 될 것입니다. 당연합니다. 그 직원은 입사하기 전부터 원래부터 그런 사람이었으니까요.

채용 과정에서 주의할 점은 화려한 말에 속아서는 안 된다는 것입니다. 대부분 서류 전형, 인적성 검사 등을 거치지만, 정작 면접에서는 객관적인 기준보다 준비되지 않은 면접관의 주관에 의존하는 경우가 많습니다. 이럴 경우 우리 조직에 적합한 인재보다는 단순히 말을 잘하는 사람을 뽑게 될 위험이 큽니다. 우리나라는 해외 조직에 비해 면접 투자 시간이 절대적으로 부족하여 충분한 검증을 거치기 어려운 실정입니다. 면접에는 집단 사고나 확증 편향 등 다양한 오류가 존재한다는 것이 이미 밝혀진 만큼, 사내 면접관 교육을 통해 이를 최소화하고 표준화된 평가 도구와 지표를 활용하는 노력이 필수입니다. 훈련되지 않은 면접관은 낮은 역량 레벨의 질문만 하는 경우가 많습니다. 노벨경제학상을 수상한 행동경제학의 선구자인 시카고대학교 부스경영대학원 교수 리처드 탈러는 『행동경제학』에서 "사람들은 적극적인 형태가 아니라 소극적인 형태의 거짓말을 더 많이 한다. 진실을 알고 싶다면 구체적인 질문을 던져야 한다"라고 강조하기도 했습니다.[202]

예컨대 행동사건 면접Behavior Event Interview 같은 과거 실제 행동을 체계적으로 확인하는 구조화 면접Structured Interview을 통해 지원자가 실제로 행동한 구체적 경험을 확인하는 일이 무엇보다 중요합니다. 면접 관련 문헌에 따르면, 구조화된 면접은 전통적인 면접보다 지원자의 업무 능력을 훨씬 더 잘 예측한다고 일관되게 검증되고 있습니다. 인지 검사 및 업무 표본 검사와 더불어 선발 절차에서 타당도가 매우 높은 것으로 증명된 방식이기도 합니다.[203]

구조화된 면접은 철저한 직무 분석을 바탕으로 직무 관련성이 가장 높은 업무 준거를 파고듭니다. 모든 지원자에게 동일한 질문을 던져 일관성을 유지하며, 요구되는 스킬과 적성 및 성향을 파악하기 위해 상황 질문, 역량 기반 질문, 개인 이력 질문 등 구조화된 질문으로 지원자의 면면을 밝혀냅니다. 또한 미래지향적인 상황 면접보다 과거 행동 기반의 면접이 훨씬 효과적입니다. 과거의 행동이 미래 행동을 예측하는 최상의 변인이라는 점은 심리학의 근본 원리이기도 합니다. 실제로 글로벌 기업의 채용 질문은 철저하게 지원자의 과거 행동을 파악하는 데 집중되어 있습니다.[204]

> "심리학의 오래된 격언 중에 엄청난 증거들이 뒷받침하고 있는, 꼭 알아두어야 할 한 가지 중요한 교훈이 있다. 미래에 어떤 행동을 할지는 과거의 행동을 보면 알 수 있다."[205]
>
> 로버트 서튼, 『또라이 제로 조직』

반대로 회사 역시 조직의 포장되지 않은 있는 그대로의 현실을 지원자에게 분명하게 알려줘야 합니다. 채용 과정에서 긍정적인 모습만 강조하다가 현실과 다른 포장된 모습이 드러나면, 입사 후 직원들은 당황할 수밖에 없습니다. 자신이 기대했던 모습과 현실의 괴리는 이직의 주요 원인이 됩니다.

요즘은 블라인드 등 구직자가 회사 정보를 얻을 수 있는 수단이 다양합니다. 때로는 내부 직원도 모르는 생생하고 적나라한 정보가 공유되기도 합니다. 하지만 이러한 정보는 구직자에게 혼란을 줄 가능성도 존재합니다. 따라서 회사가 구직자에게 정확한 정보를 제공하는 일은 매우 중요합니다. 정보가 정확할수록 조직에 적합한 인재를 채용할 가능성도 함께 높아지기 때문입니다.

준비된 노련한 면접자라면 얼마든지 멋진 말을 만들어낼 수 있습니다. 그것이 사실인지 거짓인지 면접 과정에서 파악하지 못할 가능성도 큽니다. 따라서 얼마나 말을 번지르르하게 잘하는지가 아니라, 우리 조직이 필요로 하는 행동을 실제로 하며 살아왔는지를 구체적인 질문으로 깊이 있게 확인해야 합니다. 과거에 그런 행동을 지속해온 사람은 앞으로도 그렇게 행동할 가능성이 높기 때문입니다. 적어도 리더, 조직 문화, 시스템 등 그 행동을 지원해주는 환경이 최소한이라도 갖춰져 있다면 말입니다.

"빈자리가 아무리 중요하다고 해도 채용의 질적 수준을 양보할 수는 없다."[206]

에릭 슈미트 외, 『구글은 어떻게 일하는가』

미래 조직의 인재상과 연관하여 채용 시 중점적으로 살펴야 할 가장 중요한 최소한의 기준 두 가지는 다음과 같습니다.

첫 번째는 학습 민첩성입니다. 이는 HR 업무의 90%가 채용이라고 믿는 구글이 데이터와 성과 분석을 통해 얻은 결론이기도 합니다. 리더들 역시 조직 운영에 필요한 개인적 품성으로 학습을 최우선으로 꼽았습니다. 학습한다는 것은 성장 마인드셋Growth Mindset과 오픈 마인드Open Mind, 즉 열린 마음을 가졌음을 의미합니다. 지식을 습득해 현장에 적용하며, 언제든 틀릴 수 있다는 자세로 스스로를 끊임없이 업

데이트합니다. 학습하는 사람은 개인의 성장뿐만 아니라 조직의 성장까지 견인합니다. 현재 전문가이거나 향후 전문가로 성장할 가능성이 가장 높은 이들이기에, 구성원의 학습 역량은 조직 발전을 이끄는 근본적인 동력이 됩니다.

두 번째는 성실함입니다. 성실함은 누구나 갖춘 평범한 특성이라 오해하기 쉽지만, 조직 생활을 해본 사람이라면 성실한 인재가 생각보다 귀하다는 사실을 체감하게 됩니다. 면접에서 스스로 성실하지 않다고 말하는 사람은 없으며 자기소개서의 단골 멘트이기도 하지만, 실제 현장에서의 성실함은 결이 다릅니다. 성실하다는 것은 맡은 업무에 성심을 다해 노력하고 진심으로 추진한다는 뜻입니다. Big 5 성격 요인(성실성, 외향성, 원만성, 개방성, 정서성) 중 채용 시 가장 중요한 요소로 성실함이 꼽히는 이유입니다. 즉 성실하고 학습하는 사람이라면 최우선적으로 채용을 고려해야 합니다.

"성실성이 높은 사람은 더 많이 배우기에 더 높은 수준의 직무 관련 지식을 습득하게 되며, 더 높은 수준의 직무 성과와 조직시민행동을 보인다. 성실한 사람은 비생산적 업무행동을 덜 보이며, 이직 생각을 덜 하며, 새로운 과업 요구나 변화하는 상황에 더 잘 적응한다. 또한 성실한 사람은 불성실한 사람에 비해 위험한 행동을 덜 하고 사고를 내는 경우도 거의 없다. 성실성은 전반적인 조직의 성공을 위해 중요하다."[207]

스티븐 로빈스 외, 『조직 행동론』

| 평가 | 공정한 평가는 설계에서 비롯된다

"조직이 추구하는 가치와 평가 체계를 일치시키자. 조직의 목표를 달성하는 데 도움이 되는 행동들을 강조하고, 그렇게 행동하도록 동기를 부여해야 한다. 조직에 도움이 되는 결과로 이어지는 행동들을 파악하고 강조하자."[208]

크리스틴 포래스, 『무례함의 비용』

한국노동연구원 조사에 따르면 인사평가 결과에 대한 이의신청 비율은 해가 갈수록 증가하고 있습니다.[209] 이는 공정성을 둘러싼 구성원들의 사회적 인식이 그만큼 예민해지고 있음을 방증합니다. 사실 공정함에 대한 갈망은 특정 세대만의 전유물이 아닙니다. 조직 생활을 하는 모든 직원은 본질적으로 공정한 대우를 원하며, 인사 부서의 핵심 키워드 역시 단연 '공정성'입니다. 노벨 경제학상 수상자인 컬럼비아대학교 교수 조지프 스티글리츠가 『불평등의 대가』에서 "공정성에 대한 인식은 생산성에 중요한 영향을 미친다"라고 강조했듯, 평가와 보상은 인재 경영의 뿌리이자 조직 몰입에 가장 큰 영향을 미치는 요소입니다.[210]

객관적인 평가와 그에 따른 공정한 보상이 전제되어야 구성원은 결과를 수용하고 비로소 동기 부여를 얻습니다. 만약 부당한 대우를 받고 있다는 의구심이 드는 순간, 업무 몰입도가 떨어지고 생산성이 저하되는 것은 당연한 수순입니다. 이는 MZ 세대뿐만 아니라 어느 세대에게도 마찬가지입니다. 공정한 것을 원하지 않는 세대가 과연 있을까요? 평가는 당연히 객관적이고 공정해야 합니다. 평가 절차가 일관되어야 함은 물론, 이의 제기 절차가 마련되어 있어야 하고, 평가 항목이 조직의 목표나 직무 내용을 기반으로 하며 역량 수준에 맞는 난이도를 갖추고 있어야 합니다. 또한 평가자에 대한 신뢰와 평가 제도에 대한 수용성도 필수적으로 갖춰야 합니다.[211]

그런데 혹자는 평가는 어느 정도 주관적일 수밖에 없다는 말을 하기도 합니다. 과연 그럴까요? 저는 그렇게 생각하지 않습니다. 주관을 탓하는 것은 정교한 평가 절차를 설계하지 못했거나, 평가자가 주관적 평가를 방패 삼아 사적인 권한을 누리고 싶어 하는 것은 아닌지 의심해봐야 합니다. 100% 완벽할 순 없어도, 적어도 구성원이 공정성을 의심하며 수용을 거부하지 않을 정도의 객관적인 설계는 얼마든지 가능하기 때문입니다.

평가의 대전제는 관찰과 기록, 즉 실질적인 근거를 수집하는 일입니다. 최익성 대표가 『캘리브레이션, 평가 너머의 세계』에서 기록을 위한 프레임워크의 제공, 기록의 습관화와 환경 조성 등 기록하는 문화의 중요성을 강조했듯,[212] 업무 수행 과정에 대한 충분한 증거 없이 사람을 평가하는 것은 매우 위험한 일입니다. 같은 팀이라 해도 직접적으로 함께 일하지 않는다면 누군가가 일을 제대로 하는지 파악하기란 거의 불가능에 가깝습니다. 『HBR's 10 Must Reads for Business Student』에서도 "우리 중 누구도 동료를 제대로 평가할 수 없다. 우리가 할 수 있는 일은 자신의 감정과 경험, 반응을 공유하는 것뿐이다"라고 지적했습니다.[213]

그만큼 최근 유행하는 다면평가는 주관적 감정 평가로 실패할 확률이 매우 높습니다. 평가 대상이 평소에 어떻게 일하는지 꾸준히 관찰하고 기록해두는 절차는 선택이 아닌 필수입니다. "딱 보면 안다"라거나 "안 봐도 안다"라고 호언장담하는 것은 평가자로서 가장 무책임한 발언입니다. 리더들은 본인이 다 알고 다 보고 있다고 착각하지만, 사실은 보고 싶은 것만 보고 있을 뿐입니다. 결국 리더의 시야 밖에 있는 사람들은 방치되어 상대적으로 피해를 보게 됩니다. 제도와 시스템으로 돌아가지 않는 조직에서 구성원들이 리더의 눈에 들기 위해 불필요한 경쟁과 정치에 에너지를 쏟게 되는 이유가 바로 여기에 있습니다.

"진실한 인사기록 없이는 어떤 역량진단도 불가능하다. 최초의 기록 자료가 진실하지 않다면 그 후에 진행된 모든 진단과 평가는 물론 온전한 조직운영이 불가능하다."[214]

최동석, 『성취 예측 모형』

언젠가 팀 내 계약직 직원의 계약 연장 평가를 요청받았을 때의 일입니다. 1년 가까이 같은 공간에서 일했지만, 막상 평가지를 대하니 그 직원에 대해 모르는 것이 대다수였습니다. 인사 조직 박사인 저조차도 제대로 된 근거 없이는 평가가 불가능했던 것이지요. 그제야 관심을 가지고 그 직원을 지켜보니 비로소 어떻게 일하는지 하나씩 보이기 시작했습니다. 이처럼 우리는 한 팀이라 하더라도 의도적으로 의식하고 관찰하지 않으면 동료의 업무 실태를 알기 어렵습니다. 하물며 복잡한 항목의 다면평가에서 유의미한 사실을 기억해내고 정확히 평가하기란 초인적인 능력을 요구하는 일이며, 사실상 불가능에 가깝습니다.

"일반적으로 말하면, 모든 어려움은 경영자가 직원과 직원의 노력을 직접 관찰할 수 없다는 데에서 온다."[215]

마야 보발레, 『인센티브와 무임승차』

평가 시스템의 완성도를 높이는 또 다른 요소는 지속적인 피드백, 즉 과정 관리입니다. 피드백은 하는 사람이나 받는 사람 모두에게 부담스러운 일이지만, 변화와 성장을 지향하는 긍정적인 측면을 강조한다면 거부감을 해소할 수 있습니다. 연말에 한 번 하는 형식적인 면담에서 벗어나, 적어도 분기별로는 정기적인 면담이 이루어져야 합니다. 특히 신입 사원이라면 피드백 주기를 매주 혹은 격주로 대폭 좁혀 안정적인 적응을 도와야 합니다. 과정 관리를 통해 주기적인 피드백이 쌓일 때 평가의 수용성은 비약적으로 높아집니다. 결국 평가는 점수 그 자체보다 피평가자가 그 결과를 얼마나 수용하느냐가 가장 중요하기 때문입니다.[216]

한번 비교해봅시다. 팀원 전체가 열정적으로 임했으나 외부 변수로 목표를 달성하지 못해 팀원 전체가 C라는 저조한 결과를 받은 경우와, 누가 봐도 일을 너무 안 하는 어떤 팀원 한 명이 분명히 존재함에도 그 직원은 B를 받고 오히려 더 열심히 잘했다고 생각했던 직원이 C라는 결과를 받은 경우를 말입니다. 전자의 경우 공동의 책임으로 받아들일 여지가 있지만, 후자는 평가자가 구성원의 실제 업무 수행 과정에 전혀 관심이 없거나 조직의 시스템이 제대로 작동하지 않고 있다는 신호입니다. 이처럼 비교 대상의 투입 대비 보상이 자신의 것보다 높다고 느끼면 상대적 박탈감을 느끼고 불공정하다고 판단하게 됩니다. 단 한 명의 예외 사례만으로도 조직 전체가 쌓아온 신뢰는 순식간에 무너질 수 있습니다.

"절차적 공정성이 미치는 영향과 관련해 중요한 것은, 부당하게 대우받는다고 느껴지는 프로세스가 단 하나일지라도 그에 따른 반응은 전체 조직과 모든 프로세스를 향한다는 사실이다."[217]

린다 그래튼, 『일을 리디자인하라』

"평가는 원래 주관적이다"라고 말하는 사람도 있습니다. 하지만 저는 평가는 주관적일 필요가 없으며, 그렇게 되어서도 안 된다고 생각합니다. 주관적 요소가 개입될 가능성을 최소화하고 최대한 객관적으로 평가를 설계하면 되기 때문입니다. 그러기 위해서는 전반적인 인상이 아니라 구체적인 기능이나 행동에 근거해야 합니다.

예를 들어, 팀장의 리더십을 평가할 때 막연히 '리더십'이라는 추상적 단어만 던져준다면 주관이 개입될 수밖에 없습니다. 각자 평소 느꼈던 개인적인 감정이나 편견, 관계의 깊이에 따라 평가하겠지요. 하지만 사전에 우리 회사에서 정의하는 리더십이 무엇인지, 중요하게 생각하는 리더십 역량과 기대하는 행동은 무엇인지 구체적인 지표로 상세히 정의되어 있다면 상황은 달라집니다. 그 지표에 따라 객관적으로 평가하면 되기 때문입니다. 물론 평가 기준에 대해서는 충분히 논의하여 사전에 합의해두는 과정이 필수입니다. 결국 평가 제도가 제대로 설계되기 위해서는 역할과 책임에 대한 명확화가 우선되어야 합니다. '역할'은 해당 직위에서 기대되는 행동을 말하며, '책임'은 그 결과에 대한 의무를 뜻합니다. 즉 팀장이라는 중간관리자로서 수행해야 할 행동과 의무가 무엇인지가 먼저 정리되어 있어야 합니다.

가령 리더십 역량을 구체적인 행동 양식으로 표현한다면 "팀원이 업무 추진 시 어려움이 있을 때 외면하지 않고 경청하며 해결하려 노력한다"라든가, "다른 팀이나 외부의 협조가 필요한 경우 네트워크 등을 적극 활용하여 실질적인 도움을 준다" 혹은 "임원 회의 전달 사항을 매주 빠짐없이 공유해준다"라는 식입니다. 이렇게 지표가 구체적이면 팀원이 팀장을 평가할 때 어떤 행동을 근거로 삼았는지 명확히 제시할 수 있습니다. 이는 곧 평가자 스스로 자신의 평가에 대해 분명하게 책임을 져야 한다는 의미입니다.

근거를 밝히지 못하고 책임질 수 없는 평가는 사사로운 주관이 침투하기 마련입니다. 따라서 구체적인 행동 사례를 통해 누구나 수긍할 수 있는 객관적 근거를 제시할 수 있어야 합니다. 아울러 그 기준을 가능한 범위에서 계량화하고 수치화하여 사전 협의하는 프로세스를 거치며 관리해가야 합니다. 그래야 주관이 최소화되고 수용성 또한 높아집니다.

한번은 국내 HR·경영 컨설팅 업계에서 이름이 꽤 알려진 한 컨설팅사에 메일로 문의를 보낸 적이 있습니다. 아무리 생각해도 그들이 운영하는 다면평가에 문제가 있다고 판단했기 때문입니다. 평가 문항 선정의 전략적 적합성, 업무 관련성, 평가자 선정 기준, 그리고 직급별 동일 문항 적용의 문제 등 여덟 가지 질문을 보냈습니다. 며칠 후 돌아온 답변은 "지적하신 의견들이 다 맞고 개선이 필요하다고 생각하지만, 저희는 인사팀에서 정해준 내용대로 설문을 진행하고 정리했을 뿐"이라는 책임 회피성 내용이었습니다.

고객사가 정해준 대로 운영만 한다면 HR 컨설팅이라 부를 수 있을까요? 그저 '설문 대행업체'라는 말이 더 어울릴 것입니다. 그래서 조직 내 HR 담당자들은 정신을 바짝 차려야 합니다. 현직 컨설턴트의 고백을 담은 『제가 당신의 회사를 망쳤습니다』라는 책 제목처럼, 전문가라는 이들이 제 역할을 못 하는 경우가 꽤 있기 때문입니다. 그러니 공정한 평가를 저해하는 조직 내 심리적 요인들을 경계해야 합니다.

첫째, 사람이 속한 사회적 집단이나 계층을 기초로 판단하는 상동적 태도Stereotyping입니다. 특정 학교나 지역 출신이라는 이유로 어떠할 것이라 예단하는 경향입니다.

둘째, 한두 가지 인상으로 그 사람의 모든 특성을 획일적으로 평가해버리는 현혹 효과 혹은 후광 효과Halo effect입니다. 호의적이든 비호의적이든 일반화로 판단합니다.

셋째, 서로 관계가 없는 특질까지 관계가 있다고 믿어버리는 상관적 편견Correlational bias입니다. 근면하다고 해서 정직하다고까지 생각해버리는 경우입니다.

넷째, 개인의 경험과 동기에 따라 유리한 정보만 듣고 나머지는 무시하는 선택적 지각 Selective perception과 지각 방어Perceptual defense입니다. 평가하는 사람에 따라 기준이 달라집니다.

다섯째, 평가 분포와 관련된 오류입니다. 평가 결과가 위로 편중되는 관대화 경향leniency tendency이나 가운데로 몰리는 중심화 경향central tendency 등입니다.[218]

실제 조직에서는 평가자가 마음에 드는 순서대로 이미 등급을 정해놓고 점수를 끼워 맞추는 경우가 허다합니다. 관리자가 평소 점찍은 직원이 승진할 확률이 96%에 달한다는 연구 결과가 이를 방증합니다. 결국 조직은 구성원이 각자의 역할을 제대로 수행하기만 하면 별다른 문제 없이 잘 굴러갑니다. 아니, 자기 역할만 잘해내도 시너지가 나서 전체 성과가 향상됩니다. 문제는 각자의 역할을 제대로 인지하지 못하고 행동하지 않기 때문에 생깁니다.

따라서 평가는 직급별 역할을 제대로 수행하는지 측정하고, 조직의 가치와 목표를 달성하며 구성원의 역량을 발전시킬 수 있도록 설계되어야 합니다. 무엇보다 조직의 전략과 목표, 그리고 문화에 부합하는 적합성을 갖추는 것이 핵심입니다.

"예를 들어 한 회사가 고객 서비스를 강조한다면, 성과 관리 시스템은 최상의 고객 서비스를 제공할 수 있는 행동들을 정의하고 있어야 한다. 성과 평가는 종업원들이 정의된 행동대로 서비스를 제공했는지를 측정함으로써 실시된다."[219]

레이몬드 노이 외, 『인적 자원 관리론』

MBO Management by Objective 니, BSC Balanced Scorecard 니, OKR Objectives and Key Results 이니 하는 특정 제도를 도입하느냐가 본질은 아닙니다. 그보다 우리 조직의 특성에 맞게 어떻게 제대로 설계하고 운영하느냐가 훨씬 더 중요합니다. 관리자가 관점을 올바로 잡지 못하고 평가자로서의 역할을 수행하지 못한다면, 어떠한 세련된 제도라도 기대하는 효과를 거두기는 어렵습니다. 요즘 유행하는 성공 사례를 우리 조직에 그대로 이식할 수 없는 이유도 여기에 있습니다. 산업의 특성부터 회사의 문화, 관행, 제도, 규모, 역사, 나아가 CEO와 중간관리자들의 리더십 스타일까지 다양한 요소가 복합적으로 작용하기 때문입니다.

따라서 우리는 '우리만의 관점'을 정교하게 세팅해야 합니다. 구성원들이 인지하지 못하는 모호한 대상이 아니라, 우리 회사의 가치를 강화하고 목표를 달성하는 데 꼭 필요한 '특정한 행동'을 평가해야 합니다. 이를 통해 실질적인 행동 변화를 촉진하는 것이 성과 관리의 바람직한 방향입니다.

미국 가톨릭대학교 교수 제리 멀러는 『성과 지표의 배신』에서 "측정 강박은 조직 내의 기업가 정신을 방해한다. 조직 안에는 측정 지표의 대상은 아니지만 추구할 가치가 있는 새로운 목표와 목적이 있을 수도 있기 때문이다"라고 역설했습니다.[220] 모든 것을 일일이 계량화하겠다는 불가능한 목표에 매몰되기보다, 측정할 수 없는 가치에 대해서도 나름의 기준을 세워 공정함에 대한 수용성을 확보해야 합니다. 정성적 지표라 할지라도 등급화나 비율화를 통해 충분히 구조화할 수 있기 때문입니다.

우리는 흔히 평가의 목적으로 '육성'을 꼽습니다. 하지만 현실이 정말 그러한지는 냉정히 돌이켜볼 필요가 있습니다. 평가는 결국 사람들의 반응과 행동을 결정합니다. 만약 평가가 직무 성과가 아닌 상사와의 관계에 따라 이루어진다면, 우수한 직원은 조직을 떠나고 아부와 조직 정치가 득세하여 결국 조직은 경쟁력을 잃게 됩니다. 안타깝게도 현재 우리나라 많은 조직의 평가는 성장을 위한 도구가 아니라, 평가 자체를 위한 평가에 머물러 있습니다. SABCD 등급을 나누기 위한 '줄 세우기'식 평가가 주를 이루다 보니, 목표 설정은 달성 가능한 수준으로만 안전하게 세워지고 평가 역시 형식적으로 흐르기 마련입니다. 이런 구조에서는 진정한 의미의 성장이나 성과 개선을 기대하기 힘듭니다. 이제는 단순한 '평가 관리'가 아니라 '성과 관리 Performance Management'를 지향해야 합니다. 구성원의 역량을 개발하고 자율과 협력을 통해 개인과 조직이 함께 성장할 수 있도록, 관점의 중심을 '평가'에서 '성장'으로 옮겨야 합니다. 관리자의 진정한 소명 또한 구성원의 성장을 촉진하는 데 있음을 잊지 말아야 합니다.

"인사 측정과 관련된 진정한 문제는 측정할 가치가 있는 것을 결정하는 일이다. 관리란 완전한 것이 무엇인지를 찾아내 받아들이는 것이라기보다는 지금보다 나은 모습을 찾아 앞으로 나아가는 것이다."[221]

개롤드 마클 저, 『성과 관리 시스템의 패러다임을 바꿔라』

| 보상 | 납득의 설계이자
반응의 속도다

"개인이 어떤 행동을 하면 벌을 받게 되고, 어떤 식의 벌을 받을 것인지에 대해 알고 있을 때 벌이 특정 행동을 하지 않도록 만들 가능성이 가장 크다."[222]

진 옴로드, 『인간의 학습』

평가와 연계하여 보상에서도 가장 중요한 실무적 화두는 단연 공정성입니다. 나의 투입 대비 보상이 동료의 그것보다 작거나 불공정하다고 느껴지지 않아야 합니다. 공정성은 결국 '비교'를 통해 지각되기 때문입니다. 우리나라 대부분의 기업은 직무 기반이 아닌 속인주의에 따른 연공年功 서열식 보상을 실시하고 있습니다. 이로 인해 젊은 직원들 눈에는 업무량이 적어 보이는 고高직급자들이 오히려 더 많은 연봉을 받는 것이 엄연한 현실입니다.

사실 사람 중심으로 조직이 운영되는 국내 풍토에서 직무에 근거한 보상을 전적으로 실현하기에는 무리가 따릅니다. 과거 대기업들이 직무 중심 인사 관리를 시도했으나 대부분 실패로 돌아갔던 사례가 이를 방증합니다. 일반 사무직으로 입사한 동기가 단지 난이도 높은 직무를 수행한다는 이유로 나보다 훨씬 높은 연봉을 받는 상황을 우리 사회가 정서적으로 수용하기란 쉽지 않기 때문입니다. IT 업계를 중심으로 직무 중심 보상이 확산되는 추세지만 전체적으로는 여전히 미미한 수준입니다. 연공서열을 기본에 두되 성과나 역량을 일부 반영하는 것이 현실이나, 그 차등 폭이 크지 않아 실질적인 동기 부여 효과를 거두지 못하는 경우가 많습니다.

보상 역시 평가와 마찬가지로 절차적 공정성이 수용성을 높이는데 결정적인 역할을 합니다. 이를 확보하려면 보상 결정 과정의 기준과 정보가 투명하고 정확해야 하며, 오류가 발견되었을 때 이를 수정할 수 있는 절차적 통로가 마련되어 있어야 합니다. 조직 구성원은 기여에 대한 인정의 관점에서 보상 체계를 바라보기 때문에, 보상 그 자체보다는 공정성이나 직원 간 차별이라는 문제에 더 민감할 수밖에 없습니다.[223]

그렇다면 보상을 효과적으로 하기 위해서는 어떻게 해야 할까요? 분배적으로나 절차적으로 공정하다고 해도 그 보상이 직원들에게 별다른 의미가 없어 동기 부여에 도움이 되지 않는다면 어떨까요? 많은 조직원은 자신들의 노력과 보상과의 연결이 약하다고 느끼는 경우가 많습니다. 효과적인 보상을 위해 조직이 견지해야 할 핵심 원칙은 구체성과 즉각성입니다. 구체적 보상이란 바람직한 행동이나 성과에 대해 실질적인 혜택을 제공하는 것을 말합니다. 단순히 말로만 하는 칭찬은 동기 부여에 한계가 있습니다. 조직의 가치에 부합하는 '혁신'적

행동을 했다면, 작게는 도서상품권부터 크게는 성과급에 이르기까지 손에 잡히는 보상이 따라야 합니다. 훌륭한 리더십 사례가 있다면 대표이사 표창을 수여하거나 승진에 즉각 반영하여 팀장으로 발탁하는 등 보상이 직원들의 눈에 보이고 피부로 느껴지게 해야 합니다.

또한 보상은 즉각적이어야 합니다. "지연된 정의는 정의가 아니다"라는 말처럼, 바람직한 결과에 대해 조직이 즉시 반응할 때 그 효과는 극대화됩니다. 시간이 한참 흐른 뒤의 보상은 구성원에게 큰 감흥을 주지 못합니다. 강화해야 할 긍정적 행동이 포착된다면 가급적 빨리 보상함으로써 조직이 추구하는 문화를 축적하고 공고히 다져가야 합니다.[224] 즉 보상을 통해 구성원에게 기대되는 행동을 설계합니다.

"인센티브를 지나치게 먼 미래에 주지 말고 미리 주라. 자기 행동을 원하는 방향으로 바꾸고 싶어 하는 사람에게는 보상을 즉시 제공하라."[225]

유리 그니지, 『인센티브 이코노미』

보상은 수요자가 원하는 것을 줄 때 가장 빛납니다. 조직마다 선호하는 보상의 분위기가 다르기에, 우리 직원들이 무엇을 원하는지 항시 파악하고 있어야 합니다. 보상 선호도는 개인별로도 차이가 크므로 여러 안을 준비해 개인이 직접 선택하게 하는 것도 한 방법입니다. 주는 사람은 비용을 써서 기분 좋게 제공했지만, 막상 받는 사람의 반응이 시원찮으면 보상의 효과는 떨어질 수밖에 없습니다. 실제로 회사에서 예산과 시간을 투입했음에도 직원들이 시큰둥한 반응을 보이는 경우가 꽤 많습니다. 개별 직원에 대한 세심한 관찰과 관리가 필요한 이유입니다. 특히 삶의 질과 건강을 중시하는 욕구가 강해진 만큼, 복지 제도 역시 개인의 다양한 필요를 포괄할 수 있어야 합니다.

외적 보상은 분명 필요하지만, 여기에만 치중할 경우 창의성을 저해하고 장기적으로는 조직에 독이 될 수 있습니다. 내적 보상과 외적 보상의 적절한 균형이 필수적인 이유입니다. 인센티브의 효과에는 유통기한이 있다는 사실을 명심해야 합니다.

이는 보상의 반대인 징계나 처벌의 경우도 마찬가지입니다. 처벌 역시 구체적이고 즉각적이어야 합니다. 누군가 선을 넘는 행동을 했음에도 관리자가 아무런 조치도 취하지 않는다면, 이는 조직 차원에서 그런 행동을 용인한다는 잘못된 신호를 보내는 것입니다. 일벌백계를 통해 기강을 바로잡고 절대 재발하지 않도록 해야 합니다. 관계를 중시하는 우리 조직 문화상 선을 넘는 행동에 대해 쉬쉬하며 넘어가는 경우가 많지만, 이는 피해자들에게 '미세 스트레스'를 주어 조직의 경쟁력을 갉아먹는 행위임을 잊지 말아야 합니다.

"신상필벌이 명확해야 조직에 기강이 서고 제대로 결과를 만들어내는 좋은 조직이 될 수 있다. 또한 그렇게 해야 사람을 키울 수 있다. 어떻게 하면 될까? 인사에서 사私가 개입되지 않으면 된다."[226]

공병호, 『김재철 평전』

오늘날의 직장인들은 단순히 급여 인상만을 바라지 않습니다. 금전적 보상이 대표적이긴 하나, 요즘 세대는 비금전적 보상에도 매우 중요한 의미를 부여합니다. 그럼에도 많은 리더는 직원이 떠나는 이유를 오직 급여 때문이라고 단정 짓고 싶어 합니다. 급여만 올려주면 행복하게 회사 생활을 할 것이라는 착각에 빠져, 정작 중요한 리더십의 부재나 구조적인 결함을 직시하려 하지 않습니다. 하지만 통계에 따르면 퇴사 사유로 급여를 언급하는 비율은 지속적으로 감소하고 있습니다. 오히려 가장 흔한 퇴사 사유는 상사와의 관계를 포함한 인간관계입니다. 리더들은 자신의 리더십 부족을 급여 문제나 직원 개인의 탓으로 치부하며 회피해서는 안 됩니다.

"인정에서 가장 중요한 것은 긍지, 자부심, 만족감과 같은 정신적 보상들이다. 정신적 보상은 기존의 금전적 보상을 상회하는 가치를 지닌다."[227]

에릭 모슬리, 『성과 관리 4.0』

보상에서 한 가지 주의해야 할 점은 승진, 정확히 말해 팀장이나 부장 등의 직책을 맡기는 것을 보상의 관점에서 접근하는 경우입니다. 과거에는 연차가 차면 자연스레 보직을 맡는 문화가 지배적이었습니다. 최근 고령화로 인해 보직 경쟁이 치열해졌음에도, 여전히 조직장이라는 직책을 보상의 차원으로 여기는 인식이 남아 있습니다.

하지만 보상의 관점에서 직책을 주는 것은 매우 잘못된 관행입니다. 중간관리자의 역할과 책임은 막중하기에, 해당 직책을 성공적으로 수행할 수 있는 '적임자'를 찾는 관점에서 접근하는 것이 바람직합니다. 직무 경험과 교육, 리더십 역량 등 최소 요건은 물론 징계 유무 등 결격 사유까지 복합적으로 고려해야 합니다. 직책자의 책임과 영향력은 조직의 경쟁력을 결정적으로 좌우할 만큼 엄중합니다. 그럼에도 국내 조직에서는 그 중요성을 지나치게 축소해서 보는 경향이 있어 큰 문제입니다. 중간관리자의 역할을 가장 잘 수행할 수 있는 역량 있는 사람이 직책을 맡는 것이 아니라, 상사와의 관계를 통해 그 자리를 차지하기에 유리한 사람이 되는 시스템은 아닌지 반드시 점검해야 합니다.

"리더의 자리를 얻기 위해 필요한 자질은 리더로서 실제로 일을 수행할 때 필요한 자질과 다를 뿐만 아니라 정반대인 경우마저 있다."[228]

토머스 차모로-프레무지크, 『왜 무능한 남자들이 리더가 되는 걸까?』

|개발| 교육은 왜 행동을 바꾸지 못하는가

"평균적인 능력을 가진 사람을 교육을 통해 슈퍼스타로 키워내는 일은 불가능에 가까울 정도로 어렵다. 평범한 직원이 위대한 인재로 탈바꿈한 사례가 적지 않지만, 이런 성공은 대부분 교육의 결과라기보다는 업무의 유형이나 맥락을 바꾼 결과다."[229]

라즐로 복, 『구글의 아침은 자유가 시작된다』

언젠가 사장님께 연간 인재 개발 계획을 보고하며, 교육만으로는 절대 리더십을 키우거나 조직 문화를 바꿀 수 없다고 말씀드린 적이 있습니다. 평가, 보상, 승진, 이동 배치 등 HR의 여러 제도가 유기적으로 작동해야 비로소 가능하다고 말이지요. 교육은 최소한의 지식과 노하우를 습득하는 기초적인 수단일 뿐, 교육 자체만으로 해결할 수 있는 문제는 그리 많지 않습니다.

물론 교육이 없으면 시작조차 불가능합니다. 무엇이 바람직한지 배워야 현재 상황을 판단하고 새로운 시도라도 해볼 수 있기 때문입니다. 알아야 자신만의 생각의 틀이 생기고, 현상을 보며 "뭔가 이상하다"라는 질문을 던질 능력도 생깁니다. 하지만 아는 것과 행동하는 것은 엄연히 다릅니다. 그래서 교육만으로 리더십을 키우거나 문화를 바꿀 수는 없으며, 인사 부서 내에서도 인적 자원 관리Human Resource Management, HRM와 인적 자원 개발Human Resource Development, HRD이 반드시 유기적으로 설계되고 운영되어야 합니다.

새로 입사한 신입 사원이 몇 달 생활해보니 예상보다 훨씬 내성적이고 조용하다고 가정해봅시다. 면접 때는 활발하고 유창해 보였는데 실제 업무 스타일은 기대와 달랐던 것이지요. 과연 무엇이 문제였을까요? 냉정하게 말해 이는 교육의 문제가 아니라 채용을 잘못한 것입니다. 그렇다면 교육으로 이 사람을 바꿀 수 있을까요? 교육은 지식과 스킬을 키우고 행동 방식에 영향을 줄 수는 있지만, 근본적인 기질과 성향까지 개조할 수는 없습니다. 내성적인 사람을 교육만으로 외향적인 사람으로 바꿀 수는 없다는 뜻입니다. 이것이 바로 교육의 한계입니다. 아무리 교육을 시켜도 생각만큼 바뀌지 않는다는 하소연은, 역설적으로 리더와 조직이 제 역할을 다하지 못했다는 방증이나 다름없습니다. 교육은 기본적인 지식과 사례 학습을 통해 몰랐던 것을 일깨우고, 이를 조직 현실에 적용해보도록 돕는 기초적인 수단입니다. 교육을 통해 얻은 깨달음을 삶과 조직에 투영하여 변화를 이끌어내기 위한 최소한의 발판인 셈입니다.

교육을 받는 당사자가 동기 부여되어 있지 않다면 이러한 기초적인 배움조차 얻기 어렵습니다. 스스로 학습하거나 교육받지 않는다면 무엇이 바람직한 리더의 행동인지, 경영 환경이 어떻게 변하고 있는지조차 파악할 수 없습니다. "아는 만큼 보인다"라는 말처럼, 일단은 교육을 통해 알아야 이해할 수 있고 비로소 변화를 도모할 수 있습니다. 리더십의 본질부터 조직 문화의 형성 과정, 채용과 공정한 평가에 이르기까지 조직 관리 전반에 대한 체계적인 교육이 반드시 필요한 이유입니다.

더 나아가, 교육을 통해 가치관이 정립되고 삶의 태도가 변화될 수도 있습니다. 하지만 그렇다고 해서 개인의 성격이나 기질 자체가 바뀌지는 않습니다. 천성이 내향적이고 술도 못 마시는 사람에게 교육을 한다고 해서, 그가 갑자기 술자리를 즐기는 외향적인 사람으로 거듭날 수 있을까요? 저는 불가능하다고 봅니다. 아마 흉내는 낼 수 있을지 몰라도 근본적인 변화는 기대하기 어렵습니다. 따라서 리더는 교육이 가진 명확한 한계를 냉정하게 인식하고 있어야 합니다.

교육 훈련이 단기간의 지식과 기술을 전수하는 데 집중한다면, 인재 개발은 교육 훈련Training & Development, 경력 개발Career Development, 조직 개발Organization Development을 모두 포괄하는 종합적이고 장기적인 미래지향적 육성 관점입니다. 최근 '인재 개발Talent Development'이라는 표현이 주류가 된 이유도 여기에 있습니다. 사람을 단순히 관리의 대상인 '자원Resource'으로 보지 않고 개발과 성장, 존중의 대상으로 대하며 개인의 잠재력과 역량에 초점을 맞추기 시작했기 때문입니다.

인재 개발은 지식과 기술, 태도의 개선에 집중하는 훈련과 개발을 기본으로 합니다. 여기에 특정 과업이나 단계를 통해 개인의 지속적인 발전을 꾀하는 경력 개발, 그리고 행동과학적 개념을 적용해 제도 전반을 개선함으로써 조직의 효과성을 높이는 조직 개발을 포함합니다. 즉 인재 개발은 전략적 인적 자원 관리의 핵심 활동으로서 개인의 역량 강화를 넘어 조직의 시스템과 프로세스라는 '조직 역량'의 강화까지 추구합니다.[230]

개인의 성장이 조직 역량의 강화로 이어지기 위해서는 조직 내 개개인의 정보와 경험이 축적되어야 합니다. 개인의 경험으로만 머물러 있는 암묵지가 매뉴얼 등을 통해 문서화되고 전수될 때 비로소 조직의 자산이 됩니다. 따라서 인재 개발은 사람에 대한 종합적이고 지속적인 관리와 개발이 전제되어야 성공할 수 있습니다. 아울러 인재 개발에 대한 조직적 신뢰를 높이기 위해서는 교육이 조직에 기여하는 경제적 가치를 입증하려는 노력 또한 지속되어야 할 것입니다.

"인적 역량 개발이 갈수록 직원 가치 제안의 가치 있는 요소로 부상하고 있다. 딜로이트 서베이에 따르면, 인적 역량 개발을 우선시하는 조직은 그렇지 않은 조직과 비교해 직원들이 일에서 의미를 찾는다는 비율이 두 배 높고 재무 및 비즈니스 결과도 개선됐다는 비율이 두 배 높은 것으로 나타났다."[231]

딜로이트 통합연구센터, 「딜로이트 2025 글로벌 인적 자원 트렌드」

100세 시대에 60세 정년은 너무나 짧습니다. 우리나라의 고령화 속도가 전 세계에서 유례를 찾기 힘들 정도로 빠르다는 사실은 익히 알려져 있습니다. 실제로 2024년 기준 65세 이상 인구가 천만 명을 돌파했고, 중위 연령은 46.2세에 달합니다. 이런 인구 구조에서 60세까지만 일하고 남은 생을 아무것도 하지 않은 채 보낸다는 것은 개인이나 국가적으로도 큰 손실입니다.

최근 법정 정년을 65세로 연장하려는 논의가 활발하지만 현실은 여전히 녹록지 않습니다. 한국고용정보원 조사에 따르면, 정년 연령에 도달하기도 전인 55~59세 인구 중 절반 이상이 이미 주된 일자리에서 퇴직하고 있으며 그 비율 또한 증가하는 추세입니다.[232] 그렇다면 정년퇴직 후에도 자신의 일을 지속하는 사람은 과연 어떤 사람일까요? 보통의 사무직 직장인들은 퇴직 후 무엇을 해야 할지 막막해하는 경우가 많습니다. 고용노동부가 1964~1974년생의 직종 이동을 분석한 결과에 따르면, 사무ㆍ서비스 판매직 재취업자 중 무려 69.5%가 기존과 전혀 다른 직종으로 옮겨갔습니다. 10명 중 단 3명만이 자신의 경력을 이어갔을 뿐, 나머지는 생소한 일터에서 처음부터 다시 시작해야 했다는 의미입니다.[233]

반면, 전문 기술을 보유한 기술직은 사무직에 비해 퇴직 후에도 같은 직종으로 재고용되어 커리어를 이어가는 경우가 많습니다. 실제로 저희 코엑스에서도 건축을 전공하고 정년퇴직한 선배들이 계약직으로 재고용되어, 현장 관리 업무에서 그간 쌓아온 노하우와 역량을 유감없이 발휘하고 있습니다. 사무직 역시 기획이든, 마케팅이든 자신

만의 전문 분야를 체계적으로 개발해야만 합니다. 퇴직 후에도 전문
성을 살려 현직의 연장선에서 일하는 분들을 보면 경탄이 절로 나옵
니다. 그분들은 현직에 있을 때부터 남들보다 한발 앞서 준비하고 치
열하게 노력해온 이들입니다. 조직 차원에서 구성원들의 경력 관리를
지원하고 인재 개발에 힘쓴다면, 회사로서는 숙련된 인적 자원을 확
보하고 개인은 미래를 설계할 수 있어 분명 강력한 시너지가 날 것입
니다. 인재 개발은 단순히 현재의 업무 효율을 높이는 것을 넘어, 개인
의 생애 설계와 조직의 지속 가능성을 잇는 가교가 되어야 합니다.

"진짜 능력 있고 헌신적인 관리자는 자신이 회사를 영원히 떠나는 경우에도 업무
에 지장이 없는 한 인재 개발에 힘쓴다."[234]

로렌 벨커 외, 『팀장의 원칙』

노무 | 모두의 안전을 설계하는 법적 기준

"우리나라는 노사 관계에 미치는 정부의 영향이 커 정부의 교체와 국정 철학의 변화는 노사 관계에 많은 영향을 미칠 것으로 전망된다."[235]

「노동 법률」 2025년 7월호

조직을 운영하는 데에는 최소한의 법률 지식이 필수입니다. 대기업은 사내 법무팀이나 외부 자문을 통해 리스크를 관리하지만, 인사 기능이 채용과 급여 등 행정에 치우친 중소기업의 경우 CEO와 리더가 직접 법률적 판단을 내려야 하는 상황이 빈번하기 때문입니다. 따라서 리더는 근로기준법 관련 도서를 가까이 두고 주요 쟁점과 최신 현황을 상시 파악하고 있어야 합니다.

예를 들면 2019년 직장 내 괴롭힘 금지법과 2022년 중대재해처벌법의 시행에 이어, 2025년에는 모성보호 3법 개정으로 육아 휴직 기간 연장과 임신기 근로 시간 단축 기간 확대, 급여 지원 확대가 이루어졌습니다. 2025년 8월에는 이른바 '노란봉투법'인 노동조합법 2조, 3조가 국회 본회의를 통과했고 2026년 3월 시행되었습니다. 리더는 이러한 고용 노동 정책의 변화를 잘 알고 있어야 합니다. 신문 스크랩이나 전문지를 구독해 매월 챙겨보는 것도 큰 도움이 됩니다.

요즘은 직장인들이 노무 이슈에 대해 스스로 대처할 수 있는 수단이 많습니다. '직장갑질119' 등 근로자 권익 보호 단체도 활발히 활동합니다. 따라서 조직과 리더는 법률문제가 생기지 않도록 사전에 미리 공부하고 대처해야 합니다.

특히 저출산 문제로 인해 모성 보호 관련 법률이 지속적으로 보완되고 있습니다. 육아 휴직 기간과 급여가 늘어났고 가족 돌봄 휴가 등도 실시되고 있습니다. 법을 지키지 않을 때 사업주에게 가해지는 처벌 또한 강화되었습니다. 그런데 의외로 많은 중소기업이 이러한 법적 문제에 무감각한 경우가 많습니다. 인지하더라도 "설마 이걸로 문제 심겠어?" 하며 소극적인 태도를 보이곤 합니다. 하지만 노무에서의 잘못은 언젠가 반드시 법률적인 문제로 부각될 수 있습니다.

가족돌봄휴가를 이유로 불이익을 주는 경우 '남녀 고용 평등과 일·가정 양립 지원에 관한 법률' 제37조(벌칙)에 따라 3년 이하의 징역이나 3천만 원 이하의 벌금에 처할 수 있습니다.

"사용자는 근로자의 인사평가에 대해서 원칙적으로 넓은 재량권을 가지고 있다. 그러나 다수 법원의 판결에 의하면 인사평가에 관해 재량의 범위를 넘는 일탈·남용한 경우에는 그 재량권 행사가 위법할 수 있다."[236]

「노동 법률」 2025년 6월호

사용자의 넓은 재량권을 인정하면서도 최근에는 인사 평가에 대해 회사 측의 잘못을 인정하는 판례가 꾸준히 나오고 있습니다. 선의로 처리하더라도 자발적 사직을 권고사직으로 허위 신고할 경우 실업 급여 부정 수급에 해당할 수 있으며 형사 책임이 발생할 수 있습니다. 점심시간 회의 역시 휴게시간 침해로 노동법상 문제가 될 수 있습니다. 대기시간과는 엄연히 다릅니다. 이렇듯 조직의 일상은 법률과 무관하지 않습니다.

2025년 6월 새 정부 출범 이후 '공정한 노동 관계 구축'과 '노동 시장 선진화' 방향에 따라 많은 변화가 예상됩니다. 경총 조사에 따르면, 기업의 72.9%가 2026년 노사 관계가 더욱 불안해질 것으로 전망했습니다.[237] 노란봉투법, 포괄임금제 금지, 주 4.5일제, 법정 정년 65세 연장 등 고용 노동 정책이 빠르게 추진되고 있습니다. 이에 리더가 꼭 숙지해야 할 주요 사항을 정리해봅니다.[238] [239]

근로 계약 및 해고 관련

1. 근로 계약 체결 시 임금 구성 항목, 소정 근로 시간, 근로 장소, 연차 유급 휴가 등 주요 조건은 반드시 서면으로 명시하여 교부해야 합니다.

2. 명시 사항이 변경되는 경우에는 근로 계약서를 재작성하여 근로자에게 교부해야 합니다.

3. 교부 근거를 명확히 해두는 것이 필요합니다. 계약서에 수령 확인 문구를 넣는 것이 좋은 방법입니다.

4. 계약 체결 시 근로자에게는 겸업 금지, 진실 고지, 비밀 준수, 수뢰 금지 의무가 주어집니다. 위반 시 통상 해고 사유가 될 수 있습니다.

5. 해고 시에는 적어도 30일 전에 예고해야 하며, 사유와 시기를 서면으로 통지해야 효력이 있습니다.

6. 임원으로 승진하면 기존 근로 계약이 단절되고 계약직 근로자가 됩니다.

(참고) 단순히 야간이나 주말에 다른 일을 한다고 해서 무조건 겸직 의무 위반으로 제한하기는 어렵습니다. 법원은 '영업 비밀 유출 가능성' 등을 주요 기준으로 판단합니다.[240]

휴가 관련

1. 입사일 기준 월 만근 시 1개의 연차가 발생하며, 1년 시점에 15개가 부여되어 2년기 총 26일을 사용할 수 있습니다.

2. 연차 사용 촉진을 적법하게 하였음에도 사용하지 않았다면 수당 지급 의무가 면제됩니다.

3. 가족 돌봄 휴직이나 휴가 등을 이유로 근로 조건을 악화시키는 불리한 처우를 해서는 안 됩니다.

급여 관련

1. 퇴직금은 근무 연수 1년 이상이면 지급해야 하며 퇴직 후 14일 이내에 지급해야 합니다.

2. 야간 근로(22시~06시) 시 통상 임금의 50%를 가산해야 합니다. 단 임신 중 여성

은 합의해도 연장 근로가 불가합니다.

3. 평균 임금은 산정 사유 발생 전 3개월간 지급된 임금 총액을 그 기간의 총 일수로 나눈 금액입니다.

4. 임금 명세서(구성 항목, 계산 방법 등 명시)를 서면으로 교부해야 합니다.

5. 동일 사업 내 동일 가치 노동에 대해서는 동일 임금을 지급해야 합니다.

개인 정보 및 직장 내 괴롭힘

1. 회사 컴퓨터일지라도 근로자 동의 없이 무단으로 기록이나 자료를 열람하는 것은 불법행위가 될 수 있습니다.

2. 사전 동의 없는 평판 조회는 개인정보 보호법 위반이나 명예훼손 등으로 처벌 대상이 될 수 있습니다.

3. 괴롭힘 인지 시 지체 없이 객관적 조사와 피해자 보호 조치(유급 휴가 등)를 취해야 하며, 신고자에게 불리한 처우를 해서는 안 됩니다.

기타 주요 사항

1. 상시 10인 이상은 취업 규칙 작성 및 신고, 30인 이상은 노사 협의회 설치가 의무입니다.

2. 퇴직 후에도 증명서 청구가 있으면 즉시 발급해주어야 합니다.

3. 채용 광고 내용을 구직자에게 불리하게 변경하거나 채용 서류 반환 청구를 거부해서는 안 됩니다.

4. 지각·조퇴를 결근으로 처리해 연차에 영향을 줄 수는 없습니다. 이는 징계권으

로 다루어야 합니다.

5. 통상적인 경로의 출퇴근 사고는 업무상 재해로 인정됩니다.

6. 파견·기간제 근로자라는 이유로 정규직에 비해 차별적 처우를 해선 안 됩니다.

"새 정부의 HR 정책은 큰 틀에서 '공정한 노사 관계 구축'과 '노동 시장의 선진화'

로 요약해볼 수 있다."[241]

「HR Insight」 2025년 7월호

5장

행동과학

조직을 움직이는 근본 원리

커트 레빈

현대 사회심리학의 아버지라 불리는 커트 레빈은 "좋은 이론만큼 실용적인 것은 없다"라는 유명한 말을 남겼습니다. 저는 이 문장의 진위를 현장에서 매일 확인하며 살아왔습니다. 이론은 결국 현장에서 완성되며, 살아 움직이는 현장은 반드시 탄탄한 이론을 기반으로 움직이기 때문입니다.

20년 넘게 조직 생활을 하며 6천 권이 넘는 인사·조직 및 경영 단행본을 탐독하고, 수천 편의 논문과 보고서를 연구하며 현장의 리더들과 함께해왔습니다. 그 과정에서 깨달은 명확한 사실은, 사람과 조직을 관리하는 HR에는 시공간을 초월하여 작동하는 보편타당한 근본 원리가 존재한다는 점입니다. 경영학이나 매니지먼트 분야는 현장과 이론이 끊임없이 상호 보완하며 정립됩니다. 즉 현장을 전제로 존재하지 않는 학문은 생명력을 잃기 마련입니다. 제가 이 책을 통해 독자들에게 전하고자 하는 내용 또한 바로 이 변하지 않는 '원리'에 관한 것입니다. 지금 정리하는 이 원리들이 앞으로 20년이 지나도 여전히 유효할 것이기 때문입니다.

혹자는 이론과 현실은 다르다고 말합니다. 하지만 이는 공부의 임계점을 넘겨보지 못한 이들의 편협한 변명일 가능성이 높습니다. 진심으로 공부의 깊이에 몰입해본 사람이라면 결코 그런 말을 할 수 없습니다. 이론적 토대 없이 경영 현장을 통찰하기란 불가능에 가깝습니다. 자신만의 한정된 경험과 파편화된 지식만으로는 시스템을 설계하거나 업무를 혁신할 수 없습니다. 해당 산업을 꿰뚫는 통찰력을 발휘하고 조직에 비전을 제시하며 리딩하는 것은 더더욱 어려운 일입니다. 리더는 끊임없이 배우고, 연구하며, 치열하게 고민해야 조직을 통합적 관점으로 바라볼 수 있고 유기적으로 설계할 수 있습니다.

최근 읽은 한 HR 서적의 초판 발행일은 2022년이었지만, 실제 내용을 들여다보니 저자가 집필을 마친 시점은 2008년이었습니다. 놀라운 점은 십수 년의 세월이 흘렀음에도 조직이 작동하는 원리와 현상에 대한 해석이 놀라울 정도로 지금과 일치했다는 사실입니다. HR의 근본 원리란 결국 사람과 조직 현상 이면에 숨겨진 본질적 속성을 얼마나 깊이 있게 통찰하느냐에 달려 있습니다. 고전이 수백 년, 수천 년의 세월을 이기고 살아남는 이유는 인간의 변하지 않는 본성적 속성을 다루기 때문입니다.

이제 우리는 시대의 변화와 상관없이 통용될 HR의 근본 원리들을 행동과학의 관점에서 살펴보려 합니다. 사람의 마음을 읽고 그 기저에 깔린 행동의 법칙을 이해하는 것이 곧 조직을 바꾸는 시작점입니다. 인간 본성에 대한 깊은 이해가 전제될 때, 비로소 우리는 인간의 가장 훌륭한 부분을 끄집어내는 건강한 조직을 구축할 수 있습니다.

"건강한 집단은 일 자체를 가장 먼저 강조한다. 제 기능을 못하고 있는 집단에 비해 열 배는 많은 것을 이룰 수 있다. 이런 집단은 인간 본성에서 가장 훌륭한 부분을 끄집어낸다."[242]

로버트 그린, 『인간 본성의 법칙』

"인간의 행동을 결정하는 세 가지 주요 요인은 능력, 동기, 상황(제약) 요인이다. 이 중 가장 먼저 파악해야 하는 것은 상황적 제약이다."[243]

폴 머친스키, 『산업 및 조직심리학』

성격personality이란 '한 개인의 독특한 행동과 사고 및 감정의 양상을 창조해내는, 개인 내부에 있는 심리신체 체계의 역동적 조직'입니다. 이는 유전적, 환경적, 상황적 요인에 복합적인 영향을 받습니다.[244] 즉 부모에게서 형질을 물려받는 동시에 사회문화 집단에서의 생애 경험에 영향을 받으며, 직면한 상황에 따라 새로운 측면을 드러내기도 합니다. 결국 성격이란 상황을 보고 해석해서 반응하는 일종의 '습관'이라 할 수 있습니다.

요즘 젊은 직원들 사이에서는 MBTIMyers-Briggs Type Indicator 검사가 일종의 문화처럼 자리 잡았습니다. 하지만 조직 내에서 사람을 분석하고 평가하는 사회과학 분야에서는 'Big 5 성격 모델'을 가장 신뢰하고 널리 활용합니다. Big 5 성격 모델은 수많은 실증 연구를 통해 그

타당성을 입증해왔으며, 언어와 문화의 장벽을 뛰어넘어 보편적으로 적용 가능한 일반성을 갖추고 있습니다. 무엇보다 시간의 흐름 속에서도 상당한 일관성을 보여주고 있어, 지난 30년 이상 성격을 분류하고 예측하는 데 있어 학술적으로나 실무적으로 가장 널리 인정받고 있는 모델입니다.

[Big 5 성격 모델] [245]

유형	정의	특징
성실성 Conscientiousness	집중하여 체계적이고 정해진 규칙을 지키면서 책임감 있게 실천해내는 성향	조심스러움, 믿음직함, 강한 자기절제, 책임감
친화성, 우호성 Agreeableness	다른 사람들과 더불어 잘 지낼 줄 아는 성향, 화합 중시, 협력적, 원만한 관계 형성	정중함, 품위 있음, 동정심이 많음, 잘 보살핌, 배려심
정서적 안정성 Emotional stability	차분하고 열정적이며 스트레스/긴장 극복 능력이 탁월	여유로움, 안정적임, 차분함
외향적 성향 Extroversion	말이 많고 자기표현을 잘하며 사람 사귀기에 능숙한 유형, 인간관계에서 편안함	활동적임, 말하길 좋아함, 사교적임, 확신을 줌
경험에 대한 개방성 Openness to experience	새로운 것이나 혁신적인 경험을 즐기며 상상력이 풍부하고 외적 자극에 민감하며 지적인 면모	민감함, 유연함, 창의적임, 호기심이 많음

태도Attitude는 개인이 외적 사물이나 상황에 반응하는 데 영향을 주는 정신적인 상태를 의미합니다. 즉 사람, 사물, 또는 특정 이슈 등에 대해 가지는 긍정적이거나 부정적인 감정, 혹은 심리적 상태를 말

합니다. 이러한 태도는 사고나 믿음, 신념, 이미지 등의 인지적 요소와 좋거나 나쁜 느낌의 감정적(정서적) 요소, 그리고 반응하려는 의도나 경향, 방식 등의 행동적 요소로 구성됩니다. 태도는 특정한 상황과 사물에 고착되는 경향이 있으며, 조직구성원의 태도는 개인의 성격, 경험, 문화, 집단 속에서의 지위 등에 의해 형성됩니다. 태도는 직접 관찰할 수는 없지만, 대상에 대한 구체적인 행동 사이의 관계를 통해 그 실체를 확인할 수 있습니다. "태도가 모든 것이 아니라 하더라도 거의 모든 것이라 할 수 있다"라는 말처럼, 조직 관리에서 태도가 갖는 비중은 상당합니다.

가치Value란 인간이 선택할 수 있는 다양한 행동 과정 중에서 그 선택에 결정적인 영향을 주는 규범적인 표준을 의미합니다. 이는 정서와 밀접하게 연결된 믿음으로, 특정 대상에 대하여 선호하거나 혐오하는 태도의 방향을 결정짓는 근원적인 심리 특성이라 할 수 있습니다. 즉 어떤 구체적인 행동 양식이나 존재 양식이 그 반대의 양식보다 개인적으로 혹은 사회적으로 더 바람직하다는 굳건한 신념인 것입니다. 가치는 성격 깊숙이 자리 잡고 있기 때문에 당장 눈으로 볼 수는 없지만, 규범이나 기준으로 작용하며 나타난 행동으로 미루어 그 존재를 확인할 수 있습니다. 이렇듯 가치는 지각에 영향을 미치고 태도와 행동 동기를 이해하는 근간이 되기 때문에 조직 행동 연구에서도 중요한 의미를 갖습니다. 기본적으로 개인의 특성이기도 하지만 집단 구성원의 공통된 성향이기도 합니다. 특히 조직에서는 조직이 추구하는 가치가 곧 생존과 성장을 좌우하는 핵심 요소로 작용합니다.

가치의 분류를 구체적으로 살펴보면 슈바르츠는 10가지 개인 가치를 '자기주도, 자극, 쾌락주의, 성취, 권력, 안전, 순응, 전통, 자선, 보편주의'로 구분했습니다. 또한 호건과 호건Hogan & Hogan은 가치를 '인정 지향, 권력 지향, 쾌락 지향, 이타주의, 관계 지향, 전통 지향, 안전 지향, 사업 지향, 예술 지향, 과학주의'로 분류하며, 이러한 가치를 통해 동기 부여를 하는 것이 가장 효과적인 방법이라 역설했습니다.[246]

실제로 국내 기업들이 채용할 때 무엇을 가장 중시하는지 살펴보면 가치의 중요성이 명확해집니다. 500대 기업 인사 담당자 설문에 따르면, '도덕성과 인성'이 가장 중요한 요소로 꼽혔습니다. 인사 담당자들이 선택한 자기소개서 베스트 키워드 역시 '책임감'과 '성실함'이 1, 2위를 차지했습니다. 이 모든 키워드는 결국 성격, 태도, 가치의 문제로 귀결됩니다. 지식과 기술은 가르칠 수 있지만 성격이나 태도는 가르치기 어렵고, 한 개인의 가치관을 바꾸는 것 또한 쉽지 않은 일입니다. 하지만 조직 관리에서 이것은 직원들의 행동을 일으키는 근본적인 내적 요인이기에, 쉽게 눈에 띄지 않는다고 해서 결코 간과해서는 안 됩니다.

조직 구성원의 태도는 집단 속에서의 지위나 경험, 문화 등에 끊임없이 영향을 받습니다. 따라서 리더는 이러한 내면의 요소들을 세밀하게 관리해야 합니다. 직무와 조직에 몰입할 수 있도록 리더십과 문화를 가꾸어야 하는 이유입니다. 직원들은 일상에서 경험하는 사건을 통해 태도를 형성하고 가치관의 변화를 겪습니다. 우리 조직에서 더 바람직한 행동은 무엇인지 일상의 경험을 통해 배우며, 조직 안에서 자신의 태도와 가치를 서서히 정립해갑니다.

마지막으로 살펴볼 것은 이 모든 것을 압도하는 상황 요인입니다. 인간 사회의 생물학적 뿌리와 문화적 진화를 연구한 하버드대학교 인간진화생물학과 교수 마크 모펫은 『인간 무리』에서 "인간은 환경에 맞추어 자신의 행동을 조정한다"라고 강조했습니다.[247] 개인의 성격에 따라 흔히 하는 행동도 집단 속에서는 환경이나 상황에 따라 완전히 달라질 수 있다는 뜻입니다. 누군가 특정한 행동을 했다면 그 사람의 성격에서만 답을 찾을 것이 아니라, 그렇게 행동할 수밖에 없었던 상황 요인이 무엇인지 분석하는 것이 훨씬 합리적입니다.

사회심리학이 오랜 실험 끝에 찾아낸 결론은, 우리가 행동에 미치는 성격 요인은 과대평가하고 상황의 영향력은 과소평가하는 경향이 있다는 것입니다.[248] 환경과 상황이 행동과 결정에 상당한 영향을 준다는 사실을 보여주는 연구는 무수히 많습니다.[249] 같은 조직원들이 유사한 정서를 공유하는 것도 결국 동일한 환경 요인이 작용하기 때문입니다. 우리는 조직이라는 틀 안에서 끊임없이 전체의 반응과 분위기, 기류를 읽고 그 상황에 맞춰 자신을 조정해나가는 존재입니다.

"인간은 환경에 좌우되어 의사 결정을 하고, 상황에 영향을 받아 행동한다."[250]

사가라 나미카, 『행동경제학』

따라서 리더는 구성원 개인의 태도나 정신력을 운운하기 전에, 그의 직속 상사가 발휘하는 리더십의 문제나 조직적·구조적 상황을 먼저 세밀하게 살펴봐야 합니다.

실제로 조직 내에서 특정 인물에 대한 평가를 들어보면, 동일 인물임에도 극명하게 엇갈리는 경우를 종종 목격하게 됩니다. 어떤 이들은 그를 최고의 동료로 치켜세우는 반면, 다른 이들은 최악의 인물로 평가하기도 합니다. 같은 사람을 두고 이렇게까지 다른 목소리가 나올 수 있나 싶을 정도입니다. 하지만 그 직원은 결국 똑같은 사람입니다. 다만 그가 처한 조직적·구조적 상황에 따라 다르게 행동할 수밖에 없었기에, 관계 맺는 사람들에 따라 서로 다른 인상을 받게 되는 것입니다.

리더는 직원 개인의 탓을 하기 전에, 그가 그렇게 행동할 수밖에 없었던 구조적 결함이나 상황적 요인이 무엇이었는지 먼저 점검해보기를 권합니다. 개인이 아무리 변하려고 노력해도 그를 둘러싼 시스템과 환경이 뒷받침되지 않는다면, 변화는 불가능합니다.

"종업원의 동기가 아무리 충만해도, 지원적인 작업 환경(충분한 자원 등)이 구비되어 있지 않으면 그들의 성과는 좋을 수 없다."[251]

스티븐 로빈슨, 『최고의 팀을 만드는 사람관리의 모든 것』

동기는
설계할 수 있는가

"문제를 해결하기 위해 자신의 강점과 열정을 활용할 기회가 주어질 때 사람들은 의미 있는 방식으로 변화를 만들 힘과 권한을 부여받았다는 기분을 느낀다. 자신이 창출하는 가치가 조직의 목적과 직접적으로 연결된다는 사실을 확인할 때 그들은 열심히 일하도록 동기를 부여받는다."[252]

랜디 로스, 『앞서가는 조직은 왜 관계에 충실한가』

동기 부여motivation 란 인간 행동의 가장 기본적인 요소 중 하나로, '목표 달성을 향해 행동을 자극하고 방향을 설정하며 이를 유지하는 일련의 과정이자, 개인의 목표 지향적 행위에 영향을 주는 심리적 과정'이라 정의합니다.[253] 인재를 효과적으로 관리하고 육성하기 위해서는 이 동기 부여의 메커니즘을 정확히 이해하는 것이 무엇보다 중요합니다.

가장 잘 알려진 욕구 기반의 동기 부여 이론으로는 매슬로우의 욕구 단계 이론Need Hierarchy Theory 이 있습니다. 인간의 욕구를 하위 체계부터 상위 체계까지 단계별로 설명한 모델입니다. 성취감, 도전감, 확신 등 직무 자체에서 오는 동기를 '내재적 동기'라 하며 급여나 인센티브, 승진, 휴가 등 직무 외적인 환경에서 오는 동기를 '외재적 동기'라 구분합니다.

하지만 매슬로우의 이론이 지나치게 많은 위계를 가정하고 있다는 비판이 제기되면서, 알더퍼는 이를 3수준으로 단순화한 'ERG 이론ERG Theory'을 제시했습니다. 그는 인간의 욕구를 존재 욕구Existence, 관계 욕구Relatedness, 성장 욕구Growth의 세 가지 핵심 범주로 압축했습니다. 매슬로우와의 결정적인 차이는 욕구의 단계가 반드시 순차적이지 않다는 점입니다. ERG 이론은 사람에 따라 욕구 단계를 건너뛸 수 있으며, 여러 욕구가 동시에 발생할 수 있다고 가정합니다. 특히 상위 욕구인 '성장'이 좌절될 경우 이미 충족되었던 하위 욕구인 '관계'나 '존재'에 더욱 집착하게 된다는 '좌절-퇴행'의 원리는 조직 관리에서 시사하는 바가 큽니다. 조직에서 성장의 기회를 느끼지 못한 직원이 보상이나 근로조건과 같은, 보다 기본적인 요소에 더욱 민감해지는 현상이 이에 해당합니다.

한편, 허츠버그는 근로 환경에서 불만족을 일으키는 요인과 만족을 일으키는 요인이 서로 독립되어 있다는 2요인 이론two-factor theory을 주장했습니다. 그는 두 요인이 서로 반대 개념이 아니라, 해결하는 조건 자체가 다르다고 보았습니다. 그의 이론에 따르면 위생 요인Hygiene factors(불만족 요인)은 직무 만족을 제공할 수는 없으며, 단지 불만을 예방할 뿐입니다. 다시 말해 작업 환경이나 급여 같은 위생 요인을 개선해주면 당장의 불만족은 사라지겠지만, 그것이 곧 성과를 향한 열정적인 '만족' 상태로 이어지지는 않는다는 뜻입니다. 반대로 동기 요인 Motivator factors(만족 요인)의 부재가 반드시 극심한 불만으로 직결되는 것도 아닙니다. 결국 리더는 불만을 없애는 것(위생 요인 관리)과 의욕을 고취하는 것(동기 요인 관리)을 별개의 전략으로 접근해야 합니다.

[동기 이론의 비교][254]

욕구 단계 이론(매슬로우)	ERG이론(알더퍼)	2요인 이론(허츠버그)
자아실현 욕구 (잠재력 최대 활용)	성장 욕구growth	동기 요인(만족 요인) - 성장, 독립성, 흥미, 책임감 (실제적인 과업 및 임무와 관련)
자아 욕구 (인정과 성공)		
사회적 욕구 (타인과 상호 작용)	관계 욕구relatedness	위생 요인(불만족 요인) - 급여, 작업 환경, 회사 정책 (직무수행 부수적 발생)
안전 욕구 (심리적, 물리적 안전)	존재 욕구existence	
생리적 욕구 (음식, 공기, 물 등 생존 욕구)		

　　최근 전 세계적으로 직무 몰입도 저하가 일반적인 현상이라지만, 특히 한국 근로자들의 몰입도가 현저히 낮다는 점은 부정할 수 없는 사실입니다. 이는 곧 노동 생산성 저하로 직결됩니다. "최선을 다하라"는 공허한 외침으로 동기를 이끌어낼 수 있을까요? 오히려 과도한 금

전적 보상이 내재적 동기를 저해한다는 연구 결과도 있습니다. 그렇다면 리더는 어떻게 동기 부여하고 임파워먼트 해야 할까요?

직원들은 언제 업무에 몰입할까요? 답은 '개인적인 성장'과 '업무상의 자율'에 있습니다. 즉 제대로 임파워먼트 되었을 때입니다. 임파워먼트란 단어 그대로 해석하면 '힘Power을 실어주는 것'입니다. 조직 행동에서는 관리자가 독점하던 의사 결정권과 책임을 구성원에게 나누어주어, 그들이 주체적으로 업무를 수행하게 만드는 일련의 과정을 말합니다. 자신이 자유롭게 업무를 수행하며 성취감을 느끼고, 이 과정을 통해 성장하고 있다는 확신이 드는 것이 동기 부여의 핵심입니다. 반대로 자신의 업무가 성장과 무관하다고 느껴지거나, 사사건건 결재와 컨펌을 거쳐야 하는 환경이라면 의욕은 바닥을 칠 수밖에 없습니다. 권한이 없다는 사실은 사람을 무기력하게 만듭니다. 선택권과 통제권이 있어 스스로 결정할 수 있다는 믿음이야말로 동기를 유발하는 가장 효과적인 장치입니다.

동기 부여를 가로막는 가장 큰 결정적 장애물은 바로 건강하지 못한 조직 문화와 불공정성입니다. 세상에 '원래부터 그런 관행'은 없습니다. 아무리 치열하게 성과를 낸들 그것이 승진이나 보상으로 이어지지 않는다면, 구성원의 동기 유발은 즉시 저해될 수밖에 없습니다.

만약 관리자가 직원들의 동기 부여에 어려움을 겪고 있다면, 그 원인의 상당 부분은 관리자 본인의 리더십이나 왜곡된 조직 시스템에 기인합니다. 공정한 절차를 통해 자신의 기여가 인정받는다는 믿음이 깨지는 순간, 조직에는 적당히 시간만 때우는 '농땡이 문화'가 자리 잡고 무임승차자Free-rider가 급증하게 됩니다. 결국, 동기 부여는 리더의 화려한 언변이 아니라 '공정하게 작동하는 시스템'이라는 토대 위에서만 꽃피울 수 있는 결과물입니다.

어느 회사에 한 고참 부장이 있었습니다. 그 직원은 일을 하지 않기로 소문날 정도로 업무를 심각하게 방치했습니다. 그러한 사실을 함께 일하는 동료와 고객은 물론, 협력사 직원들까지 거의 다 알 정도였습니다. 근무 시간에 개인적인 볼일을 보는 것은 기본이고, 자신이 당연히 처리해야 할 일도 미뤄두는 게 다반사였습니다. 고객의 연락을 고의로 피하는 등 상식적으로 다들 "이건 너무하다" 싶을 정도였습니다. 심지어는 참다못한 고객이 담당자를 바꿔달라고 공식적으로 요청할 정도였습니다.

그럼에도 불구하고 그 직원은 어느 날 인사에서 갑자기 보직을 부여받았습니다. 이를 지켜본 직원들은 생각합니다. '아, 저렇게 일해도 괜찮은 거구나!'라고 말이지요. 성실하게 일하는 것이 오히려 손해라는 생각이 들면서, 평범한 직원들조차 냉소적으로 변합니다.

아주 오래전 군 시절 카투사 행정병들이 모인 미군 여단 본부에서 명문대 출신 선임병이 했던 말이 지금도 생생합니다. "일은 서로 미루고 미루다 어쩔 수 없는 교차점에서 처리된다"라고 말입니다. 조직의 생리를 이보다 더 날카롭게 꼬집은 말이 있을까요?

"만약 종업원이 동기 부여 되지 않는다면, 그 잘못은 종업원이 아닌 관리자와 조직의 제도 및 관행에 있다."[255]

스티븐 로빈슨, 『사람 경영』

결국 직원들은 자신의 업무가 성장에 도움이 되고, 노력에 대한 합당한 평가와 보상이 따를 때 비로소 동기 부여를 받습니다. 그 과정에서 임파워먼트를 통해 적정한 권한을 가지고 자율적으로 업무를 추진할 수 있을 때 더욱 몰입하게 되지요. 관리자의 진정한 역할은 직원의 강점을 파악해 역량을 발휘할 여건을 조성하는 것입니다. 비생산적인 회의나 소모적인 행정 요소를 줄여주고, 구성원을 존중하는 마음으로 그들의 요구와 상황을 세밀하게 살펴야 합니다.

"누구나 디인이 사랑과 존중의 마음을 담아서 자기 얼굴을 바라봐주기를, 자기를 있는 그대로 받아들여주기를 갈망한다. 이는 다른 어떤 욕구보다 강렬하다."[256]

데이비드 브룩스, 『사람을 안다는 것』

자신이 모든 권한을 가지고 컨트롤해야 한다고 생각하는 관리자들이 있습니다. 실무를 추진하는 직원들에게는 그만큼 피곤한 일이 또 없습니다. 큰 방향을 설정하고 사업상 매우 중요한 요인이 아니라면 직원들에게 그냥 맡겨두셔도 괜찮습니다. 높은 경쟁을 뚫고 입사한 기본적으로 똑똑한 인재들입니다. 큰 문제가 생기지 않습니다. 문제는 바로 관리자가 사사건건 간섭하며 권한은 주지 않아 직원들이 지쳐가는 것입니다. 문제의 원인은 바로 상사라는 것이지요.

의사 결정권이 실무 담당자에게는 전혀 없고 중간관리자나 경영진에게만 있다면 그것이 오히려 문제입니다. 미국의 사회과학자 리커트는 구성원 각자가 영향력을 가지고 있다고 느낄 때, 조직의 생산성이 더 높아진다는 사실을 증명했습니다.[257] 동일한 역량을 가졌더라도 동기 부여가 된 정도에 따라 조직원의 업무 몰입과 태도가 달라져 성과도 달라지는 법입니다. 자신의 행동이 아무런 영향을 미치지 못한다고 느끼면 인간은 무력감에 빠져 차라리 아무것도 하지 않는 쪽을 선택하기 때문입니다.

"권한이 없다는 것은 사람을 무기력하게 만든다."[258]

장 프랑수아 만초니 외, 『필패 신드롬』

임파워링 리더십은 구성원에게 권한을 공유하고 의사 결정 기회를 제공함으로써 구성원의 직무 동기를 강화하는 리더십으로 구성원의 참여와 몰입을 독려하여 조직 효과성에 큰 영향을 미칩니다. 기존의 수직적이고 수동적인 역할에서 벗어나 구성원들이 자율적이고 주체적으로 업무하는 기회를 제공하는 것입니다. 임파워먼트를 통해 동기 부여가 되면 자연히 업무에 대한 주인 의식과 책임감도 생깁니다. 책임감이 생기면 소속감도 더욱 상승합니다. 내가 비록 회사의 진짜

주인은 아닐지언정 내가 하는 업무에 관해서만큼은 누구나 주인이 될
수 있습니다.

따라서 권한 위임은 상투적인 말이 아니라 실질적인 내용으로 적
용되어야 합니다. 리더의 역할을 맡은 지 얼마 되지 않은 신참 관리자
들은 업무를 선뜻 위임하지 못하는 경우가 있습니다. 구성원에게 중
요한 업무를 맡기면 관리자인 자신이 한 일이 없고 내세울 것이 없어
현재 위치를 잃을지도 모른다는 생각이 들 수도 있습니다. 또한 자신
의 통제 범위를 벗어나면 어쩌나 하는 두려움, 때로는 직원에게 과도
한 부담을 주는 것이 아닌가 하는 염려도 들 수 있습니다.

리더로서 충분히 성숙되지 못한, 준비되지 않은 관리자는 거기에
보태어 권력에 대한 욕심까지 갖기도 합니다. 준비되지 않은 권력에
대한 야망은 매우 위험하고 배타적이기까지 합니다. 전문성이나 존경
심이 전제되지 않은 채 직위에서 나오는 권력은 필연적으로 복종을
필요로 하기 때문입니다.[259] 하지만 리더는 구성원을 통해 성과를 내
는 사람이라는 것을 분명히 인식해야 합니다. 팀원들이 주인 의식을
갖고 능동적이고 주체적으로 움직일 수 있도록 동기를 부여하고 환경
을 만들어주는 사람입니다.

주인 의식을 갖고 주체적으로 추진하는 구성원들과 일하는 척하
며 수동적으로 일하는 구성원 중 누가 더 좋은 성과를 내는가는 너무
나 예측 가능합니다. 이때 주의할 점은 권한을 줬다고 해서 책임까지
완전히 떠넘기듯이 넘겨주는 것은 바람직하지 않습니다. 임파워먼트

를 통해 높은 책임을 느끼는 구성원들이 직무 과부하도 느끼는 것으로 나타났습니다.[260] 따라서 임파워먼트의 효과성을 높이기 위해서는 구성원들의 직무 과부하 수준, 개인별 경험과 역량 등을 고려한 전략적인 의사 결정이 필요합니다. 결과에 책임을 지는 사람은 결국 리더이니까요. 그래서 리더가 어려운 자리입니다. 아무나 해서도 안 되고, 그저 편하게 자리 지키고 있어서는 더더욱 안 되는 그런 자리입니다.

"권한 위임에는 개인별로 맞춤화된 접근법이 필요하다. 그래야 생산성이 높아지고 상사와 부하 모두의 만족도도 높아진다."[261]

사비나 나와즈, 『리더의 멘탈은 달라야 한다』

경력은 개인의 노력인가, 조직의 설계인가

"데이터는 거짓말을 하지 않는다. 실적이 가장 높은 팀의 특징인 8가지 항목 중 팀 생산성에서 가장 강력한 예측 변수로 두드러지는 것이 하나 있다. 그것은 '직장에서 매일 내 장점을 활용할 기회를 얻는다'는 느낌이다."[262]

마커스 버킹엄 외, 『일에 관한 9가지 거짓말』

「딜로이트 글로벌 2025 MZ세대 서베이」에 따르면, 현재 회사에 입사한 가장 큰 이유로 '일과 삶의 균형'과 '커리어 발전 가능성'에 이어 '배움과 성장 기회'가 Top 3로 꼽혔습니다.[263] 요즘 세대는 업무를 통한 성장과 경력 개발을 무엇보다 중요하게 생각합니다. 하지만 현실의 관리자들은 하루하루 업무를 엄격히 관리감독하는 데만 집중하곤 합니다. 직원들이 느끼는 커리어 성장에 대한 갈증과 관리자의 방식 사이에는 상당한 괴리가 존재합니다.

직원들은 업무를 통해 자신이 전진하고 있다는 감각을 느끼길 원합니다. 하버드 경영대학원 교수 테레사 아마빌은 1만 2천 일간의 방대한 연구를 정리한 저서 『전진의 법칙』에서, 아주 조금씩이라도 목표를 향해 나아가고 있다는 느낌이 직장생활의 내면 상태를 가장 긍정적으로 만든다고 강조했습니다.[264] 특히 거대한 성취보다 '작은 성공 small wins'이 매일의 몰입에 주는 영향력은 실로 지대합니다.

매슬로우의 욕구 5단계 체계에서 최상위에 위치한 단계는 자신의 잠재력을 최대로 실현하는 '자아실현'입니다. 조직 생활에서 자아실현을 논한다는 것이 자칫 현실과 동떨어진 거창한 담론처럼 들릴지도 모르겠습니다. 하지만 리더가 구성원 개개인이 지향하는 인생의 목표와 자아실현의 욕구에 진심 어린 관심을 기울이고, 이를 조직의 업무와 정교하게 얼라인먼트를 할 수 있다면 비로소 최상의 성과를 도출할 수 있을 것입니다. 결국 조직의 목적과 개인의 성장이 맞닿을 때, 그 폭발적인 동기는 그 어떤 보상보다 강력한 힘을 발휘합니다.

> "비즈니스에서 성공적인 결과를 만드는 진짜 동력은 개인적인 비전이다. 그럼에도 여전히 너무 많은 회사가 개인적인 비전은 고려도 하지 않은 채 어떻게 성과를 낼 수 있을지만 고민하며 헛다리를 짚는다."[265]
>
> 브라이언 모런 외, 『위대한 12주』

우리는 조직 생활을 하며 성장해갑니다. 하지만 조직이 직원의 경력 개발에 무관심하고, 개인 또한 수동적으로 주어진 업무만 쳐내며 살아간다면 20~30년 뒤 남는 것이 없다는 사실을 뒤늦게 깨닫게 됩니다. 직장 생활을 통해 주도적으로 경력을 관리하고 나아가야 하며,

그 여정 끝에 자아실현의 기회를 포착해야 합니다.

과거 고성장 시대에는 기업의 가파른 성장 속에서 시간이 흐르면 누구나 자연스럽게 부장이나 팀장이 되던 시절이 있었습니다. 하지만 지금과 같은 저성장 시대에는 승진을 통한 성장의 기회를 얻기가 결코 쉽지 않습니다. 전 세계적인 경력 정체Career Plateau 현상은 이미 선진국 대부분이 직면한 현실입니다. 경력이 정체되면 직무 만족과 성과, 조직 몰입에 치명적인 부정적 영향을 미친다는 사실은 수많은 연구를 통해 증명되었습니다.[266]

따라서 현대의 조직은 개인의 경력 개발이 실질적으로 성공할 수 있도록 정교한 시스템을 설계하고 환경을 조성해주는 데 더 깊은 관심을 기울여야 합니다. 리더는 팀원 개개인의 동기 부여 포인트와 강점을 명확히 파악하여, 그에 맞는 전략적 업무 분장과 관리를 실행해야 합니다. 단순히 '맨땅에 헤딩' 하듯 중구난방으로 일하며 세월만 보내는 사람과, 체계적인 단계를 밟으며 전문성을 쌓아가는 사람 사이에는 상상할 수 없을 정도의 격차가 벌어집니다. 그리고 이러한 차이는 결코 구성원 개인의 노력만으로는 만들어낼 수 없습니다. 조직의 의도적인 설계가 반드시 뒷받침되어야 합니다.

"직장은 자기표현의 무대가 되어야 한다. 인간으로서 우리는 진정한 자아를 인정받고 싶어 한다."[267]

대니얼 케이블, 『그 회사는 직원을 설레게 한다』

매슬로우는 자아실현에 도달한 사람들의 특징으로 현실적이고 자발적이며, 목표 중심적인 태도를 꼽았습니다. 그들은 주변 세계를 객관적으로 지각하고 불확실성을 수용하며, 사적 자유를 즐기면서도 사회적 관심과 공감을 잃지 않습니다. 창의적이고 독창적인 그들의 에너지는 조직의 강력한 자산이 됩니다.[268]

- 주변 세계를 명확하고 객관적으로 지각하며, 불확실성과 모호성을 잘 수용한다.

- 자기 자신과 타인과 자연을 있는 그대로 수용한다.

- 자발적으로 행동한다.(개방적이고 솔직하고 자연스럽다.)

- 문제 중심으로 사고하며 중요한 목표가 있다.

- 사적 자유를 즐기며, 타인에게 매달리지 않는다.

- 인식이 신선하다.(반복되는 경험조차도 새롭게 평가한다.)

- 가끔은 무아경, 놀라움, 경외심, 즐거움을 경험한다.

- 사회적 관심, 보편적 동정과 공감을 가진다.

- 소수와 깊은 대인 관계를 갖는다.

- 민주적 성격 구조를 갖는다.(인종, 종교, 사회적 편견이 없다.)

- 수단과 목표를 구별한다.

- 창의성, 독창성이 있다.

- 특정 문화에 집착하지 않는다.

현실 조직에서는 30년 넘게 헌신하고 퇴직한 뒤 아무런 소식 없이 조용히 사라지는 이들이 많습니다. 60세 정년퇴직을 해도 한창인 나이임에도 그들이 보이지 않는 이유는, 평범한 조직의 일원으로서 자신의 경력 개발에 수동적이었거나 관리자로서 '관리'만 적당히 하며 살아왔기 때문입니다. 퇴직 후 회사 이름이 새겨진 명함이 사라졌을 때, 시장에서 순수하게 자신만의 경쟁력으로 인정받는 것은 결코 쉽지 않습니다. 특히 기술이 없는 사무직 화이트칼라일수록 그 타격은 큽니다. 구성원을 전문가로 육성하는 것은 개인을 위해서이기도 하지만, 결국 경쟁력 있는 조직을 만드는 길입니다. 개인이 성장하지 않고서는 조직도 결코 성장할 수 없으며 생산성 또한 높아질 수 없기 때문입니다.

"우리는 지난 15년 동안 직급과 경력단계가 제각기 다른 이직자 수천 명에게서 나타나는 행동 패턴을 종합적으로 연구했다. 인터뷰, 설문 조사, 토론 수업, 컨설팅 참여, 코칭 세션 등을 진행하면서 우리는 직원들이 커리어와 삶이라는 관점에서 원하는 만큼 진전을 이루지 못했기 때문에 직장을 그만둔다는 사실을 거듭 확인할 수 있었다."[269]

《하버드비즈니스리뷰》

예를 들어 국어국문학과를 졸업한 A 직원이 기획서 작성에 탁월한 역량을 보인다면, 조직은 그가 기획 전문가로 성장할 수 있도록 전략적인 부서 배치나 프로젝트 투입을 통해 경력을 관리해줄 수 있습니다. 직원 역시 이러한 기회를 발판 삼아 십 년 이상의 세월을 쌓는다면, 사내외에서 두루 인정받는 전문가로 거듭날 것입니다. 반면, 해외 거주 경험이 풍부하고 외국어가 유창한 B 직원이 사내 정치나 인간관계 등의 이유로 전공과 무관한 분야만 전전하게 된다면, 조직과 개인 모두에게 막대한 손실입니다. 문제는 이처럼 시너지를 낼 명확한 방법이 있음에도 불구하고, 많은 리더와 조직이 이에 대해 진지하게 고민하지 않는다는 사실입니다.

어느 정도 규모를 갖추고 사업이 안정된 중견기업 이상의 조직은 인력 한두 명이 바뀌거나 배치가 어긋난다고 해서 그 영향이 당장 가시적으로 나타나지 않습니다. 하지만 이러한 부적절한 배치가 반복되면 그 손실은 보이지 않게 누적되어 조직의 근간을 흔듭니다. 당장 부정적인 징후가 눈에 띄지 않는다고 해서 영향이 없다고 안일하게 생각해서는 안 됩니다. 보이지 않는 곳에서 조직은 서서히 곪아가고 있기 때문입니다.

따라서 개인은 자신의 현재 지식과 기술을 정확히 인식하고, 앞으로 어떤 경력을 쌓아 성장해나갈지에 대한 나름의 계획과 철학을 세워야 합니다. 불확실한 미래 앞에서 주도적으로 자기 경력을 관리할 수 있는 역량을 갖추어야 하는 것입니다. 조직 또한 개개인이 체계적으로 성장할 수 있도록 경력 관리를 뒷받침해야 합니다. 그것이 조직 차원에서도 최상의 성과를 낼 수 있는 유일한 길입니다.

기존 직무 기술을 심화하는 업스킬링Upskilling과 새로운 기술을 습득하여 직무를 전환하는 리스킬링Reskilling 등 디지털 전환에 따른 트렌드도 적극적으로 반영해야 합니다. 특히 고령화된 조직일수록 시니어 근로자들의 강점을 살릴 수 있는 새로운 역할과 직무를 마련하고 리스킬링을 도와야 합니다. 정년이 다가오거나 임금피크제에 들어갔다는 이유로 역량 있는 시니어를 보직에서 배제하거나 팀원으로 방치하는 것은 조직의 지혜를 스스로 버리는 행위입니다. 이는 리더와 시니어 모두에게 결코 득이 되지 않습니다.

대한민국은 이미 초고령 사회에 진입했으며 정년 65세 시대 또한 머지않았습니다.[270] 이제 시니어의 오랜 경험과 지혜가 녹아 있는 암묵지를 조직의 핵심 역량으로 전환하기 위한 제도적 시스템 설계는 선택이 아닌 생존을 위한 필수 전략입니다.

“일부는 경력 개발이 조직 구조와 자원에 의존하기보다 개인적으로 추진되어야 한다고 결론을 내린다. 이러한 주장이 갖고 있는 장점은 있으나, 대부분의 개인이 조직을 통해 경력을 쌓는다는 사실을 기억할 필요가 있다.”[271]

킴벌리 맥도널드 외, 『HRD 관점에서 본 경력 개발』

직무 만족과 조직 몰입은
만들어진다

"일의 가장 이상적인 형태는 직원들이 중요한 하나의 과제에 집중할 수 있게 하는 것이다. 제대로 설계되고 조직된 직책은 한 사람이 가진 모든 관심과 에너지를 하나의 목표를 달성하는 데 집중하게 만든다. 그 밖의 다른 모든 것은 에너지의 분산과 낭비일 뿐이다."[272]

프레드문트 말릭, 『경영의 본질』

직무 만족과 조직 몰입은 인사 조직 연구에서 가장 비중 있게 다루는 주제입니다. 직무 만족Job satisfaction이란 말 그대로 자신의 직무에 대해 느끼는 긍정적인 감정 상태와 정서적 반응을 뜻합니다. 로크Locke는 이를 "개인이 중요하게 여기는 직무상의 가치를 실제 직무가 충족시켜줌으로써, 자신의 욕구와 직무 가치가 일치됨을 경험할 때 나타나는 감정적 반응"이라고 정의했습니다.[273]

여기에는 직무 자체에서 얻는 성취감·책임감·성장·자아실현 같은 내재적 만족과 복리후생·임금·승진 등 외적 환경에서 오는 외재적 만족이 있습니다. 허츠버그에 따르면 책임감이나 성취감 같은 '동기 요인'이 충족될 때 직무 만족이 증가하며, 임금이나 근로 조건 같은 '위생 요인'이 관리되지 않을 때 불만족이 커집니다. 즉 임금을 올려주면 당장의 불만족은 가실지 몰라도 그것이 곧 열정적인 만족 수준으로 이어지지는 않는다는 점을 리더는 명확히 이해하고 활용해야 합니다.

조직 몰입Organizational commitment은 구성원이 자신이 속한 조직과 스스로를 동일시하며, 조직에 대해 애정과 헌신을 다하려는 심리적 결속 상태를 의미합니다. 마이어와 앨런Meyer & Allen의 세 가지 구분이 가장 널리 쓰입니다.

- **정서적 몰입**: 조직에 대한 순수한 애착과 소속감으로 스스로 헌신하려는 상태

- **지속적 몰입**: 이직하는 것보다 남는 것이 경제적으로 유리하기 때문에 유지하는 몰입

- **규범적 몰입**: 사명감이나 도덕적 의무감에 기반하어 남아야 한다고 믿는 내적 가치관

한국경영자총협회에서 실시한 「주요 기업 근로자 업무 몰입도 현황 조사」에 따르면, 근로자들은 평균적으로 근무 시간의 약 17%를 업무가 아닌 사적 활동에 소비하고 있다고 평가했습니다. 또한 응답자의 93.9%가 생산성을 더 향상시킬 여력이 있다고 답했습니다. 반면 기업의 절반 이상은 이러한 몰입 저하에 적극적으로 대응하지 못하는

것으로 나타났습니다.[274]

어떻게 하면 직원을 업무에 몰입하게 할 수 있을까요? 정답은 의외로 간단합니다. 직원이 하고 싶어 하거나 가장 잘할 수 있는 업무에 배치하는 것입니다. 자신의 강점을 활용할 기회를 얻은 직원이 훨씬 헌신적으로 일한다는 연구 결과는 무수히 많습니다. 상식적으로 당연한 이야기입니다.

> "뛰어난 관리자와 그저 괜찮은 수준의 관리자의 가장 큰 차이는 결국 직원들 각자의 강점을 발휘하도록 돕는다는 데 있다. 직원들이 자신의 강점을 찾아 그에 집중할 수 있게 해주는 것이야말로 우리가 제안하는 가장 강력한 인력 관리 도구다."[275]
>
> 버네 하나시, 『스케일업』

강점을 발휘하며 일하면 성과는 자연히 뒤따릅니다. 이는 개인의 자아실현이자 조직의 성장으로 이어지는 윈윈Win-Win 전략입니다. 리더는 구성원이 회사의 일을 통해 자신의 강점을 발휘하고 자아실현을 이룰 수 있도록 정교하게 얼라인Align 하는 데 집중해야 합니다.

갤럽이 90개국 53개 산업을 대상으로 실시한 2024년 메타 분석에 따르면, 고몰입 조직은 저몰입 조직에 비해 생산성과 효율성, 세일즈, 그리고 구성원의 웰빙 지수가 월등히 높게 나타났습니다. 갤럽은 이를 두고 "조직이 몰입하는 직원의 수를 늘릴 때, 조직의 성과 지표 전반이 개선된다"라고 결론지었습니다.[276] 결국 구성원이 몰입하여 주도적으로 일하는가, 아니면 건성건성 시간만 때우며 일하는가는 조직의 운명을 가르는 결정적인 차이를 만듭니다. 몰입은 단순히 개인의 의지에 맡길 영역이 아니라, 리더가 강점을 기반으로 정교하게 설계해 내야 할 경영의 핵심 과제입니다.

우리는 흔히 번아웃이 과도한 업무량 때문에 생긴다고 생각하지만, 실상은 그렇지 않습니다. 『번아웃의 종말』의 저자 조나단 말레식은 "번아웃이 늘 과중한 업무의 결과는 아니라는 점"을 분명히 했습니다.[277] 번아웃은 나에게 맞지 않는 일을 하거나 업무에서 아무런 의미를 찾지 못할 때, 혹은 왜 이 일을 해야 하는지 동기가 사라져 몰입이 불가능해질 때 발생합니다. 조직에서 인정받지 못하고 부당한 대우를 받거나, 스스로 업무 통제권을 갖지 못할 때, 그리고 조직이 추구하는 가치가 개인의 신념과 상반될 때 번아웃은 시작됩니다.

따라서 번아웃을 방지한답시고 그저 쉬게 하거나 휴가를 주는 것은 근본적인 해결책이 아닙니다. 리더는 구성원의 직무와 역할을 다시 설계해야 합니다. 반면, 구성원이 자신이 잘하는 일을 할 기회를 얻었을 때 직무 만족과 조직 몰입이 높아져 성과가 극대화된다는 연구 결과는 많습니다. 성과가 좋은 팀과 그렇지 않은 팀을 가르는 결정적인 차이는 바로 '가장 잘할 수 있는 일을 할 기회'가 주어졌느냐의 여부입니다.

그럼에도 여전히 많은 리더와 조직이 직무 적합성Job Fit을 심도 있게 고민하지 않습니다. 업무 분장을 할 때 리더는 고연차와 저연차 직원의 경험, 역량, 강점을 충분히 검토해야 하며, 가치 창출의 정도 등 다양한 관점을 고려해야 합니다. 각자의 역할에 따라 일상 업무, 문제 해결 업무, 가치 창출 업무의 비중을 종합적으로 설계하는 것이 업무 배분의 핵심입니다. 이러한 고려 없이 '누가 맡든 문제만 생기지 않으면 그만'이라는 식의 일방적인 배분만큼 구시대적이고 비효율적인 방식은 없습니다.

우리가 반드시 기억해야 할 사실이 있습니다. 기본적으로 번아웃이 오는 직원들은 성실하고 책임감 있게 일하는 사람들입니다. 요령을 피우며 적당히 일하는 직원들에게는 절대로 번아웃이 찾아오지 않습니다. 그들은 최소한의 일만 하며 흔히 말해 '입으로' 일하는 경우가 많습니다. 일을 치열하게 고민하거나 몰입하지 않기 때문입니다. 결국 번아웃을 겪는 직원들이야말로 조직이 더욱 각별한 관심을 두고 반드시 지켜내야 할 '인재 중의 인재'입니다. 그들의 열정이 의미 없는 업무나 부적절한 배치로 인해 사그라지지 않도록 관리하는 것, 그것이 행동과학을 이해하는 리더의 진정한 실력입니다.

"번아웃 문제를 해결하고 싶다면 무엇보다 번아웃은 사람 문제가 아니라 조직 문제라는 진리를 되새기고 받아들여야 한다."[278]

제니퍼 모스, 『잘나가는 조직은 무엇이 다를까』

탁월한 조직을 완성하는
10가지 설계 원칙

"개개의 경영관리 양식들이 궁극적으로 기업의 성과에 영향을 미치기 위해서는 서로 밀접한 연계성을 가져야 하며 또한 조직의 아키텍쳐architecture(조직의 근본 지침 원리)와 일관성을 가져야만 한다."[279]

제프리 페퍼,『휴먼 이퀘이션』

지금까지 우리는 리더십, 조직 문화, 커뮤니케이션, HR 제도(시스템), 그리고 행동과학(근본 원리)을 살펴보았습니다. 결론은 명확합니다. 조직 관리가 제대로 삭동하려면 이 모든 요소가 하나의 유기체처럼 맞물려 돌아가야 합니다. 창의적 리더십 센터CCL의 제니퍼 딜은『밀레니얼 세대가 일터에서 원하는 것』에서 "구성원이 회사에 머물기로 결정하는 것은 특정 제도 하나 때문이 아니라, 조직이 제공하는 전체적인 혜택과 환경 때문"이라고 강조했습니다.[280]

신입사원 온보딩 교육을 진행하며 "여러분에게 좋은 일터란 무엇입니까?"라는 질문을 던져봤습니다. 그들의 답변은 실로 놀라웠습니다. 굳이 인사 전문가의 책을 찾아보지 않아도 될 만큼, 그들은 이미 바람직한 일터의 모습을 정확히 꿰뚫고 있었습니다.

- 확고한 시장 포지션과 성장 가능성을 갖춘 곳

- 인재 개발에 힘쓰며 자유로운 의사소통이 가능한 곳

- 존경할 만한 리더가 많고, 노력과 성과에 따른 인정과 보상이 확실한 곳

- 직원들이 자부심을 가지고 서로 돕는 분위기

- 새로운 도전을 장려하고 개인과 조직이 함께 발전하는 곳

- 일과 생활의 균형이 중시되며 팀원의 최선을 신뢰해주는 곳

- 회사가 발전 가능한 비전을 제시하고 성장을 지원하는 곳

이러한 생생한 목소리를 바탕으로, 탁월한 조직을 완성하는 10가지 설계 원칙을 제시하고자 합니다. 현장의 사례와 연구를 통해 확인한 이 원칙들은 시대를 초월하여 어디에서나 통용되는 핵심 원칙이 될 것입니다.

첫 번째, 학습하는 조직입니다. 성공하는 조직과 리더를 논할 때 결코 빠지지 않는 우선 조건입니다. 학습하지 않고서는 시대의 거센 변화를 읽을 수 없고, 구성원의 요구사항을 정확히 파악할 수 없으며, 조직이 나아가는 방향이 올바른지조차 가늠할 수 없습니다. 현재의 리더십이 구시대적인지, 조직 문화에 어떤 병폐가 있는지 알기 위해서는 우선 '배워야' 합니다. 알지 못하면 개선의 단계로 나아갈 수 없으며, 이는 결국 조직의 몰입 저하와 몰락으로 이어집니다.

오늘날 경쟁 우위를 점한 조직들의 공통점은 경이로운 수준으로 학습에 투자한다는 사실입니다.[281] '학습 민첩성Learning Agility'이 높은 조직일수록 압도적인 성과를 낸다는 연구 결과도 이를 뒷받침합니다. 학습은 단순한 교육 프로그램이 아니라 비즈니스 철학의 중심에 놓여야 합니다.

개개인이 학습하고자 하는 열정이 없다면 조직의 학습도 이루어지지 않습니다. 학습하는 개인이 많아질 때 조직의 역량 또한 자연스럽게 강화됩니다. 따라서 개인이 습득한 지식과 기술을 조직의 핵심 역량으로 발전시키고, '자기 주도적 학습 문화'를 설계하는 것이 성공의 관건입니다. 어느 선진 기업은 관리자로 승진하기 위한 필수 조건으로 자신의 지식과 노하우를 동료에게 전수하고 후배를 육성했다는 명확한 근거를 요구하기도 합니다. 학습하는 개인이 조직을 바꾸고, 학습하는 조직이 세상을 바꿉니다. 학습이 멈춘 조직에 강력한 미래란 존재할 수 없습니다.

> "미래에 진정한 경쟁우위를 갖고 앞서나갈 조직은 상하 구분 없이 모든 구성원의 학습능력을 활용하고 헌신을 끌어낼 방법을 찾아내는 조직이다."[282]
>
> 피터 센게, 『학습하는 조직』

두 번째, 강점 기반 조직입니다. 어느 조직이든 한두 명의 독보적인 천재가 모든 성과를 이끄는 경우는 흔치 않습니다. 그러나 구성원 개개인을 들여다보면 누구나 자신만의 강점 한두 가지는 반드시 품고 있기 마련입니다. 안타깝게도 여전히 많은 조직이 직원들이 가진 고유한 강점을 제대로 발견하지 못하거나 활용하지 못하고 있습니다. 조직은 구성원의 강점을 자양분 삼아야만 성장할 수 있습니다.

개인의 강점을 바탕으로 업무를 수행할 수 있도록 여건을 조성하고, 이를 생산적인 성과로 연결할 책임은 전적으로 리더에게 있습니다. B급 구성원의 강점을 살려 A급 성과를 내는 조직을 만들어가고, A급 구성원의 잠재력을 폭발시켜 S급 성과를 창출해내는 것이 리더십의 본질입니다. 이를 위해서는 철저히 개개인의 '강점'에 집중해야 합니다.

누구에게나 강점과 약점은 공존합니다. 만약 리더가 구성원의 약점에만 매몰된다면 어떤 결과가 초래될까요? 정답은 명확합니다. 약점을 보완하는 데 급급해서는 아무리 노력해도 '평균' 이상의 수준에 도달할 수 없습니다. 약점은 탁월한 성과의 발판이 되지 못하기 때문입니다. 부족한 부분은 리더나 다른 구성원이 보완하면 그만입니다.

리더는 직원이 잘하는 일을 더 잘할 수 있도록 적합한 업무를 부여하고, 그것이 지속적인 확장과 성장으로 이어지는 '선순환 사이클'을 설계해주어야 합니다. 다른 선택지는 없습니다. 모든 조직은 오직 강점에 초점을 맞춰 인재를 개발해야만 지속 가능한 성장을 이룰 수 있습니다.

무능함을 평범함으로 바꾸는 데 에너지를 쏟는 것보다, 이미 뛰어

난 것을 탁월한 수준으로 끌어올리는 것이 훨씬 효율적이며 확실한
성공의 길입니다.

세 번째, 두려움 없는 조직입니다. 오늘날 대한민국의 수많은 직장
인은 두려움 속에 일합니다. 자신의 생각을 솔직하게 말하는 것이 금
기시되는 분위기 때문입니다. 어떤 문제가 불합리하고 비효율적이며
분명히 잘못되었다는 확신이 들어도, 누구 하나 섣불리 입을 떼지 못
합니다. 솔직히 말했다가 상사에게 찍힐까봐, 혹은 "네가 말했으니 네
가 다 해결하라"며 책임이 전가될까봐, 그것도 아니면 아예 듣는 체도
하지 않고 무시낭할까봐 두렵기 때문입니다.

두려움은 침묵을 낳고, 침묵은 결국 조직을 정체와 후퇴의 늪으로
빠뜨립니다. 두려움에 질려 말문이 막히고 소통의 혈맥이 굳어버리면
조직은 파멸의 길로 들어설 수밖에 없습니다. 현장의 정확한 정보를
파악하지 못한 리더는 결국 최선의 의사 결정을 내리지 못하고 헛발
질만 반복하게 됩니다.

조직은 구성원이 어떤 아이디어를 내놓더라도 우선 수용하고 경
청하는 태도를 보여야 합니다. 필요하다면 익명 제보 시스템을 도입

해서라도 조직 내에 만연한 두려움을 걷어내야 합니다. 심리적 안전망이 없는 곳에서 조직원은 각자도생의 길을 걷게 됩니다. 쓸데없는 조직 정치로부터 자신을 지키는 데 소중한 시간과 에너지를 허비하게 되는 것입니다.

조직이 심리적 안전감Psychological Safety을 보장할 때, 구성원들은 비로소 방어 기제를 내려놓고 조직의 목표 달성을 위해 진심으로 협업하기 시작합니다. 리더의 가장 중요한 책무는 구성원이 "말해도 안전하다"라고 느끼는 단단한 신뢰의 토양을 만드는 것입니다.

"직원들이 안심하고 위험을 감수할 수 있는 환경을 조성하는 일을 가장 먼저 실행하십시오."[284]

톰 피터스 외, 『사장은 어떻게 일해야 하는가』

네 번째, 투명한 조직입니다. 승진 인사가 발표된 뒤 여기저기서 수군거리는 소리가 들립니까? 회사에 큰 이슈가 생겼는데 공식 발표보다 출처 불명의 소문이 더 빠르게 퍼지고 있습니까? 투명한 조직이란 말 그대로 정보가 가감 없이 공개되고, 물 흐르듯 선명하게 흐르는 조직을 의미합니다. 정립된 절차와 기준에 따라 조직이 운영되고, 그 과정이 구성원들에게 객관적으로 공유되는 상태입니다. 투명성이 확보된 조직에서는 근거 없는 소문이나 뒷말이 발붙일 곳이 없습니다. 어떤 사건이 발생했을 때 원인과 결과는 물론, 특히 그 결정에 이르는

'과정'을 직원들이 충분히 알 수 있어야 합니다. 정보의 독점에서 발생하는 불필요한 권력 관계 또한 사라져야 합니다. 왜 이런 상황이 생겼는지 누구나 쉽게 이해할 수 있다면, 굳이 몇몇이 은밀하게 모여 정보를 교환하거나 의견을 나눌 필요가 없기 때문입니다.

조직원들은 업무에 필요한 정보를 동일한 시점에, 공평하게 전달받아야 합니다. 만약 사내 핵심 정보를 얻기 위해 저녁 술자리에 반드시 참석해야 하거나, 옥상 흡연 구역을 기웃거려야만 한다면 그 조직의 미래는 단언컨대 매우 어둡습니다. 정보는 특정 계층이나 집단에 고여 있지 않고, 모든 구성원에게 공평하게 접근 가능해야 합니다. 정보의 투명성은 곧 조직의 공정성으로 이어지며, 이는 구성원들이 조직을 신뢰하게 만드는 단단한 뿌리가 됩니다.

> "투명성을 구현하려면 오랫동안 산재한 기존의 문제들을 더 이상 감출 수 없기 때문에, 투명성은 문제 탐지기라고 할 수 있다. 따라서 투명성은 고질적으로 이어져 온 문제를 최종적으로 해결하는 열쇠이기도 하다."[285]
>
> 유타 엑슈타인 외, 『BOSSA nova』

다섯 번째, 행복한 조직입니다. 조직은 구성원의 행복을 최우선 순위에 두어야 합니다. 흔히 '고객 만족'을 최우선 가치로 꼽지만, 사실 직원 만족이 고객 만족보다 앞서야 합니다. 직원이 스스로 행복하지 않은 상태에서 고객에게 진정성 있는 최상의 서비스를 제공하기란 불가능에 가깝기 때문입니다.

사람 중심 경영을 오랫동안 실천해온 어느 유명 중견기업을 방문했을 때의 일입니다. 그곳에서 만난 직원들은 하나같이 표정이 밝고 에너지가 넘쳤습니다. 그들과 대화하는 것만으로도 방문객인 저조차 기분이 좋아지는 경험을 했습니다. 이처럼 구성원의 내면 상태가 긍정적일 때 조직에는 생동감이 돌고, 이는 곧 제품의 질과 서비스의 품격으로 이어져 생산성을 높이는 선순환을 만듭니다.

오늘날의 조직은 조직원의 감정을 세밀하게 살피고, 그들을 행복하게 해줄 방안을 치열하게 고민해야 합니다. 그러면 직원들은 반드시 더 높은 성과로 보답할 것입니다. 인간은 결국 감정에 지배받는 존재입니다. 개인의 기분이나 정서는 조직 전체의 분위기를 좌우합니다. 불만과 불행에 잠긴 직원은 설령 능력이 뛰어나더라도 자신의 역량을 온전히 쏟아붓지 않을 가능성이 큽니다.

궁극적인 행복은 올바른 관계 속에서 피어납니다. 구성원 간의 신뢰, 그리고 조직과의 단단한 연결 고리가 형성되어 있을 때 비로소 행복은 존재합니다. 특히 구성원의 행복은 동료, 그중에서도 상사와의 관계에 결정적인 영향을 받습니다. 서로를 신뢰하고 존중하는 문화가 뿌리내릴 때, 직원들은 비로소 일터에서 진정한 행복을 느끼며 자신의 잠재력을 발휘할 수 있습니다.

"역동적이고 효율적이며 성과 높은 조직을 만드는 결정적인 요소는 바로 행복한 팀이다."[286]

댄 코커렐, 『디즈니 리더십 수업』

여섯 번째, 시스템 기반 조직입니다. 조직을 운영하는 데 있어 시스템은 개인의 태도보다 훨씬 중요합니다. 아무리 역량이 뛰어난 직원이라도 시스템이 망가진 조직에서는 자신의 능력을 온전히 발휘할 수 없습니다. 리더가 입버릇처럼 구성원을 위한다고 강조하더라도, 그것이 구체적인 인사 제도와 시스템으로 안착하고 현실화하지 않는다면 공허한 외침에 불과합니다. 오히려 실현되지 않는 약속은 구성원들에게 더 큰 실망과 불신만 안겨줄 뿐입니다.

중요한 것은 말뿐인 구호가 아니라, 조직 현장에서 구성원들이 피부로 느낄 수 있도록 모든 과정이 시스템화되는 것입니다. 시스템이란 결국 '그렇게 될 수밖에 없도록' 만드는 강제 기제입니다. 회사의 핵심 가치에 따라 묵묵히 일하는 사람이 정당하게 인정받고 승진할 수밖에 없게 만드는 것, 그것이 바로 제대로 된 시스템의 힘입니다.

채용과 보상, 이동 배치와 같은 핵심 의사 결정은 정립된 절차와 객관적인 기준에 따라 이루어져야 합니다. 영향력 있는 특정인의 개인적인 호불호나 옥상 흡연구역에서의 은밀한 대화가 결정의 근거가 되어서는 안 됩니다. 시스템은 구성원의 행동을 규정합니다. 잘못된 리더십으로 조직에 해를 끼치는 사람, 혹은 실력 대신 조직 정치로 연명하려는 이들이 자연스럽게 도태될 수밖에 없도록 만드는 구조가 필요합니다.

아무리 뛰어난 인재라도 정교하게 설계된 시스템을 이길 수는 없습니다. 개인의 변덕에 휘둘리지 않고 조직의 철학이 일관되게 흐를 수 있도록 견고한 시스템 아키텍처를 구축하는 것, 그것이 탁월한 조직의 강력한 토대입니다.

시오노 나나미, 『시오노 나나미의 국가와 역사』

일곱 번째, 실천하는 조직입니다. 실행력이 강한 개인과 조직만이 결국 성장하고 발전의 기회를 거머쥐게 됩니다. 진정으로 성공하는 조직은 화려한 전략보다 실행 그 자체의 엄중함을 잘 알고 있습니다. 제아무리 완벽한 전략이라도 실천에 옮기지 않는다면 종이 위에 머무는 낙서에 불과하기 때문입니다.

포춘 500대 기업에는 명문 MBA 출신의 유능한 전략가들이 즐비합니다. 그들이 기획하는 경영 전략은 이론적으로 완벽에 가깝지만, 그 전략이 실제 성공으로 이어지느냐는 결국 현장의 실행력에 달려 있습니다. CEO가 매일 아침 조찬 모임에서 최신 트렌드를 공부하고 전문가들과 화려한 네트워크를 쌓는다 해도, 자신의 조직 안에서 단 하나라도 실천에 옮기지 않는다면 그 모든 노력은 아무런 의미가 없습니다.

　아는 것과 행동하는 것 사이에는 거대한 간극이 존재합니다. 작고 사소한 것이라도 하나씩 실천에 옮기면 변화와 발전의 동력이 생깁니다. 인간의 행동양식과 세상의 섭리를 꿰뚫는 작가 모건 하우절은 저서 『불변의 법칙』에서 "대부분의 놀라운 성공이나 성취도 작고 하찮은 뭔가가 쌓여 특별한 것으로 변할 때 일어난다"라고 말했습니다.[288] 알고 있는 지식에 따라 하나씩 행동으로 실천하는 것이 성과의 핵심입니다.

　조직의 실행력은 의사 결정 프로세스가 빠르고 실질적인 권한이 위임될 때 강력한 탄력을 받습니다. 개인에게 적합한 능력이 있더라도, 실패를 두려워하지 않을 자유와 조직의 전폭적인 지원이 보장될 때 비로소 실행력은 온전히 발휘됩니다. 결국 실행력 또한 한 개인의 역량을 넘어, 조직의 문화와 시스템이라는 토양 위에서 피어나는 꽃입니다.

"한 번의 큰 성공보다 일관성 있는 작은 행동이 위대함을 결정한다."[289]

짐 콜린스 외, 『위대한 기업의 선택』

　여덟 번째, 다양성 기반 조직입니다. 여전히 대졸 신입 공채만을 고집하거나, 팀장급 이상 관리자의 대다수가 특정 성별로만 구성된 조직이 있습니까? 성별, 연령, 지역, 학력의 장벽을 허물고 다양성

Diversity을 포용하는 조직만이 오늘날의 복잡한 시장 환경에서 압도적인 경쟁력을 창출해냅니다.

실제로 여성 임원의 비율이 30% 이상이거나 인종과 문화가 다양한 기업은 그렇지 않은 기업에 비해 월등히 높은 경영 성과를 거둔다는 연구 결과가 많습니다.[290] 다름은 단순한 차이가 아니라 시너지를 만드는 원동력입니다. 연령대가 고르게 분포된 집단이 그렇지 않은 집단보다 업무 속도가 빠르고 실수가 적다는 사례 역시 다양성이 가진 실질적인 힘을 증명합니다. 풍부한 정보와 지식, 그리고 서로 다른 관점이 만날 때 집단 지성은 비로소 빛을 발합니다.

만약 우리 조직의 여성 관리자 비율이 전체 여성 직원 비율에 비해 턱없이 낮다면, 그 이면에 숨겨진 구조적 원인을 반드시 살펴볼 필요가 있습니다. 또한 유독 경력 입사자들의 퇴사율이 신입 공채 출신보다 높다면, 그 또한 조직 문화의 폐쇄성을 점검해봐야 할 위험 신호입니다.

다양한 배경을 가진 인재들이 자신의 역량을 마음껏 펼치며 기존 시스템에 새로운 의견을 던질 수 있어야 합니다. 낯선 시각들이 건강하게 부딪히며 조직의 경직성을 깨뜨리고 더 나은 방향으로 나아가는 것이야말로 건강한 조직이 지향해야 할 모습입니다. 순혈주의의 함정에서 벗어나 '다름'을 수용할 때, 조직은 지속 가능한 성장을 이룰 수 있습니다.

"다양한 인력들은 다양한 생각을 만들어내며, 다양한 사고방식은 높은 성과를 창출해내게 된다. 인종, 종교, 교육배경, 라이프스타일, 연령 등 다양한 측면에서 차이를 보이는 다양성은 다양한 아이디어, 문제해결 경험, 창조성과 혁신 등과 관련된다."[291]

리처드 대프트, 『리더십』

아홉 번째, 효율성 지향 조직입니다. 사무실 책상 앞에 얼마나 오래 앉아 있느냐는 더 이상 중요하지 않습니다. 하지만 솔직히 우리 주변에는 여전히 야근하며 늦게까지 자리를 지키는 것 자체를 '성실함'으로 오해하는 시각이 남아 있습니다. 여러 연구에 따르면 워라밸 Work-Life Balance을 지키며 충분히 휴식하는 직원이 훨씬 생산적임에도 불구하고, 성작 인사 평가에서는 야근하는 직원에게 더 후한 점수를 주는 모순이 비일비재합니다.[292]

오히려 특정 팀이 지속적으로 야근을 반복한다면, 리더는 이를 '헌신'이 아닌 '비효율의 신호'로 의심해봐야 합니다. 비효율적인 관행을 과감히 제거하고 정해진 시간 내에 몰입해서 일하는 문화를 정착시키는 것이 급선무입니다. 어떤 조직원은 근무 시간 중 상당 부분을 쇼핑이나 사적 활동에 할애하면서도, 단순히 늦게 퇴근하는 모습을 보여주기 위해 자리를 지키곤 합니다.

근무 시간의 연장은 생산성 향상과 무관할 뿐만 아니라 관료적 문화 속에서 '가짜 노동'만 양산할 뿐입니다.

보여주기식으로 일하는 척하는 문화, 근무 시간에는 여유를 부리다 초과 근무를 신청하는 관행은 조직의 발전을 저해하는 요소입니다. 한국직업능력연구원의 최근 조사에 따르면, 많은 근로자(68.5%)가 업무 효율을 높일 구체적인 방법을 알고 있음에도 실제 회사에 제안한 경우는 절반 수준(53.2%)에 불과했습니다.[293] 리더는 구성원을 지치게 하거나 업무를 방해하는 요소들을 끊임없이 찾아내어 제거해주어야 합니다.

특히 집단 규모가 커질수록 개개인의 기여도가 낮아지고 책임이 분산되는 링겔만 효과Ringelmann effect를 경계해야 합니다. 조직 내에 무임승차자(프리라이더)가 생기지 않도록 리더는 업무 프로세스를 최적화하고, 구성원 각자의 역할과 성과를 명확히 관리하여 업무 효율을 극대화해야 합니다. 이것이 바로 중간 관리자가 짊어져야 할 가장 중요한 역할이자 책임입니다.

"작업 시간이 누적되고 수면시간이 줄어들수록 생산성은 결국 저하된다. 그러나 대부분의 기업은 여전히 대역폭이 아니라 시간만 관리한다."[294]

센딜 멀레이너선 외, 『결핍은 우리를 어떻게 변화시키는가』

열 번째, 사람 중심 조직입니다. 인재를 소중히 생각하는 조직을 말합니다. 이는 인재를 단순히 자원으로 보지 않고, 조직의 가장 소중한 자산이자 목적으로 여기는 인재 경영, 사람 경영의 정점입니다. 구성원을 인격체로 존중하고, 그들이 소신껏 일하며 잠재된 역량을 마음껏 펼칠 수 있도록 최적의 환경을 마련하며 적재적소에 배치하는 것이 그 시작입니다.

조직의 실체는 사람입니다. 제아무리 정교한 전략도, 번개 같은 실행력도, 시장을 뒤흔드는 파괴적 혁신도 결국 사람이 구상하고 사람이 실행하는 것입니다. 조직의 모든 활동은 사람이라는 필터를 거쳐 이루어질 수밖에 없습니다. 따라서 직원을 하나의 부속품이 아닌 존엄한 인격체로 대우하고, 그들의 성장을 진심으로 돕는 것은 선택이 아닌 생존의 문제입니다. 이는 전 세계 선진 기업들이 공통적으로 지향하는 불변의 가치이기도 합니다. 그 어떤 화려한 성과나 지표도 사람보다 우선할 수는 없습니다. 사람에 대한 깊은 이해와 공감 능력이 결여된 이가 리더의 역할을 온전히 수행하기란 불가능합니다. 타인에 대한 편견에 사로잡혀 있거나 인간에 대한 기본적인 예우를 갖추지 못한 사람은 결코 HR 업무나 조직 관리를 맡아서는 안 됩니다.

구성원을 소모품이 아닌 동반자로 존중할 때, 그들은 조직의 목표에 응답하고 성과로 증명합니다. 훌륭한 리더는 모든 구성원이 조직에 기여할 수 있는 각자의 방법을 찾아내고, 그들이 빛날 수 있는 기회와 무대를 의도적으로 설계하는 사람입니다. 사람을 아끼는 마음이야말로 조직을 승리로 이끄는 가장 강력한 전략입니다.

"위대한 기업의 요건이 무엇인지 25년 넘게 곰곰이 되짚어보면서 나는 '사람 먼저

first who'라는 원칙이 다른 어떤 것보다 중요하며 또한 절대로 놓쳐서는 안 되는 유일한 원칙임을 깨달았다."[295]

짐 콜린스·빌 레지어, 『좋은 리더를 넘어 위대한 리더로』

대한민국 조직의 현주소 — 일곱 가지 생생한 사례

본 부록에서는 대한민국을 구성하는 일곱 가지 다양한 조직의 생생한 목소리를 담았습니다. 대기업부터 외국계 기업, 중견기업, 공기업, 사단법인, 재단법인, 그리고 중소기업에 이르기까지, 각기 다른 규모와 성격을 지닌 조직의 구성원들을 만났습니다. 이들에게 본 책에서 핵심적으로 다룬 리더십, 조직 문화, 커뮤니케이션, HR 제도, 그리고 HR 근본 원리(행동과학)라는 다섯 가지 주제에 대해 동일한 질문을 던졌습니다.

인터뷰를 통해 확인한 현장의 모습은 사뭇 대조적이었습니다. 대기업은 풍부한 자원을 바탕으로 화려하고 다양한 제도들을 시행하고 있지만, 그 내면의 조직 문화는 여전히 수직적이고 보수적인 한국 특유의 분위기를 완전히 탈피하지 못하고 있었습니다. 반면, 외국계 기업은 상대적으로 권위주의에서 자유롭고 유연하며 활발한 소통 문화가 정착되어 있음을 체감할 수 있었습니다.

공기업과 중소기업의 사례에서는 생산성 향상과 조직 현대화를 위해 여전히 넘어야 할 산이 많다는 엄중한 현실을 다시금 확인하게 됩니다. 독자 여러분의 이해를 돕기 위해 일곱 개 조직 구성원들이 들려준 답변을 가감 없이, 편집 없이 그대로 실었습니다. 이들의 목소리는 대한민국 조직이 지금 어디에 서 있는지, 그리고 어디로 나아가야 할지를 비추는 가장 정직한 거울이 될 것입니다. 사례를 솔직하게 제공해주신 분들께 감사드립니다.

Q1. 리더십

"귀사의 리더십은 어떠하며, 구성원들의 신뢰를 얻고 있습니까?"

– 리더를 선발하는 명확한 기준과 육성하는 시스템이 존재하는가?
– 리더십의 발휘가 조직 전반에 긍정적인 영향력을 미치고 있는가?

Q2. 조직 문화

"귀사의 조직 문화는 어떠하며, 가치 체계를 체계적으로 관리하고 있습니까?"

– 한국 조직 특유의 수직적·관료적 관행이 남아 있는가?
– 수평적이고 자율적인 문화를 만들기 위한 실질적인 노력을 기울이고 있는가?

Q3. 커뮤니케이션

"귀사의 의사소통은 전반적으로 원활하다고 생각하십니까?"

– 정보가 특정 계층에 고이시 않고 투명하게 흐르고 있는가?
– 하향식 지시를 넘어 상향식 피드백과 수평적 토론이 가능한 구조인가?

Q4. HR 제도

"채용, 평가, 보상, 육성 등 HR 전반에 전문성을 갖추고 있습니까?"

– 직무 전문성에 기반한 채용과 공정한 성과 평가가 이루어지는가?
– 연공서열 중심이 아닌 역할과 성과 중심의 보상 체계가 작동하는가?

Q5. HR 근본 원리

"직원 개인의 동기 부여와 자아실현을 위해 노력하고 있습니까?"

– 직원을 소모품이 아닌 인격체로 존중하며 성장의 기회를 제공하는가?
– 구성원들이 조직에 몰입하고 직무에 만족하며 행복을 느끼고 있는가?

<h2 align="center">사례 1: 국내 주요 대기업(A사)</h2>

<h3 align="center">"정교한 시스템 아키텍처와 수평적 전환을 위한 분투"</h3>

Q1. 리더십: 철학과 검증, 그리고 엄격한 사후 관리

- 경영 철학의 투영: 회장의 리더십은 '끊임없는 혁신'과 '통합·포용'을 전사적 핵심 가치로 강조하며, 이는 조직 운영의 근간이 됩니다.

- 입체적 선발 기준: 리더 선발 시 단순 성과에 의존하지 않고 성과와 역량 검증, 동료 평판, 조직장 추천서 등 다양한 기준을 종합적으로 활용하여 자질을 검증합니다.

- 리스크 관리와 피드백: 성과가 저조한 리더를 다른 역할로 순환 배치하는 구조화된 프로세스를 운영합니다. 특히 리더십 다면평가 제도를 통해 수집된 피드백을 인사에 적극 반영하며 리더십의 질을 관리합니다.

- 행동 지침의 명문화: 교육 및 코칭 프로그램 외에도 리더들에게 '구체적 행동 지침'을 배포합니다. 이를 통해 공정한 평가, 소통, 솔선수범, 직원 자기계발 독려 등 리더가 현장에서 보여주어야 할 행동 양식을 명확히 규정하고 있습니다.

Q2. 조직 문화: 관료주의 해체와 자율성의 이식

- 수평적 전환: 과거의 수직적·관료적 문화를 탈피하기 위해 복장 자율화, 자율출퇴근제, 직급·호칭 단순화, 수기 결재 폐지, 타운홀 미팅 등 파격적인 제도를 도입하여 자율성을 강화했습니다.

- 상시 진단 시스템: 매년 전 임직원 대상 조직 문화 진단평가를 실시하고, 결과에 따라 개선 과제 도출 및 맞춤형 컨설팅을 진행합니다.

- 현장의 온도 차: 대대적인 혁신에도 불구하고 일부 현장이나 특정 부문에는 과거의 관료적 문화가 남아 있다는 지적이 존재합니다. 이를 위해 각 부서에 '변화 혁신 담당자'를 배치하여 리더와 함께 실질적인 개선을 주도하게 합니다.

Q3. 커뮤니케이션: 체계의 간소화와 중간관리자의 병목

- 보고 체계 혁신: 과거의 다단계 수직 구조에서 벗어나 실장급이 경영진에게 직접 이메일로 보고하는 등 의사 결정 단계를 대폭 간소화했습니다.
- 소통의 다각화: 타운홀 미팅과 격식 없는 소통 행사를 통해 경영진이 직접 임직원과 대화하는 자리를 적극적으로 마련하고 있습니다.
- 심리적 장벽: 시스템은 개선되었으나, 일부 중간관리자(팀장·임원) 계층에 남은 과거 관행이 직원들의 자유로운 의견 개진을 가로막는 제약 요소로 작용하기도 합니다. 대규모 조직의 특성상 완전한 정착에는 시간이 더 필요하다는 현실적 한계가 공존합니다.

Q4. HR 제도: 직무 전문성과 성과 중심의 재편

- 채용의 유연화: 정기 공채를 폐지하고 수시 채용 체제로 전면 전환하여 적기에 필요한 인재를 확보합니다. 사내 우수 인재 공모 시스템을 통해 기존 직원의 본부 간 전환 배치와 경력 개발을 활성화하고 있습니다.
- 평가와 보상의 공정성: 상대평가에서 절대평가로 전환하여 소모적 경쟁을 줄였으며, 동료 평가(피어 리뷰)를 통해 평가의 다면성을 높였습니다. 경영 성과에 따른 초과이익 배분 등 성과 기반 보상 체계가 확고히 정착되어 있습니다.
- 육성과 직급 파괴: 직급 체계를 6단계에서 4단계로 단순화하고 승진 연차 제도를 폐지하여, 전문성을 갖춘 인재가 조기에 성장할 수 있는 경로를 열어두었습니다.
- 글로벌 노무 관리: 인권 경영과 공정 임금 등 글로벌 기준에 부합하는 노무 체계를 갖추고 노사 간 소통 채널을 상시 가동합니다.

Q5. HR 근본 원리: 동기 부여와 몰입의 체계적 관리

- 성장 환경 조성: 유연한 근무 환경과 참여형 의사 결정 구조를 통해 직원이 자율적으로 역량을 개발하도록 설계되어 있습니다.

- 데이터 기반 만족도 관리: 매년 실시하는 진단평가를 통해 복지, 환경, 성장 기회 등 다양한 측면의 만족도와 몰입도를 체계적으로 추적하고 관리합니다. 창의 아이디어 공모전 등을 통해 조직에 대한 소속감과 기여 의지를 높이고 있습니다.

사례 2: 글로벌 외국계 기업(B사)

"실용주의적 성과 문화와 리더가 앞장서는 수평주의"

Q1. 리더십: 엄격한 다면평가와 자발적 역량 증명

- 신뢰와 선발 기준: 리더십에 대한 신뢰도는 전반적으로 높으며, 리더 선발 기준은 갈수록 까다로워지고 있습니다. 단순히 실적이 좋은 사람을 뽑는 것이 아니라, 리더로서의 자질을 입체적으로 검증합니다.

- 다면적 평가 체계: 매년 진행되는 후임 및 선임들의 평가가 선발의 핵심 기준이 됩니다. 여기에 기본적인 업무 퍼포먼스는 물론, 연간 수행되는 사내 프로젝트에 대한 자발적 참여도와 교육 이수 현황을 종합합니다.

- 직위별 차등 적용: 이러한 검증 기준은 리더의 직위Level에 따라 차등 적용되어, 고위직으로 갈수록 더 높은 수준의 리더십 역량을 요구합니다.

Q2. 조직 문화: 호칭 파괴를 통한 실질적 수평화

- 절대평가 중심: 외국계 기업 특성상 타인과의 경쟁보다는 개인의 성취에 집중하는 성과 중심 절대평가를 시행합니다.

- 리더의 솔선수범: '~님' 호칭 사용을 통해 권위적인 수직 문화를 걷어냈습니다. 특히 상급 리더들부터 이를 철저히 실천함에 따라, 모든 직원이 자연스럽게 수평적 호칭 문화를 일상에 정착시켰습니다.

Q3. 커뮤니케이션: 'One Company'를 위한 필연적 소통

- 협업의 구조화: 수많은 부서와 복합적인 조직이 '하나의 회사'라는 모토 아래 대규모 프로젝트를 공동 수행합니다.

- 체감되는 변화: 업무 특성상 원활한 의사소통이 생존과 직결되기 때문에, 구성원들은 몇 년 전과 비교해 소통의 질과 양이 비약적으로 발전했음을 현장에서 체감하고 있습니다.

Q4. HR 제도: 글로벌 가이드라인과 로컬의 유연한 조화

- 전담 지원 체계: 글로벌 본사의 HR 기준을 근간으로 삼되, 한국의 법규와 정서에 맞는 규칙을 유연하게 적용합니다. 특히 부서별 전담 HR 담당자가 지정되어 있어, 현장 밀착형 지원과 소통이 즉각적으로 이루어집니다.
- 민첩한 보상과 과제: 성과에 따른 수시 프로모션(승진 및 발탁)이 매우 역동적으로 일어납니다. 다만, 이러한 빠른 변화 속도에 맞춰 보상 체계를 더욱 정밀하게 정립해야 한다는 내부적 필요성도 제기됩니다.

Q5. HR 근본 원리: 1:1 미팅을 통한 개인의 성장 지원

- 자율성 보장: 동아리 활동, 자율 출퇴근제 등 개인의 자아실현과 동기 부여를 위한 교육 및 자유 시간을 적극적으로 제공합니다.
- 밀착형 피드백: 상사와 정기적으로 진행하는 ‘1:1 미팅Check-in’이 핵심입니다. 이를 통해 직무 만족도를 실시간으로 점검하고 개선합니다.
- 목표의 정렬: 매년 부서별 평가를 통해 리더십의 자질과 성과를 입체적으로 분석합니다. 이를 통해 전 직원이 하나의 목표를 향해 나아가도록 유도하며, 이는 자연스럽게 높은 조직 몰입도로 이어지고 있습니다.

사례 3: 경영 위기 속의 중견기업(C사)

"단기 성과에 매몰된 시스템의 부재와 고립된 구성원들"

Q1. 리더십: 전략 없는 연공서열과 단기 매출의 늪

- 인사 관리의 실종: 장기간 지속된 경영 악화로 인해 리더십 양성 및 내부 관리 시스템이 거의 마비된 상태입니다.

- 연차 중심의 보직 부여: 리더 육성 프로세스가 전무하여 단순히 연차와 서열에 따라 리더 역할을 부여받습니다. 신사업으로 전환된 상황임에도 불구하고 리더들은 전략적 방향 설정 없이 초단기 매출 증대에만 매몰되어 있습니다.

- 혁신의 정체: 리더 교체가 거의 이루어지지 않아 조직의 변화와 혁신을 기대하기 어려운 구조적 한계에 부딪혀 있습니다.

Q2. 조직 문화: 과거로의 회귀와 젊은 세대의 이탈

- 수직적 고착화: 신규 인력 유입이 중단되고 기존 리더층이 고착되면서 과거의 수직적 운영 방식이 지속되고 있습니다. 이로 인해 젊은 구성원들의 이탈이 급증하는 악순환이 반복됩니다.

- 시스템의 무력화: 새로운 시스템을 도입하려 해도 리더급의 반대로 다시 과거 방식으로 회귀하곤 합니다.

- 권한과 책임의 불균형: 성과와 책임은 실무자에게 과도하게 부여되지만, 조직 운영에 대한 의견 피력은 원천적으로 차단되어 구성원들이 극심한 내적 혼란을 겪고 있습니다.

Q3. 커뮤니케이션: 공식 채널의 붕괴와 '구전' 중심의 소통

- 회의의 실종: 공식적인 의사소통이 극도로 부족합니다. 어떤 특정 팀은 1년 내내 단 한 번의 팀 회의도 진행하지 않을 정도로 소통이 단절되어 있습니다.

- 정보의 사유화: 공식 공지사항조차 구성원 간의 구전을 통해 전해 듣는 경우가 많습니다. 리더와의 개인적 친분이 정보 획득과 업무 소통의 주요 통로가 되는 비정상적인 구조입니다.

Q4. HR 제도: 객관성을 잃은 평가와 낮은 승진 기회

- 임시방편적 인력 운용: 신규 채용 대신 단기 채용으로 공백을 메우고 있어 육성 시스템이 미약합니다.
- 형식적인 실적 관리: 실적 기반 평가는 수시로 이루어지나 정작 승진으로 연결되지 않습니다. 승진율 자체가 매우 낮으며, 그나마도 리더의 주관적인 평가가 결정적 요인으로 작용하여 평가의 객관성에 대한 불신이 깊습니다.

Q5. HR 근본 원리: 과도한 경쟁이 낳은 조직 몰입의 저하

- 여유 없는 경영: 개인의 동기 부여나 자아실현을 고려할 경영적 여유가 전무합니다. 오직 분기별 실적 달성에만 모든 역량을 집중하고 있습니다.
- 동료 간 견제 분위기: 실적을 공개 평가하여 구성원 간의 경쟁을 노골적으로 유도합니다. 이로 인해 서로를 견제하는 분위기가 만연하며, 직무 만족도와 조직 몰입도는 최저 수준에 머물러 있습니다.

사례 4: 정체된 안정성의 공기업(D사)

"직군 간의 장벽과 위축된 리더십이 만든 무사안일 문화"

Q1. 리더십: 신고와 검열 속에 위축된 소극적 리더십

- 방어적 태도: 직장 내 갑질 신고 등이 빈번해지면서 리더들이 적극적인 리더십을 발휘하기보다는 문제가 생기지 않도록 관리하는 '소극적 리더십'이 주를 이룹니다.

- 연공서열 중심의 보직: 역량 검증보다는 일정 직급에 도달하면 자연스럽게 직책이 부여되는 경향이 강합니다. 정기적인 교육 시스템은 존재하지만, 실질적인 리더십 변화로 이어지는 데는 한계가 있습니다.

Q2. 조직 문화: 시대에 역행하는 관료주의와 직군 간의 벽

- 직군별 차별과 소외: 정규직, 무기계약직, 계약직 등 사내 직군에 따른 대우와 업무 분장이 확연히 나뉘어 있습니다. 이로 인해 하위 직군 직원들의 동기 부여가 매우 낮고, 조직에 대한 피해의식이 팽배해 있습니다.

- 경직된 관료제: 상담 및 신고 제도는 활성화되어 있으나, 정작 조직 문화는 수직적이고 관료적인 과거의 틀을 벗어나지 못하고 있습니다.

Q3. 커뮤니케이션: 불필요한 소문과 침묵 사이의 괴리

- 평판 정치의 득세: 공식적인 소통보다는 사적인 소문이 승진 등 인사 결과에 지대한 영향을 미칩니다.

- 자기검열의 일상화: 팀장들은 업무 외의 불필요한 말이 와전되어 화근이 되는 것을 막기 위해 대화를 자제하는 편이며, 이는 조직 내의 정서적 단절과 극단적인 개인주의 성향으로 나타납니다.

Q4. HR 제도: 채용의 전문성과 보상의 한계

- 이원화된 평가: 직군별로 평가 제도가 차별적으로 운영되어 공정성에

의구심이 제기되기도 합니다.

- 전문성의 불균형: 채용이나 노무 관리 측면에서는 공공기관 특유의 전문성을 갖추고 있으나, 성과와 직결되는 보상 체계는 매우 미약하여 업무 열정을 이끌어내지 못하고 있습니다.

Q5. HR 근본 원리: 고령화와 동기 저하라는 풀기 힘든 난제

- 조직의 고착화: 높은 근속연수에 비해 업무의 질이 낮은 고연차 직원들이 늘어나고 있으나, 인건비 구조상 이를 해결하기 어려운 상황입니다.

- 자아실현의 단절: 직군 간 이동을 위해서는 '퇴사 후 재응시'라는 높은 벽을 넘어야 하기에 성장의 사다리가 끊겨 있습니다. 이는 전반적인 직무 만족도와 조직 몰입도의 하락으로 직결됩니다.

"신뢰로 버티는 소규모 조직의 명암, 그리고 선언적 가치의 한계"

Q1. 리더십: 시스템 대신 경력과 신뢰로 작동하는 리더십

- 관습적 승진: 별도의 리더 선발 기준이나 육성 프로세스는 존재하지 않습니다. 주로 연차와 경력이 쌓이면 자연스럽게 팀장이나 리더 직책을 맡게 되는 구조입니다.

- 소규모 조직의 강점: 규모가 작다 보니 리더십이 특별한 시스템 없이도 전반적으로 신뢰받고 있으며, 큰 갈등 없이 조직이 운영되고 있습니다.

Q2. 조직 문화: 화합을 강조하나 변화에는 소극적인 문화

- 수직적 전통의 지속: 오랫동안 유지되어온 수직적 문화가 여전히 지배적입니다.

- 선언적 가치체계: 조직의 가치체계는 존재하지만 실무에 적용되기보다는 선언적인 수준에 머물러 있습니다.

- 이벤트 중심의 관리: 조직 문화를 전략적으로 관리하기보다는 워크숍 등 단발성 이벤트를 통해 구성원 간의 융화와 화합을 도모하는 정도에 그치고 있습니다.

Q3. 커뮤니케이션: 겉으로 드러난 원활함과 내면의 자기검열

- 하위 직급 존중: 최근 젊은 직원들의 유입이 늘어나면서 이들의 의사를 존중하고 반영하려는 노력이 이어지고 있어, 표면적으로는 의사소통이 원활한 편입니다.

- 침묵의 장벽: 하지만 '어차피 수용되거나 전달되지 않을 것 같은 의견은 처음부터 꺼내지 않을 것'이라는 내부의 시각이 존재합니다. 이는 소통의 양은 많을지 몰라도 질적인 혁신을 이끌어내는 소통에는 한계가 있음을

시사합니다.

Q4. HR 제도: 전문성보다는 기본 기능에 충실한 운영

- 체계의 미비: 전문적인 평가나 보상 시스템을 구축했다고 보기 어렵습니다.

- 단편적 교육 지원: 인재 육성 측면에서도 기본적인 수준의 교육비는 지원하고 있으나, 이를 조직의 비전과 연결하는 체계적인 육성 로직은 부족한 상황입니다.

Q5. HR 근본 원리: 직무 배치 위주의 소극적 동기 부여

- 제한적 지원: 구성원의 의사를 반영한 직무 배치를 통해 동기 부여를 시도하지만, 조직 차원에서 개인의 자아실현까지 깊이 고민하고 지원하기에는 현실적인 역량이 부족해 보입니다.

사례 6: 회복을 꿈꾸는 재단법인(F사)

"사유화된 권력의 상처를 딛고 일어서는 조직 정상화의 여정"

Q1. 리더십: 기관장의 자질에 따른 극단적 편차와 불신

- 전문성의 결여와 사유화: 과거 일부 기관장들은 산업에 대한 이해는 물론 조직 운영 능력조차 없이 조직을 사유화하고 전횡을 저지르기도 했습니다. 규정을 무시하고 개인의 사익을 우선시한 리더들로 인해 직원들의 불신은 뿌리 깊게 박혀 있습니다.

- 리더십의 양극화: 반면, 현재는 인사·재무·사업 전반에 높은 전문성을 갖춘 리더가 부임하여 조직 관리에 힘쓰고 있습니다. 리더 한 명의 자질에 따라 조직 전체의 운명이 널을 뛰는 구조적 취약성을 보여줍니다.

Q2. 조직 문화: 위계도 가치도 실종된 '각자도생'의 현장

- 무질서의 고착: 관료적이지도, 그렇다고 건전하지도 않은 모호한 상태입니다. 리더들이 자리 보전에만 급급한 사이, 지원들 역시 최소한의 위계질서를 부정하며 개인의 이해관계에만 몰두하는 각자도생의 분위기가 이어져 왔습니다.

- 문화의 재건: 특별한 정의조차 내리기 힘들었던 무색무취의 조직 문화를 개선하기 위해, 현 기관장을 중심으로 건강한 가치 체계를 세우려는 노력이 진행 중입니다.

Q3. 커뮤니케이션: 정보 공유와 단계별 소통의 강조

- 의외의 원활함: 조직의 혼란상과 별개로 업무 관련 의사소통은 비교적 원활한 편입니다. 특히 정보의 사전 공지와 업무 추진 과정에서의 단계별 커뮤니케이션을 중시하는 문화가 자리 잡고 있습니다.

Q4. HR 제도: 규정화를 통한 시스템 강화와 전문성 제고

- 제도의 정상화: 과거의 주먹구구식 운영에서 벗어나기 위해 제도 개선 및 규정화 작업이 한창입니다. 채용부터 노무까지 전 영역에서 시스템을 강화하고 전문성을 높이기 위한 지속적인 노력을 기울이고 있습니다.
- 지속적 보완: 특히 평가, 보상, 육성 부분은 구성원들이 납득할 수 있는 수준으로 꾸준히 개선해 나가는 과정에 있습니다.

Q5. HR 근본 원리: 리더의 개선 의지에 기대를 거는 조직 몰입

- 교육을 통한 동기 부여: 직무 교육 및 다양한 학습 기회를 제공하여 개인의 자아실현을 돕고 있습니다.
- 희망과 과제: 조직 전반에 대한 아쉬움은 여전하지만, 현 기관장의 경영 능력과 개선 의지를 신뢰하며 조직이 나아질 것이라는 기대감이 몰입의 원천이 되고 있습니다.

Q1. 리더십: 대표에 대한 신뢰와 연공서열의 한계

- 대표 중심의 신뢰: 대표의 리더십은 구성원들로부터 전반적인 신뢰를 얻고 있으나, 중간 관리자(부서장)의 리더십은 개인의 자질에 따라 신뢰도 편차가 존재합니다.

- 전통적인 선발 기준: 리더 선발 시 근속 연수와 나이가 결정적인 기준이 됩니다. 이로 인해 역량은 뛰어나지만 연차가 낮은 젊은 인재들이 소외감을 느끼거나 불만을 가질 수 있는 구조적 약점이 있습니다. 신규 리더 교육을 시행하고는 있으나 질적·양적으로는 여전히 부족한 실정입니다.

Q2. 조직 문화: 개방적이고 수평적인 정서의 안착

- 수평적 분위기: 중소기업 특유의 기민함을 살려 조직 문화는 전반적으로 개방적이고 수평적입니다.

- 소통의 장 마련: 관료주의에 빠지지 않도록 다양한 형태의 개방형 소통 자리를 상시 마련하여 건강한 조직 문화를 관리하려 노력합니다.

Q3. 커뮤니케이션: 직급을 넘어선 격의 없는 대화

- 전방위적 소통: 부서 내·외부는 물론 직급별로도 의사소통이 상당히 원활합니다. 특히 대표와 직원 간에 격식 없이 대화할 수 있는 분위기가 조성되어 있어, 정보의 흐름이 막힘없이 이어집니다.

Q4. HR 제도: 전문가 자문을 통한 시스템 구축의 고충

- 운영의 어려움: 채용 프로세스는 정착 단계에 있으나, 평가·보상·육성·노무 등 방대한 HR 영역에서 끊임없이 발생하는 이슈에 대응하는 데 어려움을 겪고 있습니다.

- 외부 자원 활용: 내부 전문성의 한계를 극복하기 위해 노무사 등 전문가의 자문을 적극적으로 받으며 시스템의 전문성을 제고하려 노력합니다.

Q5. HR 근본 원리: 워라밸 지원과 개인별 편차 관리의 고민

- 일과 가정의 양립: 직원 개개인의 동기 부여를 위해 워라밸, 즉 일과 삶의 균형적 지원에 많은 공을 들입니다. 이러한 배려와 소통 노력이 조직 몰입도를 높이는 원동력이 됩니다.

- 개인차 극복의 과제: 다만 교육이나 소통 프로그램에 대한 참여도와 몰입도가 직원마다 제각각이라는 점이 고민입니다. 이러한 개인별 편차를 줄이고 전체적인 상향 평준화를 이끌어내는 것이 향후 HR의 핵심 과제입니다.

조직은 설계할 수 있다

세계적인 인사 관리 석학 데이브 울리히는 그의 저서 『Global HR Competencies』을 통해 "조직은 개인의 역량을 집단의 성공으로 바꿀 수 있는 힘이 있으며 우리 사회의 비즈니스, 교육, 건강 등 대부분의 과제는 조직을 통해 성취된다"라고 강조했습니다.[296]

그렇습니다. 조직은 개인의 역량을 모아 집단의 성공을 만드는 그릇입니다. 정치를 비롯해 비즈니스, 종교, 교육에 이르기까지 우리 사회의 수많은 문제는 결국 조직을 통해 해결됩니다. 우리 중 그 누구도 사람과 동떨어져 살 수는 없기에, 조직은 우리 인생에서 빼놓을 수 없는 가장 중요한 부분을 차지합니다.

하지만 사람과 조직을 제대로 이해하고 성공적으로 관리하는 것은 생각처럼 쉬운 일이 아닙니다. 어떤 특정 서비스나 제품이 '대박'이 나서 조직이 급격히 성장할 수는 있습니다. 하지만 HR에 대한 지식이 부족하고 사람과 조직을 관리하는 체계가 제대로 갖추어져 있지 않으면 그 성장은 유지되지 못하고 조직은 급격히 몰락합니다. 이것이 그동안 역사적으로 증명된 진리입니다.

실제로 외형적인 고속 성장 자체보다 그 속도를 견뎌낼 수 있는 리더십과 운영 등의 '내적 관리 구조'를 동시에 설계하지 않으면 갈등이나 비효율 등 부정적인 영향이 발생한다는 것이 최근 실증 연구에서도 밝혀졌습니다.[297] 사람과 조직을 체계적으로 관리하지 못한다면 지속 가능한 성장을 계속해 나아갈 수 없습니다.

결국 리더십, 조직 문화, 커뮤니케이션, HR 제도(시스템), 그리고 행동과학(근본 원리) 모두 종합적으로 고려되어 유기적으로 설계되었을 때 조직은 가장 효과적으로 작동합니다. 사회기술 시스템 이론Socio-Technical Systems Theory에서 설명하듯, 조직은 기술적 요인과 사회적 요인을 종합적으로 정렬하여 적용할 필요가 있습니다.[298] 전통적 조직 설계에서 다루는 구조와 시스템 같은 하드웨어뿐만 아니라, 리더십과 문화 같은 소프트웨어까지 함께 설계되어야 합니다. 전략의 성공은 이 요소들이 얼마나 유기적으로 맞물리고 일관되게 작동하느냐에 달려 있습니다.[299]

조직 성장의 어떤 단계에서도 HR은 중요하지 않은 순간이 없습니다. 별도의 HR 전담 인력을 두지 못하더라도 CEO와 핵심 중간관리자가 공부하여 지금 이 시점에서 우리 조직에 적용할 수 있는 것들을 하나씩이라도 실천해나가야 합니다. 이제 HR은 인사 부서뿐만 아니라 현장 일선의 관리자들 모두가 기본적으로 알고 바로 적용할 수 있어야 합니다. 리더십을 알고 조직 문화를 이해하며 팀원들과 제대로 소통할 수 있어야 구성원의 역량을 최대로 끌어올려 더 좋은 조직 성과를 달성할 수 있습니다. 직원들과 함께 일하며 이끌어가는 실질적인 주체는 HR 부서가 아니라 현업의 중간관리자들입니다. HR 전담 담당자가 없다는 이유로 간과하기에, HR은 조직의 성공에 너무도 결정적인 역할을 합니다.

최고경영자의 관심과 강한 의지만 있다면, 그리고 이 책에서 설명한 내용 중 일부라도 경영진과 일선 리더들이 실행할 수 있다면 분명 의미 있는 변화를 가져올 것이라 확신합니다. 그 변화의 시작에 작은 보탬이 되기를 바랍니다.

"자신의 경험과 생각을 텍스트로 남기는 순간, 이 글들은 내 삶 이후에도 살아남을 것이기 때문입니다."[300]

김승호, 『알면서도 알지 못하는 것들』

이 책은 위의 말을 믿으며 써 내려간 결과물입니다. 기록되지 않은 경험은 사라지지만, 정제된 텍스트는 시공간을 넘어 누군가에게 닿아 새로운 생명력을 얻기 때문입니다.

이 책을 집필하기 위해 경영 및 HR 분야의 서적 6천여 권을 탐독했습니다. 그중 엄선한 300권의 명저와 논문들이 이 책의 든든한 뿌리가 되었습니다. 제프리 페퍼, 피터 드러커, 에이미 에드먼슨, 데이브 울리히 등 시대를 초월하는 통찰을 남긴 석학들과 사티아 나델라, 젠슨 황 등 글로벌 기업 경영자들의 기록은 현대 HR의 고전으로서 제게 커다란 이정표가 되었습니다.

박사 과정 당시 부족했던 저에게 용기와 열정을 북돋아주신 조동성 교수님, 삶의 터닝 포인트가 된 aSSIST 정신을 일깨워주신 윤은기

회장님, 조직 개발의 정수와 피터 드러커의 경영 철학을 깨우쳐주신 장영철 교수님, 사람 중심 기업가 정신과 끝없는 배움의 가치를 강조해주신 김기찬 교수님, 긴 박사 과정 동안 인사 조직의 탄탄한 기본을 닦을 수 있도록 이끌어주신 이춘우 지도교수님께 깊은 존경과 감사를 드립니다.

또한 인사 조직의 근간인 심리에 대한 통찰을 전해주신 김경일 교수님, 사회기술 시스템 이론에 대한 인사이트를 주신 이재영 교수님, 국내 HR 담당자들에게 의미 있는 교육과 방향을 제시해주시는 엄준하 이사장님, 집필의 강한 동기를 주셨던 최은수 박사님, 끈기와 태도의 중요성을 일깨워주신 박용후 대표님, 조직에 대해 깊이 고민하는 담당자를 만나 반갑다며 따뜻한 응원을 보내주신 현미숙 대표님께도 감사드립니다.

무엇보다 우리 코엑스와 동료들을 향한 진정성을 믿고 한결같이 지지해주신 조상현 사장님께 깊이 감사드립니다.

'고귀한 지혜를 빛나는 콘텐츠'로 승화해준 스노우폭스북스 관계자분들께도 감사드립니다. '경영의 본질'에 대한 제 질문에 귀 기울여준 덕분에 독자들과 만날 수 있게 되었습니다. 이 책을 통해 대한민국 직장인들이 더 행복해지고, 우리 조직들이 더 건강하고 생산적인 곳으로 거듭나기를 바랍니다. 저의 글이 많은 이들에게 작은 도움이라도 되기를 진심으로 기대합니다.

마지막으로 인재 개발에서 조직 개발, 그리고 미래 성장 전략에 이르기까지 저의 진정성을 믿고 묵묵히 응원해준 코엑스 동료 여러분께 따뜻한 감사의 마음을 전합니다. Coex, the Next Stage!

늘 곁에서 응원해준 아내와 딸에게도 감사드립니다.

주_참고 문헌

들어가는 글

1 대한상공회의소, 「임금과 노동 생산성 추이, 그리고 근로 시간 단축의 영향」, 2025.9.23.

2 한국은행, 「우리나라 서비스 산업의 생산성 평가 및 정책적 대응 방향」, 2025.7.3.

3 칼 뉴포트 저, 이은영 역, 『슬로우 워크』, 웅진지식하우스, 2024.

4 한국생산성본부, 「2025 HRD Trend Report」, 2025.

5 한국생산성본부, 「2026 HRD Trend Report」, 2026.

6 문화체육관광부 해외문화홍보원, 「작년 1인당 국민소득 3만 6624달러… 일본·대만보다 높아」, 코리아넷 뉴스, 2024.

7 토머스 고든 저, 장우제 역, 『리더 역할 훈련』, 양철북, 2025.

8 마쓰이 타다미쓰 저, 민경욱 역, 『무인양품은 90%가 구조다』, 푸른숲, 2024.

9 린다 힐·그레그 브랜도·에밀리 트루러브·켄트 라인백 공저, 이은주 역, 『혁신의 설계자』, 북스톤, 2016.

10 데이브 울리히·존 양거·웨인 브록뱅크·마이크 울리히 공저, 이영민 역, 『NEXT HR 넥스트 에이치알』, 경향비피, 2014.

1장 리더십 | 리더는 조직의 한계를 규정한다

11 존 라이언·마이클 버철 공저, 서여정 역, 『건강한 일터 만들기』, 2024.

12 로버트 해그스트롬 저, 신용우 역, 『워런 버핏 웨이』, 상상스퀘어, 2025.

13 짐 클리프턴·짐 하터 공저, 고현숙 역, 『강점으로 이끌어라』, 김영사, 2020.

14 이나모리 가즈오 저, 양준호 역, 『이나모리 가즈오, 부러지지 않는 마음』, 21세기북스, 2025.

15   백진기 저, 『사람을 움직이는 1%의 차이』, 미래의창, 2024.

16   프랭크 슬루트만 저, 윤태경 역, 『한계 없음』, 한국경제신문, 2022.

17   잭 웰치·수지 웰치 공저, 강주헌 역, 『잭 웰치의 마지막 강의』, 웅진씽크빅, 2015.

18   Amy Edmondson, "Psychological Safety and Learning Behavior in Work Teams", *Administrative Science Quarterly*, 1999. 44: p.350-383.

19   현순엽·김진국·박정식 공저, 『신뢰 게임』, 서울대학교출판문화원, 2025.

20   Development Dimensions International, "Global Leadership Forecast 2025", 2025.

21   중앙노동위원회, 『조정과 심판』, 2025. 여름호.

22   현미숙 저, 『리더 수업』, 21세기북스, 2023.

23   딘 캐리그넌·조앤 가빈 공저, 이윤진 역, 『내부자가 파헤치는 마이크로소프트 혁신의 비밀』, 한스미디어, 2025.

24   힌진훤 저, 「상사의 언행일치가 구성원의 발언 행동 및 변화지향적 조직 시민 행동에 미치는 영향」, 《인사 조직 연구》, 2021, 제29권 제1호: p.87-111.

25   레슬리 스티븐슨·데이비드 헤이버먼 공저, 박종서 역, 『인간의 본성에 관한 10가지 이론』, 갈라파고스, 2006.

26   레이 피스먼·팀 설리번 공저, 이진원 역, 『경제학자도 풀지 못한 조직의 비밀 The ORG』, 웅진지식하우스, 2014.

27   딜로이트 통합연구센터, 「딜로이트 2024 글로벌 인적 자원 트렌드」, 2024.

28   스티븐 코비·데이비드 캐스퍼슨·맥킨리 코비·게리 주드 공저, 이재용·정병창 공역, 『트러스트 임팩트』, 김영사, 2023.

29   사티아 나델라 저, 최윤희 역, 『히트 리프레시』, 흐름출판, 2018.

30   다나 마오르·한스-버너 카스·컬트 스트로빈크·라미쉬 스리니바산 공저, 박세연 역, 『맥킨지 비밀 수업』, 문학동네, 2025.

31 찰스 오라일리·마이클 투시먼 공저, 조미라 역, 『리드 앤 디스럽트』, 처음북스, 2020.

32 피터 드러커 저, 이재규 역, 『경영의 실제』, 한국경제신문, 2006.

33 모식 템킨 저, 왕수민 역, 『다시, 리더란 무엇인가』, 어크로스, 2024.

34 톰 피터스 저, 김미정 역, 『탁월한 기업의 조건』, 한국경제신문, 2022.

35 중소벤처기업부, 「2023년 기준 중소기업 기본 통계」, 2025.8.

36 동아비즈니스리뷰, 「동아비즈니스리뷰 DBR」, 동아일보, 2025. January Issue 1, No.408: p.40.

37 스티브 테일러 저, 신예용 역, 『불통, 독단, 야망』, 21세기북스, 2025.

38 김주상·박상언 공저, 「직장 내 공감: 개념, 선행 촉진 조건, 그리고 효과성」, 《인사 조직연구》, 2023. 제31권 제3호: p.1-31.

39 정우영·손승연·이지영 공저, 「권위주의적 리더십과 상사지향 조직시민행동: 관계적 에너지의 매개 역할 및 교환 이데올로기의 조절 역할」, 《조직과 인사 관리 연구》, 2021. 제45집 4권: p.61-83.

40 랠프 크리스텐슨 저, 김영기 역, 『전략적 HR 로드맵』, 리드리드출판, 2001.

41 맨프레드 케츠 드 브리스 저, 김현정·조원섭 공역, 『리더십 롤러코스터』, 더블북, 2019.

42 최형진·이아영·이상민 공저, 「고성과 작업 시스템과 혁신: 저성과자 관리 관행의 조절 효과」, 《인사 조직 연구》, 2024. 제32권 제1호: p.57-82.

43 피터 드러커 저, 남상진 역, 『피터 드러커 매니지먼트』, 청림출판, 2007.

44 짐 콜린스 저, 김영철 역, 『위대한 기업은 다 어디로 갔을까』, 김영사, 2010.

45 제이콥 모건 저, 임채곤 역, 『미래의 리더』, 바이탈경영교육원, 2021.

46 메러디스 벨빈 저, 김태훈 역, 『팀이란 무엇인가』, 라이프맵, 2012.

47 Google People Analytics, *Google's 10 Oxygen behaviors of a good manager*, re:Work by Google, 2018.

48 콜린 브라이어·빌 카 공저, 유정식 역, 『순서 파괴』, 다산북스, 2021.

49 Dana Maor, Hans-Werner Kass, Kurt Strovink, Ramesh Srinivasan, *The Journey of Leadership*, Portfolio Penguin, 2024.

50 로버트 앤더슨·윌리엄 애덤스 공저, 한숙기·김현주·박미혜 공역, 『리더십 스케일업』, 흐름출판, 2025.

51 백기복 저, 『한국형 리더십』, 북코리아, 2017.

52 삼일PwC경영연구원, 「AI와 일자리의 미래」, 2025.9.

53 삼성KPMG, 「2025 글로벌 CEO 설문 조사 리포트」, 2025.10.

54 맨프레드 케츠 드 브리스 저, 김현정·문규선 공역, 『리더는 어떻게 성장하는가』, 더블북, 2017.

55 타샤 유리크 저, 김미정 역, 『자기통찰』, 저스트북스, 2018.

56 윤은기 저, 『X경영』, 올림, 2025.

57 에이브러햄 매슬로 저, 왕수민 역, 『인간 욕구를 경영하라』, 리더스북, 2011.

58 폴 로렌스 지, 최병현·윤상진·이종학·김태훈·권영미 공역, 『리더의 정치학』, 한국코칭수퍼비전아카데미, 2020.

59 프레데릭 라루 저, 박래효 역, 『조직의 재창조』, 생각사랑, 2016.

60 루이스 카터·데이브 울리히·마셜 골드스미스 공저, 박래효·이관영 공역, 『리더십 개발과 조직 혁신』, 시그마프레스, 2007.

61 워렌 베니스 저, 김원석 역, 『워렌 베니스의 리더와 리더십』, 황금부엉이, 2006.

62 스티븐 위트 저, 백우진 역, 『엔비디아 젠슨 황, 생각하는 기계』, 알에이치코리아, 2025.

63 Gary Yukl, *Leadership in Organizations*, Pearson, 2010.

64 에두아르도 브리세뇨 저, 이영래 역, 『무엇이 성과를 만드는가』, 부키, 2025.

65 하버드비즈니스리뷰 저, 도지영 역, 『HBR 위대한 통찰』, 비즈니스북스, 2025.

66 존 맥스웰 저, 이형욱 역, 『누가 최고의 리더가 되는가』, 넥서스BIZ, 2015.

67 사이먼 시넥 저, 윤혜리 역, 『리더 디퍼런트』, 세계사컨텐츠그룹, 2021.

68 칩 히스·댄 히스 공저, 박슬라 역, 『순간의 힘』, 웅진지식하우스, 2018.

69 대한상공회의소·맥킨지, 「한국 기업의 기업 문화와 조직건강도 2차 진단 보고서」, 2018.

70 딜로이트 통합연구센터, 「딜로이트 2024 글로벌 인적 자원 트렌드」, 2024.

71 게리 피사노 저, 김하늘 역, 『혁신의 정석』, 이와우, 2020.

72 세스 고딘 저, 박세연 역, 『의미의 시대』, 알에이치코리아, 2023.

73 양유하·전이영 공저, 「일터 혁신을 위한 근로자 참여 활성화 방안: SK 이노베이션 사례를 중심으로」, 《조직과 인사 관리 연구》, 2023. 제47집 2권: p.51-78.

74 한국노동연구원, 「직무 중심 인사 관리 제도 구축을 위한 정책 과제」, 2023.

75 황민규, 「'현장의 시각' 관료주의에 지쳐 삼성 떠나는 엔지니어들」, 조선비즈, 2025.6.20.

76 김경일 저, 『김경일의 지혜로운 인간 생활』, 저녁달, 2024.

77 박세정, 「정신아 카카오 신임 대표 "사내 정치·상하·갑을 문화 사라져야"」, 헤럴드경제, 2023.12.14..

78 조너선 하이트 저, 왕수민 역, 『바른 마음』, 웅진지식하우스, 2014.

79 게리 하멜·C. K. 프라할라드 공저, 김소희 역, 『시대를 앞서는 미래 경쟁 전략』, 21세기북스, 2011.

80 제프리 페퍼 저, 안세민 역, 『파워』, 시크릿하우스, 2020.

81 엠브레인, 「2022 꼰대 관련 인식 조사」, 2023.

82 김기찬 저, 「K-기업가정신의 5대 기업 문화 코드: 고유성 사례와 동적 전환 능력을 중심으로」, 《상품학 연구》, 2023. 제41권 제2호: p.17-24.

83 데니스 뇌르마르크 저, 손화수 역, 『진짜 노동』, 자음과모음, 2024.

84 마틴 린드스트롬 저, 박세연 역, 『고장 난 회사들』, 어크로스, 2021.

85 가레쓰 모르간 저, 박상언·김주엽 공역, 『조직의 8가지 이미지』, 지샘, 2004.

86 벤 호로위츠 저, 안진환 역, 『하드씽』, 한국경제신문, 2021.

87 사람인, 「직장인 10명 중 8명, 사내 정치 존재한다… 51%는 직접 피해 입어」, 2017.9.21.

88 태 킴 저, 김정민 역, 『엔비디아 레볼루션』, 서삼독, 2025.

89 에릭 슈미트·조너선 로젠버그·엘런 이글 공저, 김민주·이엽 공역, 『빌 캠벨, 실리콘밸리의 위대한 코치』, 김영사, 2020.

90 맨프레드 케츠 드 브리스 저, 고태현 역, 『리더의 일상적 위협』, 한국코칭수퍼비전아카데미, 2023.

91 안도 고다이 저, 김정환 역, 『리더의 가면』, 핀라이트, 2023.

92 브레네 브라운 저, 강주헌 역, 『리더의 용기』, 갤리온, 2019.

93 피터 드러커 저, 조미라 역, 『피터 드러커의 경영을 읽다』, 처음북스, 2024.

94 벤 호로위츠 저, 김정혜 역, 『최강의 조직』, 한국경제신문, 2021.

95 고용노동부, 「실천하자! 근무혁신 10대 제안: 일하는 방식·문화 개선 가이드라인」, 2017.2.23.

96 박원우 저, 『조직 문화 변화 관리』, 생능, 2019.

97 크리스토퍼 넥·제프리 호턴·엠마 너리 공저, 서재현·박재춘·설현도·윤정현·이정원·이효선 공역, 『조직 행동론』, 한경사, 2024.

98 티파니 보바 저, 조용빈 역, 『불안 없는 조직』, 다산북스, 2024.

99 로버트 퀸 저, 박제영·한주한 공역, 『딥체인지』, 늘봄, 2018.

100 앤드루 맥아피 저, 이한음 역, 『긱 웨이』, 청림출판, 2025.

101 론 카루치 저, 이희령 역, 『정직한 조직』, 센시오, 2024.

102 Jeffrey Pfeffer, *The Human Equation*, HBR Press, 1998.
"Successful organizations understand the importance of implementation, not just strategy, and, moreover, recognize the crucial role of their people in this process."

103 Netflix, *Netflix Culture: Freedom & Responsibility*

"The actual company values, as opposed to the nice-sounding values, are shown by who gets rewarded, promoted, or let go."

104 *Harvard Business Review*, 2024. July-August: p.74.

105 리처드 루멜트 저, 조용빈 역, 『크럭스』, 한빛비즈, 2023.

106 프랭크 슬루트만 저, 윤태경 역, 『한계 없음』, 한국경제신문, 2022.

107 황창규 저, 『황의 법칙』, 시공사, 2023.

108 토니 셰이 저, 이건호 역, 『불황을 이기는 힘, 자포스에서 배워라』, 시목, 2020.

109 엔비디아, 「NVIDIA Core Values: Our Culture and Shared Success」, 2024.

"Innovation: Dream big, start small. Take risks, learn fast. Intellectual Honesty: Seek truth, learn from mistakes, share learnings. Speed and Agility: Learn, adapt, shape the world. Excellence and Determination: Maintain the highest standards. One Team: Do what's best for the company."

110 데이비드 코트 저, 이영래 역, 『항상 이기는 조직』, 위즈덤하우스, 2021.

111 토스 커리어, 「토스 핵심 가치 3.0의 탄생: 실패와 패배가 지긋지긋할 때」, 2023.3.22.

112 제프리 페퍼·로버트 서튼 공저, 안시열 역, 『생각의 속도로 실행하라』, 지식노마드, 2010.

113 개리 매클린 저, 우하영·이유진·김호굉 공역, 『조직 개발의 이해』, 민음인, 2011.

114 "Managing change and organizational development", *Journal of Management Development*, Vol.19 No.5: 396-406.

115 허연·최익성 공저, 『조직 개발의 실제』, 플랜비디자인, 2025.

116 군터 뒤크 저, 김희상 역, 『왜 우리는 집단에서 바보가 되었는가』, 비즈페이퍼, 2016.

117 데이비드 클루터벅·주디 개넌·샌드라 헤이스·이오안나 요르다누·크리스터 로·더그 맥키 공저, 강하룡·박순천·박정화·박준혁·우성희·윤선동·최미숙 공역, 『팀 코칭 이론과 실천』, 한국코칭수퍼비전아카데미, 2022.

118 우유철 저, 『만 번을 두드려야 강철이 된다』, 세이코리아, 2025.

119 토머스 커밍스·크리스토퍼 월리 공저, 이은형·문재승·박재춘·심덕섭·이동명·정동일 공역, 『조직 개발과 변화』, 한경사, 2023.

120 댄 히스 저, 박슬라 역, 『재설계하라』, 웅진지식하우스, 2025.

121 마이클 모리스 저, 전미영 역, 『집단 본능』, 부키, 2025.

122 Dave Ulrich, Justin Allen, Wayne Brockbank, Jon Younger, Mark Nyman, *HR Transformation*, Mc Graw Hill, 2009.

123 허문구 저, 『초격차 이후, 삼성의 길을 묻다』, 박영사, 2025.

124 매튜 스켈톤·마누엘 페이스 공저, 김연수 역, 『팀 토폴로지』, 에어콘출판사, 2021.

125 리처드 버턴·뵈르게 오벨·제럴딘 디생크티스 공저, 문정훈·강형구·김태경 공역, 『조직 설계』, 한경사, 2013.

126 에드워드 러지어·마이클 깁스 공저, 박재민·고상원·김윤식·이우성·배성오·전주용·김선우 공역, 『인사 관리 경제학』, 시그마프레스, 2015.

127 이춘우 저, 『직무·인사 시스템과 인적 자원 관리』, 무역경영사, 2019.

128 미첼 쿠지·엘리자베스 홀로웨이 공저, 서종기 역, 『당신과 조직을 미치게 만드는 썩은 사과』, 예문, 2011.

129 존 코터 저, 한정곤 역, 『기업이 원하는 변화의 리더』, 김영사, 2007.

130 조동성·문휘창 공저, 『AI 시대의 경영 전략』, 서울경제경영, 2022.

131 베넘 타브리치 저, 김성아 역, 『공격의 전략』, 미래의창, 2024.

132 그레고리 월튼 저, 고현석 역, 『현명한 개입은 어떻게 삶을 바꾸는가』, 더퀘스트, 2025.

133 유필화 저, 『세상을 바꾼 결단의 리더들』, 쌤앤파커스, 2025.

134 Jae Young Lee, Sunyoung Park, Rose Baker, "The moderating role of top management support on employees' attitudes in response to human resource development efforts", *Journal of Management & Organization*, 2018. 24(3):

p.369-387.

135   조엘 모키르 저, 김민주·이엽 공역, 『성장의 문화』, 에코리브르, 2018.

136   이이 저, 안외순 역, 『동호문답』, 책세상, 2023.

137   이이·신사임당 공저, 이근오 역, 『마음을 곧게 세운 자, 운명조차 그대를 따르리라』, 모티브, 2025.

138   캐서린 리어돈 저, 조영희 역, 『성공한 사람들의 정치력 101』, 에코의서재, 2005.

139   스콧 켈러·콜린 프라이스 공저, 서영조 역, 『차이를 만드는 조직』, 전략시티, 2014.

3장 커뮤니케이션 | 기술이 아니라 구조다

140   조엘 피터슨·데이비드 캐플런 공저, 박영준 역, 『조직을 놀라운 성과로 이끄는 신뢰의 힘』, 가나출판사, 2017.

141   테리 리히 저, 차백만 역, 『위대한 조직을 만드는 10가지 절대법칙』, 21세기북스, 2013.

142   에드거 샤인 저, 김희정 역, 『리더의 돕는 법』, 푸른숲, 2024.

143   Jeffrey Pfeffer, *LEADERSHIP*, Happer Business, 2015.

144   스티븐 로빈스·티모시 저지 공저, 이덕로·김태열·박기찬·박원우 공역, 『조직 행동론』, PEARSON, 2013.

145   브라이언 두메인 저, 안세민 역, 『베조노믹스』, 21세기북스, 2020.

146   레이 달리오 저, 고영태 역, 『원칙』, 한빛비즈, 2018.

147   스콧 에블린 저, 고현숙 역, 『무엇이 임원의 성패를 결정하는가』, 올림, 2014.

148   리처드 스텐걸 저, 임정근 역, 『아부의 기술』, 참솔, 2006.

149   앤드루 그로브 저, 유정식 역, 『하이 아웃풋 매니지먼트』, 청림출판, 2018.

150   피터 킴 저, 강유리 역, 『신뢰의 과학』, 푸른숲, 2024.

151   마쓰시타 고노스케 저, 김정환 역, 『경영의 길을 묻다』, 지니의서재, 2025.

152   패티 맥코드 저, 허란·추가영 공역, 『파워풀』, 한국경제신문, 2018.

153 정약용 저, 이근오 역, 『큰 뜻을 품은 자여, 왜 그 자리에 머물러 있는가』, 모티브, 2025.

154 니콜라스 디폰조 저, 곽유정 역, 『루머사회』, 흐름출판, 2012.

155 이한우 저, 『이한우의 인물지』, 21세기북스, 2023.

156 데이비드 푸비니 저, 안종희 역, 『C레벨의 탄생』, 더퀘스트, 2022.

157 에이미 에드먼슨 저, 최윤영 역, 『두려움 없는 조직』, 다산북스, 2019.

158 에이미 에드먼드슨 저, 오지연·임 제니퍼 공역, 『티밍』, 정혜, 2015.

159 토드 로즈 저, 노정태 역, 『집단 착각』, 21세기북스, 2023.

160 로버트 새폴스키 저, 김명남 역, 『행동』, 문학동네, 2023.

161 마거릿 헤퍼넌 저, 김성훈 역, 『경쟁의 배신』, 알에이치코리아, 2014.

162 도날드 쇤 저, 배을규 역, 『전문가의 조건』, 박영스토리, 2018.

163 이본 쉬나드·빈센트 스탠리 공저, 이영래 역, 『파타고니아 인사이드』, 라이팅하우스,
     2024.

164 게리 해멀 저, 방영호 역, 『지금 중요한 것은 무엇인가』, 시공사, 2012.

165 제리 하비 저, 이수옥 역, 『왜 아무도 NO라고 말하지 않는가?』, 크레듀, 2006.

166 마셜 골드스미스·로런스 라이언스·세라 메카서 공저, 고태현 역, 『리더십을 위한 코칭』,
     코쿱북스, 2017.

167 콜린 브라이어·빌 카 공저, 유정식 역, 『순서 파괴』, 다산북스, 2021.

168 도넬슨 포사이스 저, 남기덕·노혜경·안미영·이종택·이진환·최훈석 공역, 『집단 역학』,
     센게이지러닝, 2019.

169 최재천 저, 『숙론』, 김영사, 2024.

170 크리스티안 폰 셰브·미코 살멜라 공저, 강준호 역, 『집단 정서의 재발견』, 경희대출판문화
     원, 2024.

171 한스 로슬링·올라 로슬링·안나 로슬링 뢴룬드 공저, 이창신 역, 『팩트풀니스』, 김영사,
     2024.

172   제프리 페퍼 저, 장진영 역,『권력을 경영하는 7가지 원칙』, 비즈니스북스, 2023.

173   테사 웨스트 저, 박다솜 역,『사무실의 또른자들』, 문학동네, 2023.

174   주디스 콜브 저, 이진구·박철용·박순원 공역,『소그룹 퍼실리테이션』, 박영스토리, 2025.

175   *Harvard Business Review*, 2025. July-August: p.42.

176   가레스 모건 저, 박상언·김주역 공역,『조직 이론』, 경문사, 2012.

177   롭 크로스·캐런 딜론 공저, 구세희 역,『미세 스트레스』, 21세기북스, 2024.

178   찰스 힐·멜리사 실링 공저, 김장훈·류성민·박준병·박현준·신진교·최원용 공역,『경영전략』, 정독, 2024.

179   *Harvard Business Review*, 2025. March-April: p.165.

180   로더릭 그레이 저, 신현관 역,『지속적인 성공의 핵심 조직풍토 개혁』, PMI Group, 2015.

181   마크 허윗·사만다 허윗 공저, 이종민 역,『완벽한 팀』, 플랜비디자인, 2019.

182   피터 드러커 저, 장영철 역,『피터 드러커 자기경영노트』, 한국경제신문, 2024.

183   맨프레드 케츠 드 브리스 저, 강준호 역,『리더의 속살』, 한국코칭수퍼비전아카데미, 2023.

184   리처드 대프트 저, 김광점·김명형·류한호·박노윤·배보경·송상호·이원규·이춘근·이호선·이홍·전상길·최종인·최후남·허문구 공역,『조직 이론과 설계』, 한경사, 2023.

185   애덤 그랜트 저, 홍지수 역,『히든 포텐셜』, 한국경제신문, 2024.

186   BAIN & COMPANY, "RAPID® Decision Making"

187   올리비에 시보니 저, 안종희 역,『선택 설계자들』, 인플루엔셜, 2021.

4장 HR 제도 | 시스템이 사람을 이긴다

188   패트릭 렌치오니 저, 홍기대·박서영 공역,『무엇이 조직을 움직이는가』, 전략시티, 2014.

189   대런 애쓰모글루·제임스 로빈슨 공저, 최완규 역,『국가는 왜 실패하는가』, 시공사, 2012.

190   마이클 거버 저, 이제용 역,『사업의 철학』, 라이팅하우스, 2025.

191   세스 고딘 저, 안진환 역, 『세스 고딘의 전략 수업』, 쌤앤파커스, 2024.

192   김승호 저, 『사장학 개론』, 스노우폭스북스, 2023.

193   송민정·반가운·손정순 공저, 『노동경제학』, 한국방송통신대학교출판문화원, 2025.

194   피터 드러커 저, 피터 드러커 소사이어티 역, 『일의 철학』, 청림출판, 2018.

195   배종석·김영신 공저, 「사람 관리 시스템 설계 과정에 대한 연구」, 《조직과 인사 관리 연구》, 2019. 제43집 3권: p.59-102.

196   이해경·이경환 공저, 「고성과 작업 제도의 폐지가 조직 몰입에 미치는 영향: 심리적 계약을 중심으로」, 《조직과 인사 관리 연구》, 2022. 제46집 1권: p.109-132.

197   *Harvard Business Review*, 2025. November-December: p.74

198   데이비드 듀보이스·윌리엄 로스웰 공저, 신현관 역, 『인적 자원 관리』, PMI Group, 2015.

199   David D. Dubois, William J. Rothwell, *Competency-Based Human Resource MANAGEMENT*, Davies Black Publishing, 2004.

200   클레어 휴스 존슨 저, 이길상·고영훈 공역, 『스케일링 피플』, 세종서적, 2025.

201   패트릭 렌시오니 저, 유성식 역, 『최고의 팀은 왜 기본에 충실한가』, 흐름출판, 2018.

202   리처드 탈러 저, 박세연 역, 『행동경제학』, 웅진지식하우스, 2021.

203   Steve Werner, Randall S. Schuler, Susan E. Jackson, *Human Resource Management*, South-Western CENGAGE Learning, 2012.

204   로버트 우드·팀 페인 공저, 오인수·임대열 공역, 『채용과 선발의 심리학』, 시그마프레스, 2003.

205   로버트 서튼 저, 서영준 역, 『또라이 제로 조직』, 이론과실천, 2007.

206   에릭 슈미트·조너선 로젠버그 공저, 박병화 역, 『구글은 어떻게 일하는가』, 김영사, 2014.

207   스티븐 로빈스·티모시 저지 공저, 김양균·서유미·윤석화·이기영·정혜정 공역, 『조직 행동론』, 생능, 2024.

208   크리스틴 포래스 저, 정태영 역, 『무례함의 비용』, 흐름출판, 2018.

209   송민수 저, 「성과 관리 시스템 공정성 현황과 과제」, 한국노동연구원, 2023.

210   조지프 스티글리츠 저, 이순희 역, 『불평등의 대가』, 열린책들, 2013.

211   김은수·박용호 공저, 「인사 평가 제도의 핵심 요소 정의와 측정 도구 개발」, 《인사 조직 연구》, 2025. 제33권 제3호: p.125-148.

212   최익성 저, 『캘리브레이션, 평가 너머의 세계』, 플랜비디자인, 2025.

213   마커스 버킹엄·애슐리 구달 공저, 신예용 역, 『성공을 설계하는 리더들』, 세종, 2023.

214   최동석 저, 『성취 예측 모형』, 클라우드나인, 2021.

215   마야 보발레 저, 권지현 역, 『인센티브와 무임승차』, 중앙북스, 2013.

216   신수행·우윤석 공저, 「내부 성과 평가에 대한 구성원 인식이 조직 몰입에 미치는 영향 연구」, 《지식 경영 연구》, 2021. 제22권 제3호: p.1-16.

217   린다 그래튼 저, 김희주 역, 『일을 리디자인하라』, 클, 2023.

218   신유근·이춘우 공저, 『조직 행위론』, 한경사, 2021.

219   레이먼드 노이·존 홀렌벡·배리 거하트·패트릭 라이트 공저, 정진철·고수일·백윤정·이종건·임효창·최승준·한주희 공역, 『인적 자원 관리론』, 한국맥그로힐, 2010.

220   제리 멀러 저, 김윤경 역, 『성과 지표의 배신』, 궁리출판, 2020.

221   개롤드 마클 저, 갈렙앤컴퍼니 역, 『성과 관리 시스템의 패러다임을 바꿔라』, 교보문고, 2007.

222   진 엘리스 옴로드 저, 김인규·강지현·여태철·윤경희·임은미·임진영·하혜숙·황매향 공역, 『인간의 학습』, 시그마프레스, 2017.

223   이청아·정동일 공저, 「평가 제도와 보상 제도가 구성원의 조직 몰입에 미치는 영향: 제도 간 결합 효과와 연령의 조절 효과」, 《조직과 인사 관리 연구》, 2024. 제48집 3권: p.57-89.

224   오카다 코지 저, 박재영 역, 『회사는 어떻게 사람에게 집중하는가』, 알에이치코리아, 2025.

225 유리 그니지 저, 안기순 역, 『인센티브 이코노미』, 김영사, 2024.

226 공병호 저, 『김재철 평전』, 21세기북스, 2016.

227 에릭 모슬리 저, HCG 역, 『성과 관리 4.0』, 나남, 2018.

228 토머스 차모로–프레무지크 저, 이현주 역, 『왜 무능한 남자들이 리더가 되는 걸까?』, 파우제, 2019.

229 라즐로 복 저, 이경식 역, 『구글의 아침은 자유가 시작된다』, 알에이치코리아, 2021.

230 Sun Young Sung, Jin Nam Choi, "Multiple dimensions of human resource development and organizational performance", *Journal of Organizational Be havior*, 2014. 35(6): p.851–870.

231 딜로이트 통합연구센터, 「딜로이트 2025 글로벌 인적 자원 트렌드」, 2025.5.

232 한국고용정보원, 「고용 동향 브리프 Vol.1」, 2025.

233 김연주, 「"슬프고 짠해" 53세에 퇴직한 김부장… 그 후 70%는 이렇게 산다」, 중앙일보, 2025.12.2.

234 로렌 벨커·짐 매코믹·게리 톱치크 공저, 이영래 역, 『팀장의 원칙』, 비즈니스북스, 2024.

235 「노동 법률」, 2025. 7월호: p.157.

236 「노동 법률」, 2025. 6월호: p.99.

237 한국경영자총협회, 「2026년 노사 관계 전망 조사」, 2025.

238 법제처 국가법령정보센터, https://www.law.go.kr

239 박현웅 저, 『쉽게 풀어쓴 노동법』, 푸른겨울, 2026.

240 「노동 법률」, 2025. 12월호: p.61.

241 「HR Insight」, 2025. 7월호: p.17.

5장 행동과학 | 조직을 움직이는 근본 원리

242 로버트 그린 저, 이지연 역, 『인간 본성의 법칙』, 위즈덤하우스, 2019.

243 폴 머친스키 저, 유태용 역, 『산업 및 조직심리학』, 시그마프레스, 2012.

244 찰스 카버·마이클 샤이어 공저, 김교헌 역, 『성격심리학』, 학지사, 2012.

245 크리스토퍼 아추아·로버트 루시어 공저, 차동욱·심원술·서재현·이호선 공역, 『리더십』,
한경사, 2010.

246 애이드리언 퍼넘 저, 장재윤·남상희·문혜진·박춘신·서희영 공역, 『인사 평가의 20가지
방법』, 학지사, 2024.

247 마크 모펫 저, 김성훈 역, 『인간 무리』, 김영사, 2020.

248 리처드 니스벳·리 로스 공저, 김호 역, 『사람일까 상황일까』, 푸른숲, 2019.

249 로버트 치알디니·스티브 마틴·노아 골드스타인 공저, 김은령·김호 공역, 『설득의 심리학
4』, 21세기북스, 2023.

250 사가라 나미카 저, 김대환 역, 『행동경제학』, 잇북, 2024.

251 스티븐 로빈슨 저, 오인수·김성수·이종구 공역, 『최고의 팀을 만드는 사람 관리의 모든
것』, 시그마북스, 2014.

252 랜디 로스 저, 김정혜 역, 『앞서가는 조직은 왜 관계에 충실한가』, 현대지성, 2020.

253 존 워너 저, 차종석·류종현·류충렬·박형근 공역, 『인적 자원 개발론』, 한경사, 2018.

254 마이클 아모트 저, 박세영·김정남·박형인·서용원·신강현·이혜주·정승철·조영일 공역,
『산업 및 조직심리학』, CENGAGE Learning, 2017.

255 스티븐 로빈스 저, 오인수·김성수·이종구 공역, 『사람 경영』, 시그마북스, 2016.

256 데이비드 브룩스 저, 이경식 역, 『사람을 안다는 것』, 웅진지식하우스, 2024.

257 찰스 핸디 저, 노혜숙 역, 『최고의 조직은 어떻게 만들어지는가』, 위즈덤하우스, 2011.

258 장 프랑수아 만초니·장 루이 바르수 공저, 이아린 역, 『필패 신드롬』, 위즈덤하우스, 2022.

259 에드워드 기번 저, 강석승 역, 『로마제국 쇠망사』, 동서문화사, 2016.

260 이준혁 저, 「임파워먼트의 양면적 효과: 권한과 책임의 개별적 효과와 상호 작용 효과를
중심으로」, 《인사 조직 연구》, 2021. 제29권 제4호: p.73-95.

261   사비나 나와즈 저, 이수경 역, 『리더의 멘탈은 달라야 한다』, 리더스북, 2025.

262   마커스 버킹엄·애슐리 구달 공저, 이영래 역, 『일에 관한 9가지 거짓말』, 쌤앤파커스,
      2019.

263   딜로이트, 「딜로이트 글로벌 2025 MZ세대 서베이」, 2025. 6.

264   테레사 에머빌·스티븐 크레이머 공저, 윤제원 역, 『전진의 법칙』, 정혜, 2013.

265   브라이언 모런·마이클 레닝턴 공저, 정성재 역, 『위대한 12주』, 클랩북스, 2024.

266   양세옥·심덕섭 공저, 「경력 정체가 경력 몰입, 경력 만족 및 고용 가능성에 미치는 영향: 경
      력 개발 지원 인식의 조절된 매개 효과」, 《조직과 인사 관리 연구》, 2024. 제48집 제4권:
      p.65-93.

267   대니얼 케이블 저, 이상원 역, 『그 회사는 직원을 설레게 한다』, 갈매나무, 2020.

268   아브라함 매슬로우 저, 정태연·노현정 공역, 『존재의 심리학』, 문예출판사, 2012.

269   *Harvard Business Review*, 2024. November-December: p.37.

270   도재수 저, 「공공기관 고령 근로자의 감정노동에 대한 주관성 연구」, 《노동 정책 연구》,
      2025. 제25권 제3호: p.89-113.

271   킴벌리 맥도널드·린다 하이트 공저, 빅용호 역, 『HRD 관점에서 본 경력 개발』, 박영스토리,
      2019.

272   프레드문트 말릭 저, 박여명 역, 『경영의 본질』, 센시오, 2023.

273   크레이그 핀더 저, 이성수·김정식·신강현 공역, 『조직의 직무 동기』, 학지사, 2014.

274   한국경영자총협회, 「주요 기업 근로자 업무 몰입도 현황 조사 결과」, 2024.3.

275   버네 하나시 저, 김동규 역, 『스케일업』, e비즈북스, 2025.

276   Gallup, "State of the Global Workforce: 2024 Report", 2024.
      "When organizations increase the number of engaged employees,
      hey improve a host of organizational outcomes."

277   조나단 말레식 저, 송섬별 역, 『번아웃의 종말』, 메디치미디어, 2023.

278 제니퍼 모스 저, 강유리 역, 『잘나가는 조직은 무엇이 다를까』, 푸른숲, 2022.

279 제프리 페퍼 저, 윤세준·박상언 공역, 『휴먼 이퀘이션』, 지샘, 2001.

280 제니퍼 딜 저, 박정민 역, 『밀레니얼 세대가 일터에서 원하는 것』, 박영스토리, 2017.

281 조쉬 버신 저, 송보라 역, 『최고 직장의 비결』, 매일경제신문사, 2023.

282 피터 센게 저, 강혜정 역, 『학습하는 조직』, 에이지이십일, 2014.

283 프랭크 바렛·로널드 프라이 공저, 장영철·허연 공역, 『긍정탐구(AI) 조직변화』, 이프레스, 2014.

284 톰 피터스·마셜 골드스미스 외 싱커스50 공저, 이윤진 역, 『사장은 어떻게 일해야 하는가』, 메디치미디어, 2018.

285 유타 엑슈타인·존 벅 공저, 오웅석 역, 『BOSSAnova』, 플랜비디자인, 2022.

286 댄 코커렐 저, 박여진 역, 『디즈니 리더십 수업』, 현대지성, 2023.

287 시오노 나나미 저, 오화정 역, 『시오노 나나미의 국가와 역사』, 혼미디어, 2015.

288 모건 하우절 저, 이수경 역, 『불변의 법칙』, 서삼독, 2024.

289 짐 콜린스·모튼 한센 공저, 김명철 역, 『위대한 기업의 선택』, 김영사, 2012.

290 리처드 볼스 저, 안진환 역, 『비상이동 매뉴얼』, 스노우폭스북스, 2025.

291 리처드 대프트 저, 정진철·최승준 공역, 『리더십』, 한경사, 2011.

292 *Harvard Business Review*, 2025. September–October: p.24.

293 나동만·황인영 공저, 「일터 혁신 실태와 개선을 위한 조건들」, 한국직업능력연구원, 2025.

294 센딜 멀레이너선·엘다 샤퍼 공저, 이경식 역, 『결핍은 우리를 어떻게 변화시키는가』, 빌리버튼, 2025.

295 짐 콜린스·빌 레지어 공저, 이경식 역, 『좋은 리더를 넘어 위대한 리더로』, 흐름출판, 2024.

나오는 글

296   Dave Ulrich, Wayne Brockbank, John Younger,Mike Ulrich, *Global HR Compe
      tencies*, McGrawHill, 2012.
      "Organizations have the capacity to turn individual skills into collective
      successes. It is through organizations that political, business, religious,
      education, and health agendas are accomplished."

297   James Bort, Johan Wiklund, Wei Yu, "Firm growth and the job satisfaction of
      the startup workforce", *Strategic Management Journal*, 2025. 46(10):
      p.2535-2572.

298   William Pasmore, Stu Winby, Susan Albers Mohrman & Rick Vanasse,
      "Reflections: Sociotechnical Systems Design and Organization Change",
      Journal of Change Management, 2019. 19(2): p.67-85.

299   데이비드 내들러·마이클 두시먼 공저, 이은종 역, 『강한 조직을 설계한다』, 주영사, 2007.

감사의 말

300   김승호 저, 『알면서도 알지 못하는 것들』, 스노우폭스북스, 2019.

조직은 설계된다

초판 1쇄 인쇄 2026년 4월 15일
초판 1쇄 발행 2026년 4월 22일

발행 스노우폭스북스
발행인 서진

지은이 조현철

책임편집 홍다휘
기획 1팀 박정아 김민정 장셜리 유상아
기획 2팀 홍다휘 이경은 원숙연 이희영
기획 3팀 유지수 박홍로 노영실 조민경

디자인 김완선

마케팅총괄 김정현
기획전략 김형연
홍보 김민주 김준수
영업 조명구

제작 박범준

종이 월드페이퍼
인쇄 남양문화사

주소 경기도 파주시 회동길 527, 스노우폭스북스 사옥 3층
대표번호 031-927-9965   **팩스** 070-7589-0721
전자우편 edit@sfbooks.co.kr
출판신고 2015년 8월 7일(제406-2015-000159호)

ISBN 979-11-94966-42-5 03320